BARRON'S

AP*

FRENCH LANGUAGE AND CULTURE

Eliane Kurbegov, Ed.S.

Edward Weiss, M.A.

BARRON'S

About the Authors

Eliane Kurbegov is a native speaker of French who has taught French at the high school and college levels in Florida and Colorado. She has been involved with the College Board and AP testing in many capacities. For many years, Eliane worked as a consultant for the College Board, leading AP workshops, writing test items for the AP French exam, and authoring numerous publications for AP Central and the College Board. She participated for over 20 years with AP readings as a table and question leader and was on the committee to redesign the AP French Language and Culture exam. She has also recently served as lead trainer for the College Board Consultants in training teachers in the new AP French exam while also developing College Board workshop materials and workbooks.

Ed Weiss has taught French for the past 35 years at Haverford High School and serves as chair of world languages at Haverford Township School District in suburban Philadelphia. He has worked for the College Board for the past 17 years and has served as AP reader, table leader and exam leader for the newly designed French Language and Culture course and exam. Ed is a national consultant for the College Board in the areas of French and World Languages and has led French Advanced Placement Summer Institutes around the country. He is a three-time recipient of National Endowment for the Humanities summer institute grants and has been a presenter for ACTFL, AATF, and at the French AP reading.

© Copyright 2013 by Barron's Educational Series, Inc.

All inquiries should be addressed to:
Barron's Educational Series, Inc.
250 Wireless Boulevard
Hauppauge, New York 11788
www.barronseduc.com

ISBN: 978-1-4380-7259-3

ISSN 1938-7873

Printed in the United States of America

9 8 7 6

10%
POST-CONSUMER WASTE
Paper contains a minimum
of 10% post-consumer
waste (PCW). Paper used
in this book was derived
from certified, sustainable
forestlands.

Contents

As you work toward achieving that **5** on your
AP French Language and Culture exam, here are five
essentials that you **MUST** know above everything else:

1 **Familiarize yourself with the exam structure, the six themes, and the three modes of communication around which the course is structured.** Understanding the various tasks in the exam is critical for success. Remember that communication can be interpersonal, interpretive, or presentational. All of the tasks in the exam are built upon these modes. Your success depends on a balanced mastery of language.

2 **Listen and read critically.** You will need to comprehend a variety of authentic French texts, letters, articles, conversations, interviews, and other items such as maps, charts, and instructions. Be able to understand the purpose, the essential facts, and the tone of each of these items.

3 **Immerse yourself in authentic materials.** The French AP exam is based on real-world materials. Your success on the test depends on how well you can interact with these selections. Remember that this is the French language and culture exam—your exposure to authentic materials increases your cultural knowledge. Constantly immerse yourself in French by taking advantage of the myriad of online resources along with texts and magazines.

4 **Write and speak in both formal and informal registers.** Knowing how to deal with the two writing and the two speaking tasks that require both registers is a key to your success. Know how to write an effective and well-organized essay that cites three different sources. Also know how to respond to an e-mail with appropriate salutations. Be able to engage in an informal conversation and also speak for two minutes about francophone culture.

5 **Continue your practice right up to exam day.** Staying sharp by continued exposure to French is critical! By using all of the elements of this guide, including the two complete sample exams and models of written and spoken responses, you will go into the exam confident. On exam day, be completely familiar with all exam directions.

Preface

This book is a supplemental resource for students who are preparing for the AP French Language and Culture exam. It is designed primarily to familiarize students with the format and the required tasks of the exam and to offer useful test-taking strategies.

The first objective is to familiarize students with the type of test questions they may encounter on the Advanced Placement French Language and Culture examination. Therefore, students must have access to more than one practice test and to many print and audio passages. Twenty-first century technology allows instructors and students to access many print, audio, and audiovisual resources online. Providing students with all the information they need to prepare for the new exam is a huge task. However, this book does just that. In addition, students should practice for the test in conditions that approximate those of the AP examination. Doing so will contribute enormously to a student's level of comfort and confidence when taking the examination.

To meet this first objective, this book includes a general section with authentic print, print and audio, as well as audio passages accompanied by multiple-choice questions. This section will allow students to practice the first section of the examination. These authentic passages come from various French-speaking regions of the world. They have been categorized by theme to ensure that the six themes in the new AP French course are represented. Each passage is also accompanied by an introduction that establishes a context for the particular passage. The multiple-choice questions reflect the variety of questions that students will encounter on the actual examination. Explanations of the correct answers are provided to allow students to practice taking this section of the exam, reflect upon their answers, self-correct, and learn from their mistakes. The book also includes a variety of tasks to practice each one of the free-response tasks on the AP French exam. These are accompanied by exemplary responses and essays to serve as models for each task.

The second objective is to offer suggestions and strategies that help students showcase their skills and knowledge. Multiple strategies are described and explained for each section and for each task on the exam. Once again, a variety of examples, ideas, and graphic organizers are provided to prepare students to perform at their best on the exam.

Students will learn and practice numerous skills:

- Reading and listening to authentic material in French
- Analyzing and synthesizing information from various sources
- Answering multiple-choice questions
- Writing e-mails
- Planning and developing a persuasive essay
- Participating in a dialogue
- Making an oral presentation based on cultural comparison

Students should visit the College Board website regularly to stay current regarding any changes to or additional information about the AP French exam.

Overview of the AP French Course and Exam

This new edition of Barron's *AP French Language and Culture* will thoroughly prepare students for the newly redesigned AP French course and exam. The new exam is dynamic, has a real-world basis, and integrates various modes of communication. It combines all elements of communication and reflects the way in which people actually learn language. The new course is based on six essential themes. These themes provide a context through which teachers can present a variety of language concepts.

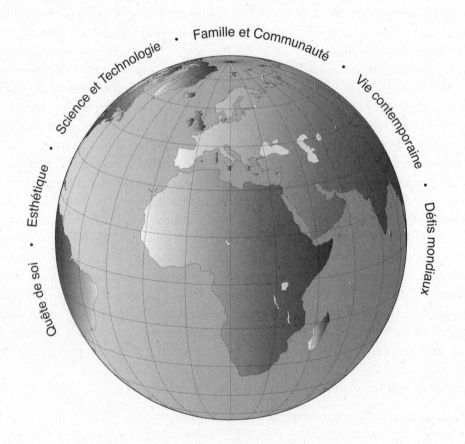

These six themes can be taught in both individual lessons and in broader, more comprehensive units of study. This new course framework enables students to learn the language in context. This standards-based approach puts the instructional focus on the ability to function in the target language, not merely the mastery of complex grammatical concepts. The holistic study of language and culture in the new course and exam allows students to demonstrate their analytical and communicative skills as well as develop proficiency in French.

Students who take the new AP French Language and Culture course will acquire language control and increase their vocabulary, as did students who took the previous course. However, in this new course, students will also learn to comprehend French better and gain more cultural awareness. Integrating a wide variety of authentic materials is an essential part of this new, more effective course design. The use of numerous types of resources helps engage the learners while providing them with the opportunity to increase their grammatical accuracy. Examples of these resource types include:

- Films
- Broadcasts
- Podcasts
- Magazine articles
- Online articles
- Texts
- Readers
- Literature

The addition of the term "Culture" to the title of this course implies a broad exposure to the cultural products, practices, and perspectives of francophone life as guided by the six themes. This does not imply the mastery of a list of cultural or historical facts. Rather, students gain a familiarity of French culture by exploring the six themes and suggested recommended contexts, or subthemes. An effective curriculum design leads to a natural interconnection of the themes. Students' interest should be stimulated by posing essential questions. For example, a unit on modern living conditions may touch upon such themes as Contemporary Life, Global Challenges, and Personal and Public Identities.

The AP French exam concentrates on the three fundamental modes of communication—interpersonal, interpretive, and presentational. The exam is divided into a multiple-choice and a free-response section. However, language skills will often be combined as opposed to being treated separately. Students may be asked to read several paragraphs about a topic and then listen to a related podcast followed by a series of multiple-choice questions. In the free-response section, students may be asked to read an article on a certain topic and then present an oral description of the contents of the article. Students are provided context for completing exam tasks. Task and source materials come with advance organizers to give test takers important information about exam resources. Cultural knowledge is assessed throughout the exam, not in a separate culture section.

Format of the Exam

Section I (Interpretive Communication)

Multiple choice: 65 questions in 9 sets   50% of exam score

- 4 reading selections
- 2 reading-listening selections
- 3 listening selections

Section II (Interpersonal and Presentational Communication)

Free response: 4 tasks   50% of exam score

- Interpersonal writing: e-mail reply
- Presentational writing: persuasive essay
- Interpersonal speaking: conversation
- Presentational speaking: cultural comparison

This book is written by experienced French teachers. They have spent their careers not only in the classroom but also working with the College Board as readers, table and exam leaders, consultants, and authors. The authors hope to assist students of French to develop a true familiarity and mastery over the elements of the new exam.

PART 1
MULTIPLE-CHOICE SECTION

About Interpretive Communication

This chapter gives tips and advice for taking the multiple-choice portion of the exam. It focuses on reading strategies. However, you can apply these strategies to the listening portion after making some minor adjustments.

LISTENING VS. READING

The difference between reading print text and listening to oral text is that you can highlight and go back to the print text to verify information. In listening tasks, you will have to take notes because after the second listening, you will have to rely on your notes and memory. Since you will always hear the audio source twice, first listen to the recording without taking notes to gain a general understanding of the topic and information. Then listen to the second playing of the recording and take notes relevant to the questions that you have previously skimmed.

The combined print and audio portion will require you to use all the strategies outlined in the upcoming section. You will have to synthesize what you read and hear as well as make connections between the print and audio sources. In that portion of the exam, you will want to organize what you read and hear in terms of similarities and differences. You may also have to organize your notes based on varying points of view.

Section A (print only), section B (combined print-audio), and section C (audio only) will consist of selections of varying styles, lengths, and levels of difficulty. The time given to read instructions and skim through questions may therefore vary accordingly. *This book groups all combined print-audio selections into section B and all audio-only selections into section C for clarity. However, the combined print-audio and audio-only sets will be grouped into a single section on the actual AP exam.*

STRATEGIES FOR ANSWERING MULTIPLE-CHOICE QUESTIONS

Good readers and listeners use a variety of strategies when learning any language. Knowing these strategies will make you a more consciously competent reader or listener.

Since reading and listening passages are usually linked to more than one theme, this book places each of the following selections and practice questions under a primary and secondary theme for broader focus and guidance during this phase. Be aware that this practice section of the guide exposes you to all six themes comprised in the AP French Language and Culture course and exam.

Look at the themes. Use them as background information before reading the respective introduction, selection, and questions. Remember, however, that on the AP exam, each selection will be placed under one single theme.

Strategy 1: Use the Introduction

Read the information given in the introduction. This will remind you of knowledge you may already have and may prove to be an asset to you. You will be able to make connections to what you already know from personal experience or from your academic learning.

In some cases such as interviews, the introduction gives you the name of the person who is interviewed. This fact alone is helpful as you will not confuse the name with some new French word that you might waste time trying to figure out or remember.

In other instances, understanding the focus of the passage will put you at ease and spare you from being overwhelmed. For example, in selection 1 of chapter 2 (page 7), the introduction gives you information about where this print article appeared (la Société Spatiale Européenne Astrium). Once you know that the communication is posted on the site of a European space agency, you can think of NASA and its missions in space. The selection also mentions the use of satellites to observe Earth. Make connections to what you have learned in your science classes. Now that you have certain expectations of the passage, you are ready to read.

Strategy 2: Scan and Skim Through the Questions and Answers

Before reading the passage, scan the questions. Determine which ones you can easily answer because they call for specific factual answers. Separate these questions from the ones that require you to analyze the tone of the message and make conclusions.

Warning: Do not answer any questions based on your prior knowledge of the topic. Do not assume that you are familiar enough with the topic to answer the questions without actually finding the answer in the text. Your prior knowledge should help you predict answers. However, you must confirm and support your answers with evidence provided in the text.

Strategy 3: Apply Critical Skills

Find the main ideas. Underline or highlight them. Start answering factual or comprehension questions as you come across evidence in the text.

Find details that are relevant to some of the questions you previously scanned. Underline or highlight these details.

Focus on words or phrases that help identify the following:

- Point of view (*il me semble* would point to a personal opinion).
- Purpose of the text (instructions in the imperative form might be used to urge you to do something).
- Intended audience (a letter opening with the words *chers amis* would identify the intended audience).

As you encounter unfamiliar words or phrases, try to get the main idea of the sentence by using context clues.

Look at the nature and organization of the text:

- Is it an interview (question/answer)?
- Is it divided into paragraphs? Why?
- Are subheadings provided that clearly give you the main ideas of the text?

Strategy 4: Familiarize Yourself with the Question Types

Be aware that most passages will be followed by a mix of the following types of questions:

- Comprehension questions (what, where, when, why)
- Reading strategy questions (using context to figure out the meaning of a word or expression; distinguishing relevant details from irrelevant details)
- Interpretive questions (intended audience, purpose, genre, interpretation of stylistic devices, and so on)

The most challenging questions will require you to infer and draw conclusions. Use logic, critical thinking, and reasoning skills when answering these types of questions.

HOW TO DRAW A CONCLUSION OR MAKE AN INFERENCE

Sometimes drawing the right conclusion can be pretty obvious. If telegrams are mentioned in the passage, you can easily conclude that the passage mentions old technology from the twentieth century.

At other times, you have to use the process of elimination to arrive at the correct conclusion. For example, to answer question 5 on page 9, you are looking for how satellite technology is used according to the information presented in this passage. (That answer is not necessarily the first one that comes to mind.) Choosing answer (A) (to reduce the greenhouse effect) sounds sensible. Answer (C) (to prevent the polar caps from melting) sounds equally sensible. Answer (B) (to predict natural events) sounds sensible. Answer (D) (to change Earth's topography) does not sound sensible. You can quickly eliminate choice (D) because in the passage, satellites help study Earth's topography, not change it. Now go back into the passage and see if the text provides any evidence to support (A), (B), or (C). Answer (A) must be eliminated. Although *l'effet de serre* (greenhouse effect) is mentioned, the text does not state that satellites prevent it. Answer (C) must also be eliminated. Although polar caps are mentioned, the text states that satellites are a tool of surveillance, not prevention. The sentence « . . . *fournissent une capacité de prévision de plus en plus avancée et nous alertent sur les événements* . . . » gives you the evidence you needed to support answer (B).

You used two strategies before drawing a final conclusion. First you eliminated one answer. Then you found evidence in the text to support the best answer.

Warning: If the reading or listening passage is an interview (or a conversation), the last question may be similar to these:

- What would the journalist's next question be?
- What would person *X* now say to person *Y*?

In order to identify the best answer from the choices, once again use your sense of logic and proceed by order of elimination. For example, if the author interviewed clearly stated that this was his or her first novel, neither speaker should refer to a previous novel by that author.

USING CONTEXT TO DETERMINE THE MEANING

Question 6 on page 9 requires that you interpret *le pouls de notre bonne vieille Terre*. From the details you have gathered while reading the passage, you can figure out that satellites are used to observe, predict, and follow the evolution of natural phenomena on Earth. In other words, they are used to assess the health of Earth in the same manner as medical tests are used to assess a person's physical health. So you can deduce that just like pulse or blood pressure indicates a person's health, *le pouls de notre bonne vieille Terre* is an image that indicates the health of the planet. (Now you are one step closer to figuring out that *le pouls* is the pulse. Even if you do not make that final deduction, you can still answer the question.)

Multiple-Choice Reading Selections

ere are sample interpretive communication reading selections and questions by theme.

Sélection 1

Thème du cours : Science et Technologie/Défis mondiaux

> ### INTRODUCTION
>
> Il s'agit, dans ce passage, de l'observation de la terre à partir de l'espace grâce aux satellites. Le passage provient du site de la société spatiale européenne Astrium.
> *http://www.astrium.eads.net/fr/keys-to-understand/environnement-l-espace-au-service-de-notre-terre-.html*

This first selection contains typical questions found with interpretive communication reading selections.

Environnement—l'espace au service de notre terre

11 janvier 2011 (15:39)
Environnement, Climat & Observation de la Terre

« Je vois la Terre. Elle est magnifique ». Tels sont les mots du cosmonaute russe Iouri Gagarine en 1962, les tout premiers jamais prononcés dans l'espace. Savait-il alors combien ses mots étaient visionnaires, à tous les
Ligne sens du terme ? C'est seulement depuis que nous avons pu vraiment
(5) voir notre planète depuis l'espace que nous avons réellement commencé à saisir les processus physiques qui gouvernent son comportement, à comprendre ses fragilités et à mesurer notre responsabilité en matière d'utilisation de nos ressources. L'observation de la Terre depuis l'espace a véritablement révolutionné notre point de vue sur notre planète.

(10) **Garder un œil sur le monde**
Grâce à leur vue imprenable sur notre planète, les systèmes satellitaires offrent une perspective incomparable pour mieux comprendre, gérer et protéger notre précieux environnement. Ils fournissent un aperçu instantané de la surface du globe : une simple image prise par un satellite
(15) météorologique géostationnaire, avec une couverture allant jusqu'à 200

millions de km², peut représenter près de la moitié du globe. Ils peuvent ainsi scruter ses moindres recoins, que ce soit au profit d'une évaluation universelle ou d'une représentation détaillée de régions spécifiques. Grâce à la rapidité et la fréquence de leur capacité de revisite, ils permettent de
(20) suivre l'évolution de certains phénomènes, qu'ils soient naturels ou causés par l'homme.

En étudiant le globe et son atmosphère encore plus en détail, les systèmes d'observation par satellite enrichissent constamment notre connaissance factuelle de l'écosystème de la Terre, nous éclairent sur des facteurs
(25) comme le réchauffement climatique, l'effet de serre et l'appauvrissement de la couche d'ozone, et prennent véritablement le pouls de notre bonne vieille Terre. Ils sont indispensables à la surveillance étroite et constante des évolutions topographiques, comme les variations de l'épaisseur des calottes glaciaires, l'érosion côtière, la désertification et la déforestation.
(30) Ils suivent les mutations climatiques dans le monde, fournissent une capacité de prévision de plus en plus avancée et nous alertent sur les événements météorologiques comme les ouragans et les vents violents susceptibles de provoquer des inondations. Les images satellitaires transmises immédiatement après le tsunami survenu le 26 décembre 2004
(35) dans l'océan Indien ont été vitales pour permettre une évaluation urgente des zones sinistrées et organiser les secours. De même, les tremblements de terre, éruptions volcaniques, glissements de terrain et feux de forêts sont souvent visibles depuis l'espace, et les satellites permettent, si ce n'est la prévention, une rapidité d'intervention.

(40) En grande partie grâce aux données satellitaires, nous avons aujourd'hui pleinement conscience de l'impact de l'activité humaine sur la Terre, les dommages potentiels et l'héritage que nous allons laisser à nos enfants. Les émissions de gaz et la pollution qui influent sur l'environnement font l'objet d'un examen très approfondi grâce à des instruments ultra-
(45) sensibles.

1. Quel est le but de ce document ?

   (A) Souligner l'importance des satellites dans l'économie globale
   (B) Donner des exemples de réchauffement global
   (C) Nous avertir de la hausse des catastrophes naturelles
   (D) Constater le rôle des satellites dans la protection de la planète

This type of question determines whether you can identify the purpose of a message.

2. Pourquoi Iouri Gagarine est-il mentionné dans le premier paragraphe de ce document ?

   (A) Il n'avait pas compris l'avenir de la Terre.
   (B) Ses paroles illustraient sa modestie.
   (C) En rétrospection, on peut dire qu'il a fait une prédiction.
   (D) Il a inventé le premier satellite dans l'espace.

This is an analytical and interpretive question. In order to answer it, you first must look at the literal meaning of what Gagarin (Gagarine) said. ("I see Earth. It is magnificent.") Then you must connect this literal meaning to the idea that satellites can currently observe/see what happens everywhere on Earth. From that, you can infer that his words were a prediction, whether or not Gagarin (Gagarine) meant them as such.

3. A qui ou à quoi se rapporte le mot « fragilités » (ligne 7) ?

   (A) L'espace
   (B) La Terre
   (C) Le cosmonaute
   (D) L'être humain

This is a comprehension question because you just have to understand that the word « fragilités » refers to Earth (la Terre).

4. D'après ce passage, à quoi faut-il attribuer les problèmes de la planète ?

   (A) Aux êtres humains et à la nature
   (B) À des changements naturels incontrôlables
   (C) Au vieillissement de la terre
   (D) Aux nouvelles technologies

This is an evaluation question. You have to understand from the tone of this passage that this is an objective report and that the author does not blame Earth's problems on either humans or on nature alone.

5. D'après ce passage, à quoi sert la technologie satellitaire ?

   (A) Réduire l'effet de serre
   (B) Prévoir des évènements naturels
   (C) Empêcher les calottes glaciaires de fondre
   (D) Changer la topographie de la terre

This question requires you first to categorize many details found in the passage, evaluate them, and separate the relevant ones from irrelevant ones. (Such details include *effet de serre/calotte glaciaire/topographie*.) Then you can conclude that the answer is (B), the prediction of natural disasters.

6. Dans le contexte de ce passage, comment peut-on interpréter « le pouls » de notre bonne vieille Terre (lignes 26–27) ?

   (A) La température
   (B) La santé
   (C) Le rôle
   (D) L'âge

This is an interpretive question based on the metaphor: « le pouls de la terre », which literally means the pulse of Earth. This metaphor has to be interpreted as a measurement of Earth's health. Earth is personified (« bonne vieille Terre »).

7. Quelle conclusion peut-on tirer dans le dernier paragraphe ?

   (A) Nous avons la responsabilité d'utiliser la technologie à des fins morales.
   (B) Nous devrions diagnostiquer les problèmes de notre planète.
   (C) Il faut avoir le courage de résoudre les problèmes que l'homme a causés.
   (D) L'état de la terre n'est pas très bon mais la technologie actuelle tient beaucoup de promesses.

This question requires you to interpret the tone and message in the last paragraph. You have to draw a conclusion and decide whether the last paragraph gives advice, places a judgment value on what happens on Earth, or makes a scientific and objective comment.

Sélection 2

Thème du cours : Science et Technologie/ Vie contemporaine

INTRODUCTION

Il s'agit d'un sondage à propos de l'attitude des Français envers la voiture électrique. Le passage suivant provient d'un blog sur le site: *http://www.electron-economy.org/article-36124177.html* Source de l'article sur le sondage: *http://french.news.cn/societe/ 2009-09/15/c_1347235.htm*

PARIS, 15 septembre (Xinhua)—Plus de 70% des Français sont prêts à acheter une voiture électrique, indique un nouveau sondage publié mardi sur Le Figaro.

Ligne Dans ce sondage réalisé auprès de 9.072 personnes, 71% des sondés ont
(5) donné une réponse positive en répondant à la question « **Seriez-vous prêt à acheter une voiture électrique ?** »

Réponse 1 :
« Oui si ça roule normalement, non si c'est pour rouler à 50km/h et recharger tous les 200 km » .
(10) Commentaire 1 :
Bonne nouvelle : les véhicules 100 électriques de la gamme Renault ont des performances égales (vitesse, confort intérieur), voire supérieures (accélération, pas de vibration, une voiture électrique ne cale pas) à leur équivalent thermique. Et sur le plan environnemental et sanitaire, la voi-
(15) ture électrique pulvérise littéralement la voiture à pétrole.

Réponse 2 :
« Oui, à condition que son budget de fonctionnement ou son coût total de propriété soit le même que celui du véhicule équivalent que j'utilise actuellement, que ce soit en finition, autonomie, capacité familiale, etc », ont-ils estimé.
(20) Commentaire 2 :
Bonne nouvelle : le business model Renault/BetterPlace conduit à des prix identiques à l'achat entre un véhicule électrique et son équivalent thermique.

Toutefois, il existe encore 29% des personnes interrogées qui ont
(25) répondu « non » à la question et leurs explications sont :

Réponse 3 :

« C'est toujours pareil : cela dépend du prix d'achat et d'amortissement. S'il faut plus de dix ans et 200 000 km, je doute du pouvoir de séduction de l'électrique ».
Commentaire 3 :
(30) Il reste un travail informatif à effectuer pour ces 29% de personnes

Réponse 4 :

« Non, car qui dit voiture électrique dit: plus de centrales dont on ne sait, à l'heure actuelle, quoi faire des déchets, c'est un problème. Sur le plan pratique, elles n'ont pas assez d'autonomie quand on habite loin des villes ».
(35) Commentaire 4 :
Pas besoin de nouvelles centrales électriques: la puissance électrique installée actuellement en France est suffisante pour répondre à la consommation actuelle et, de plus, pour alimenter un parc automobile 100% électrique.

1. Que montrent les réponses 1 et 2 à la question « Seriez-vous prêt à acheter une voiture électrique ? »

   (A) Même les gens qui sont ouverts à l'idée de posséder une voiture électrique sont sceptiques.
   (B) Les gens qui répondent positivement ont déjà de bonnes expériences avec les voitures électriques.
   (C) Ces gens sont clairement « écolo ».
   (D) L'idée de posséder une voiture électrique n'est attirante que pour les utopistes.

2. Quel est le but des « bonnes nouvelles » ?

   (A) Montrer aux sondés qu'ils ont raison
   (B) Rassurer les sondés que leurs inquiétudes ne sont pas fondées
   (C) Répondre sincèrement aux questions des sondés
   (D) Lutter contre des idées préconçues

3. Quel est un inconvénient de la voiture électrique, d'après la réponse 3 ?

   (A) Elles se ressemblent toutes.
   (B) Elles sont trop petites.
   (C) Elles ne sont pas confortables.
   (D) Elles coûtent trop cher.

4. Quel inconvénient de la voiture électrique est suggéré dans la réponse 4 ?

   (A) Le processus de fabrication de la voiture dure trop longtemps.
   (B) Elles diffusent de la radioactivité.
   (C) Les centrales électriques pour les alimenter laissent des ordures durables.
   (D) On ne pourra jamais avoir assez de centrales électriques en France.

Sélection 3

Thème du cours : Défis mondiaux/Famille et Communauté

INTRODUCTION

Dans cet article publié en mai 2011 sur le site Cyberpress.ca, Stéphanie Grammond présente l'idée que les différences économiques augmentent entre riches et pauvres.
http://lapresseaffaires.cyberpresse.ca/economie/canada/201105/13/01-4399274-ecart-entre-riches-et-pauvres-le-fosse-se-creuse.php

Écart entre riches et pauvres: le fossé se creuse

(Montréal) Vingt-six dollars: c'est le prix d'une entrée de fruits de mer dans un chic steak house du centre-ville de Montréal. Mais 26$, c'est aussi ce qu'il reste à plusieurs assistés sociaux pour faire l'épicerie du
Ligne mois au complet. Les études le confirment : le fossé entre les riches et
(5) les pauvres ne cesse de se creuser depuis 20 ans, emportant même une partie de la classe moyenne. Le Canada et le Québec n'échappent pas à ce phénomène mondial. « Danger ! », prévient l'OCDE.

Ce sont des résidences de rêve dotées d'une cave à vin en acajou pouvant accueillir 5000 bouteilles, de 7 foyers revêtus de manteaux uniques, de
(10) 5 galeries offrant une vue panoramique sur la ville, d'un garage triple, d'une salle d'entraînement, d'un escalier monumental. . . Sur les hauteurs du mont Royal, le prix de ces somptueux manoirs dépasse les 7 millions.

Mais l'escalade des prix de l'immobilier ne semble pas décourager les acheteurs de propriétés luxueuses, particulièrement actifs ce printemps,
(15) constatent les Services immobiliers Royal LePage. Ils ont l'embarras du choix : au Québec, on dénombre 1039 résidences à vendre pour plus de 1 million de dollars.

À l'autre bout du spectre, l'augmentation des coûts du logement devient un fardeau de plus en plus lourd à porter pour les familles
(20) pauvres. Le pourcentage des familles locataires consacrant plus de 30% de leurs revenus au logement a grimpé de 28% à 36%, de 1981 à 2006, selon le Bureau de la statistique du Québec.

« Le problème d'abordabilité touche aussi les familles qui ont un revenu « décent », mais qui ont de la misère à se loger parce que les
(25) logements sont de plus en plus chers, surtout les appartements de grande taille qui permettent de loger une famille », constate Ève-Lyne Couturier, chercheuse socio-économique à l'Institut de recherche et d'informations socio-économiques (IRIS). Riches, pauvres. Deux poids, deux mesures. L'immobilier est le reflet d'un écart qui s'est considérablement élargi
(30) depuis 20 ans. . . .

Une série d'études en arrivent à la même conclusion: depuis les années 80, une large part de la croissance économique a profité aux riches, tandis que les pauvres et la classe moyenne ont vu leurs conditions s'étioler.

« Les inégalités de revenus augmentent sans cesse depuis deux décen-
(35) nies », a déclaré Angel Gurria, secrétaire général de l'Organisation de

coopération et de développement économique, lors d'un forum sur les inégalités qui s'est déroulé à Paris la semaine dernière.

Selon l'OCDE, la polarisation économique devient carrément dange-reuse. On n'a qu'à penser aux troubles sociaux au Moyen-Orient et en
(40) Afrique du Nord. « Il est plus urgent que jamais de mettre fin à l'inégalité grandissante », insistait M. Gurria.

1. Qu'est-ce que la référence à un plat de « fruits de mer » illustre au début de ce passage ?

   (A) Il y a toutes sortes de cuisines à Montréal.
   (B) On peut commander du poisson dans un steak house.
   (C) Il y a des restaurants très chers à Montréal.
   (D) Ce qui est cher pour certains ne l'est pas pour d'autres.

2. D'après ce passage, qu'est-ce que c'est que les « assistés sociaux » (ligne 3) ?

   (A) Ceux qui procurent de l'aide aux pauvres.
   (B) Ceux qui reçoivent de l'aide du gouvernement pour vivre.
   (C) Ceux qui font du volontariat.
   (D) Ceux qui invitent les sans-abris dans leurs cuisines.

3. D'après ce passage, quel phénomène mondial est en train de se développer ?

   (A) Il y a de plus en plus de riches dans tous les pays du monde.
   (B) Les richesses de ceux qui sont déjà bien munis ne font qu'augmenter.
   (C) La classe moyenne continue de monter l'échelle sociale.
   (D) Les pauvres ne trouvent plus le soutien social dont ils ont besoin.

4. Qu'est-ce que l'auteur de l'article nous apprend sur l'immobilier ?

   (A) On s'est arrêté de construire de nouvelles habitations luxueuses dans les quartiers chics de Montréal.
   (B) Les maisons chères deviennent de plus en plus chères et se vendent moins.
   (C) Le prix de location d'un appartement modeste diminue, ce qui encou-rage les locations.
   (D) La famille avec enfants a du mal à trouver un logement qu'elle peut facilement payer.

5. Qu'est-ce que le bureau de la Statistique du Québec peut prouver ?

   (A) Plus d'un tiers de la population du Québec consacre 30% de ses reve-nus au logement en 2006.
   (B) La moitié des familles moyennes québécoises consacrent 30% de leurs revenus au logement en 1981.
   (C) En 2006, beaucoup de familles québécoises doivent louer un apparte-ment plutôt que de l'acheter.
   (D) Entre 1981 et 2006, le nombre d'appartements vacants a démesurément augmenté.

6. Que veut dire « ils ont l'embarras du choix », (ligne 15), dans ce passage ?

   (A) Ils sont gênés par le prix.
   (B) Ils ont beaucoup d'options d'achat.
   (C) Ils préfèrent les villas moins luxueuses.
   (D) Ils sont très riches.

7. Pourquoi l'auteur de l'article s'attarde-t-elle en détails sur les conditions de l'immobilier ?

   (A) Elle s'intéresse surtout aux valeurs des propriétés immobilières au Québec.
   (B) Elle veut montrer que le pouvoir d'achat des riches a diminué.
   (C) D'après elle, la situation immobilière est un microcosme de la situation financière de la société.
   (D) D'après elle, toutes les études d'inégalité sociale sont basées sur la situation immobilière.

8. D'après ce passage, qu'est-ce que M. Angel Gurria affirme au sujet des inégalités de revenus ?

   (A) Elles ont toujours existé surtout dans les pays en voie de développement.
   (B) Elles existent surtout en Afrique du nord et en Asie.
   (C) On les trouve actuellement surtout dans le monde industrialisé.
   (D) Au cours des dernières vingt années, elles ont grandi dans le monde entier.

9. D'après ce passage, que veut dire « s'étioler », (ligne 33) ?

   (A) Resurgir
   (B) S'améliorer
   (C) Se stabiliser
   (D) Se détériorer

10. Quel est le but de l'article ?

   (A) Familiariser le public avec certaines organisations sociales
   (B) Convaincre les gens qu'il faut construire plus de logements bon marché
   (C) Présenter les dernières statistiques sur l'immobilier au Québec
   (D) Prévenir le public qu'il y a actuellement dans le monde un problème à résoudre

11. Quelle est la mission principale de l'organisation de M. Gurria, selon lui ?

   (A) Prévenir que les revenus des familles sont de plus en plus consacrés au logement.
   (B) Encourager les gens aisés à être plus charitables.
   (C) Éviter les conflits sociaux engendrés par les différences de classe.
   (D) Éliminer les taxes pour les gens riches.

12. Si vous étiez l'éditeur de cet article, quelle question pourriez-vous logiquement poser à l'auteur (dans l'esprit de l'article) ?

    (A) Êtes-vous satisfaite que le gouvernement du Québec ait su réagir aux problèmes de l'immobilier ?

    (B) Avez-vous cherché des sources qui contredisent l'affirmation de M. Gurria que les inégalités de revenus grandissent ?

    (C) Allez-vous continuer de vivre dans l'une de ces résidences de rêve que vous mentionnez ?

    (D) Pourquoi ne nous donnez-vous pas de statistiques ?

Sélection 4

Thème du cours : Vie contemporaine/ Famille et Communauté

> **INTRODUCTION**
>
> Il s'agit, dans ce passage, de Français qui, à la fin de leurs vacances en Vacances en Martinique, font face à un problème. Cette annonce provient du site : *http://www.infoantilles.com/actualite.asp*

Martinique—le 29/04/2011

Transport

Des vacanciers bloqués en Martinique

Le déluge qui s'est abattu sur la Martinique a empêché plusieurs dizaines de passagers de rejoindre l'aéroport à temps jeudi soir. Aujourd'hui, ils ne savent toujours pas comment ils vont pouvoir rentrer à Paris.

Rude épreuve pour ces vacanciers, dont certains voyageaient en famille avec des enfants. Jeudi soir alors que les deux principaux axes routiers qui mènent à l'aéroport de la Martinique étaient inondés et que le troisième

Ligne était paralysé par d'énormes embouteillages, passagers et navigants des

(5) compagnies aériennes ont eu le plus grand mal à rejoindre l'aéroport. Certains vacanciers sont arrivés trop tard et n'ont pas eu d'autre solution que de passer la nuit dans l'aérogare du Lamentin, insistant pour qu'il ne soit pas fermé. Mais 24 heures plus tard, ils sont une cinquantaine à n'avoir toujours pas trouvé de solution pour rentrer à Paris. Corsair a accepté de

(10) les embarquer sur un vol ultérieur mais pour l'instant, ils sont complets. A défaut, la compagnie a exceptionnellement proposé de rembourser leur retour. Pour les passagers concernés, il reste peu de solutions et toutes onéreuses : se loger en attendant une place ou prendre un billet plein tarif sur une compagnie concurrente. Sale temps pour les vacanciers.

(15) Auteur : Nina Barillé

1. D'après cette dépêche, à quel problème font face les vacanciers ?

    (A) Ils ne peuvent pas quitter leur hôtel sans prendre énormément de risques.
    (B) Ils ne peuvent pas tout de suite rentrer en France sans dépenser beaucoup d'argent.
    (C) Ils doivent attendre qu'une autre compagnie aérienne ait des places libres.
    (D) Ils attendent que le gouvernement de la Martinique envoie des cars à leurs hôtels.

2. Qu'est-ce qui est à l'origine de tous les problèmes des vacanciers ?

    (A) De grosses pluies ont causé des inondations.
    (B) Il y avait des travaux sur toutes les routes.
    (C) Il y avait trop de vacanciers à vouloir rentrer en France.
    (D) Les administrateurs de l'aéroport étaient incompétents.

3. D'après ce passage, qu'est-ce qu'une « rude épreuve », (ligne 1) ?

    (A) Une mauvaise attitude
    (B) Un obstacle sérieux
    (C) Un évènement inattendu
    (D) Quelque chose d'effrayant

4. Pourquoi les vacanciers ne peuvent-ils pas partir immédiatement ?

    (A) Les vols de leur compagnie aérienne sont remis à plus tard.
    (B) Les vols avec des compagnies aériennes concurrentes sont déjà partis.
    (C) Les routes sont toujours impraticables.
    (D) L'aéroport principal est toujours fermé.

5. Dans ce passage, quel est le double sens de l'expression « Sale temps pour les vacanciers » ?

    (A) Les conditions climatiques et celle des vacanciers sont mauvaises.
    (B) Tout le monde est dégoûté, les vacanciers et les hôteliers.
    (C) Tout est malpropre dans les hôtels et sur les routes.
    (D) Il n'y a que des mécontents partout, dans les hôtels, sur les routes et à l'aéroport.

6. En lisant ce passage, que peut-on conclure sur la Martinique ?

    (A) Il n'y a qu'une ligne aérienne qui sert l'aéroport Lamentin.
    (B) Il n'y a pas assez de taxis sur l'île pour le nombre de touristes.
    (C) Les autorités martiniquaises gèrent mal l'aéroport de Lamentin.
    (D) Le mauvais temps peut causer des inconvénients graves aux touristes.

Sélection 5

Thème du cours : Vie contemporaine/ Famille et Communauté

> **INTRODUCTION**
>
> Il s'agit, dans ce passage, d'une initiative du Ministère de l'Éducation nationale française pour la rentrée des classes 2011. Cette annonce provient du site : *http://www.education.gouv.fr/cid57417/la-lutte-contre-harcelement.html*

La sécurité à l'École

La lutte contre le harcèlement en milieu scolaire

I. Information

L'éducation nationale a défini une politique de lutte contre le harcèlement à l'École. À la rentrée 2011, deux guides sont publiés pour lutter contre le phénomène. Le harcèlement se caractérise par l'usage répété de
Ligne la violence physique, de moqueries et autres humiliations entre élèves,
(5) dont une nouvelle variante particulièrement redoutable repose sur l'usage d'internet et des nouvelles technologies de communication. Un plan d'action national soutient les établissements pour mettre en place leur projet de prévention. Dans la continuité des assises nationales contre le harcèlement et du rapport rédigé par Éric Debarbieux, quatre axes prin-
(10) cipaux ont été définis.

II. Quatre axes d'action pour lutter contre le harcèlement en milieu scolaire

Les conséquences du harcèlement en milieu scolaire sont graves : décrochage scolaire, désocialisation, anxiété, etc. Un plan d'action global est
(15) mis en place afin de lutter contre le phénomène. Il repose sur quatre axes principaux :

- connaître et faire connaître le harcèlement
- faire de la prévention du harcèlement à l'École l'affaire de tous
- former les équipes éducatives et expérimenter des programmes de
(20) prévention
- traiter les cas de harcèlement avéré

III. Connaître et faire connaître le harcèlement

Un guide est diffusé au sein de tous les établissements, de la maternelle au lycée. Il permet de sensibiliser aussi bien les élèves que les personnels.
(25) Le harcèlement est identifié dans le système informatique de signalement « Sivis », sous forme de circonstance aggravante.

IV. Faire de la prévention du harcèlement à l'École l'affaire de tous

Une campagne nationale de lutte contre le harcèlement sera lancée au cours du premier trimestre de l'année scolaire 2011–2012. Elle s'appuiera

(30) en particulier sur un site internet et sur un numéro national ouverts à tous : élèves, parents et personnels de l'éducation nationale.

V. Former les équipes éducatives et expérimenter des programmes de prévention

Un réseau de formateurs académiques est progressivement mis en place. Il
(35) a vocation à organiser des formations locales pour l'ensemble des personnels des écoles et établissements scolaires ainsi que pour les associations de parents d'élèves. À partir de 2011–2012, les établissements pourront lancer des expérimentations en matière de lutte contre le harcèlement, en réponse à des appels à projets, dans le cadre du fonds d'expérimentations
(40) pour la jeunesse.

VI. Traiter les cas de harcèlement avéré

La réforme des sanctions scolaires poursuit un double objectif :

- mieux prendre en compte les victimes
- éduquer les auteurs de harcèlement

(45) Au collège et au lycée, la commission éducative est un lieu d'écoute et d'échanges. Sa mission est de trouver une solution constructive et durable en cas de harcèlement. Le ministère a conclu, dans le cadre de la signature d'une convention le 6 juin 2011, un partenariat avec l'association e-Enfance pour permettre la prise en charge et le traitement du cyber-
(50) harcèlement entre élèves.

1. Quel est le but de ce document procuré par le ministère de l'Éducation nationale ?

   (A) Poursuivre en justice les criminels de l'internet.
   (B) Protéger les institutions publiques contre la fraude internet.
   (C) Créer un nouveau comité responsable de la lutte contre l'obscénité.
   (D) Renseigner le public sur des mesures prises pour assurer la sécurité des élèves.

2. Dans le contexte du texte, qu'est-ce que c'est que « le harcèlement » ?

   (A) Des attaques répétées par des élèves contre certains autres élèves
   (B) Les inégalités socio-économiques entre élèves
   (C) Le manque de consistance dans le système de notation
   (D) Les rétributions par les professeurs contre les mauvais élèves

3. Dans l'introduction aux quatre axes d'action (paragraphe II), qu'est-ce qui peut arriver à la victime du harcèlement ?

   (A) Elle peut être expulsée.
   (B) Elle peut se suicider.
   (C) Elle peut se retrouver isolée.
   (D) Elle peut se révolter contre tous.

4. Dans le paragraphe III « Connaître et faire connaître le harcèlement », quel mot clé reprend l'idée du titre ?

 (A) Sensibiliser
 (B) Suivis
 (C) Aggravante
 (D) Personnels

5. Dans le paragraphe IV « Faire de la prévention . . . », quelle est l'idée principale ?

 (A) La lutte contre le harcèlement en milieu scolaire doit être mondialisée.
 (B) Toutes les entreprises françaises doivent contribuer au financement de l'initiative.
 (C) Chaque Français a la responsabilité de lutter contre le harcèlement à l'école.
 (D) Les parents d'élèves doivent se mobiliser dans cette initiative.

6. Dans le paragraphe V « Former les équipes . . . », quelle est l'idée principale ?

 (A) Il faut convaincre parents et professeurs que le harcèlement est un problème sérieux.
 (B) Il faut familiariser le personnel des écoles avec de meilleures méthodes de surveillance.
 (C) Il faut analyser les statistiques disponibles concernant le harcèlement.
 (D) Il faut encourager personnel scolaire et parents à organiser la lutte dans le milieu local.

7. Dans le paragraphe VI « Traiter les cas de harcèlement avéré », quelle idée de l'introduction retrouve-t-on ?

 (A) « Deux guides sont publiés »
 (B) « La violence physique »
 (C) « La politique »
 (D) « Une nouvelle variante redoutable »

8. D'après ce passage, que peut-on dire de l'initiative du ministère de l'Éducation nationale française ?

 (A) Elle s'adresse surtout aux enseignants et aux dirigeants des écoles.
 (B) Elle cherche essentiellement à punir les actions illicites des élèves.
 (C) Elle cherche à traiter un problème sérieux à tous les niveaux scolaires.
 (D) Elle s'adresse à tous ceux qui sont victimes du stress scolaire.

Sélection 6

Thème du cours : Quête de soi/Esthétique

> ### INTRODUCTION
>
> Ce passage est tiré des propos recueillis par Mélanie Carpentier lors d'une interview avec l'écrivaine française Karine Tuil pour le site suivant : *http://www.evene.fr/livres/actualite/karine-tuil-domination-douce-france-1590.php*

Dans son septième roman 'La Domination', Karine Tuil manipule, provoque et plonge le lecteur dans une histoire trouble et profonde : celle des mensonges, des dualités et des secrets de famille. . . .

1. Si vous deviez faire vous-même le «pitch» de 'La Domination' . . .
C'est l'histoire d'une romancière de 26 ans qui entreprend, à la demande d'un grand éditeur, d'écrire un livre sur son père. Le père de cette femme
Ligne était un médecin humanitaire pro-palestinien, un juif honteux, ambigu,
(5) d'une moralité sans faille en public mais qui n'hésita pas à faire vivre sous le même toit deux femmes : son épouse et leurs trois enfants ainsi que sa jeune maîtresse et l'enfant qu'il a eu avec elle . . . 'La Domination' est un roman sur la double vie, la duplicité, l'identité, un livre dans lequel les êtres ne savent pas aimer sans se trahir.

(10) **2. Une fois de plus vous écrivez sur la quête de soi, la quête identitaire. . . . Qu'y a-t-il de nouveau dans cette histoire ?**
Chaque quête est différente. . . . Dans ce livre, il y a plusieurs facettes de l'identité. Identité politique, sociale, ethnique mais aussi identité sexuelle. Ces personnages vivent dans une sorte de confusion identitaire.
(15) Ils renoncent à leur identité puis y reviennent. Ils mentent, changent leurs noms, se font passer pour ce qu'ils ne sont pas. Et puis, chaque écrivain a ses propres obsessions qui nourrissent son travail. . . .

3. Vous arrive-t-il alors de vous surprendre en écrivant ?
Oui, parfois. Il m'arrive d'être saisie d'effroi lorsque je me relis. Je ne
(20) suis pas ce que j'écris. L'écriture est peut-être le dernier grand espace de liberté, toutes les transgressions y sont permises. L'auteur fait parler ses personnages, compose leur univers. L'écriture confère un pouvoir extraordinaire mais fragilise aussi. C'est l'école de l'humilité car on est seul, très seul quand on écrit.

(25) **4. Pourquoi votre narratrice pense-t-elle que le jour où elle publiera un livre sur son père, elle cessera définitivement d'écrire ?**
La narratrice se retrouve face à un homme—son éditeur—qui exige d'elle un livre sur son père. Or, elle sait qu'elle devra révéler la vie privée, la polygamie, les ambiguïtés du père pour écrire ce livre. Elle craint aussi
(30) d'écrire le livre de sa vie, ce livre total qui bridera son inspiration, son imagination et jusqu'à son désir d'écrire.

5. Que permettait le personnage fantasmé du frère pour la narratrice ? Et pour vous ?

En se glissant dans la peau d'un narrateur masculin—Adam—sorte de
(35) fils idéal que son père aurait rêvé d'avoir, la narratrice pense qu'elle parviendra à écrire ce livre. Devenir cet homme, écrire en son nom, c'est retrouver sa liberté mais aussi devenir ce que le père souhaitait qu'elle soit, obéir à son désir. Pour moi, au moment du travail d'écriture, ce roman dans le roman, malgré sa complexité, me procurait une grande satisfac-
(40) tion : j'aime qu'un texte me résiste, qu'il ne se donne pas trop facilement.

1. Dans sa première réponse, comment Karine décrit-elle le personnage du père dans son roman ?

   (A) C'est un homme transparent et clair.
   (B) C'est un personnage immoral et sans scrupules.
   (C) Sa vie se caractérise par la dichotomie.
   (D) Sa vie de famille a des tendances violentes.

2. Dans sa deuxième réponse, qu'est-ce que Karine clarifie ?

   (A) La quête de soi est un thème qui la passionne.
   (B) Elle se consacre à un seul aspect de la quête de soi dans ce roman.
   (C) Sa propre vie est une longue quête identitaire.
   (D) C'est l'identité sexuelle du père qu'elle explore dans ce roman.

3. Dans sa troisième réponse, qu'est-ce que Karine dit de son écriture ?

   (A) Elle se sent contrôlée et dominée par les mots qu'elle écrit.
   (B) Elle ne s'identifie pas à son écriture.
   (C) Les personnages de ses romans s'imposent à elle.
   (D) Elle n'a jamais peur de ce qu'elle écrit.

4. Dans sa troisième réponse, comment est-ce que Karine explique ce qu'elle ressentait au moment de commencer ce roman ?

   (A) Elle s'est fâchée contre les exigences de son éditeur.
   (B) Elle avait peur de ne jamais revoir sa famille.
   (C) Elle avait hâte de dévoiler des secrets de famille.
   (D) Elle se sentait intimidée par la tâche à venir.

5. Dans sa quatrième réponse, quelle réponse Karine donne-t-elle ?

   (A) Le dévoilement de sa vie risque de paralyser sa création artistique.
   (B) Elle craint les hommes de sa vie.
   (C) Le souvenir de son père la traumatise.
   (D) Elle est quelquefois victime de manque d'imagination.

6. Dans la cinquième question de Mélanie, que veut dire « fantasmé » ?

    (A) Idéal
    (B) Imaginaire
    (C) Héroïque
    (D) Actuel

7. Dans sa cinquième question, pourquoi Mélanie adresse-t-elle sa question à deux personnes ?

    (A) Elle montre qu'elle comprend que l'éditeur et le romancier ont des vues différentes.
    (B) Elle comprend que le rôle d'écrivaine et celui de narratrice sont distincts.
    (C) Elle veut savoir si le frère existe réellement.
    (D) Elle veut savoir si Karine est vraiment l'auteure du roman.

8. Dans sa cinquième réponse, qu'explique Karine à propos du personnage du frère ?

    (A) Il représente toutes les qualités masculines qui lui permettent d'idéaliser un homme.
    (B) Ce personnage est le produit de tous ses rêves d'enfance.
    (C) Il lui permet d'exposer sa famille sans s'impliquer directement.
    (D) Il est basé sur plusieurs membres de sa famille.

9. Quelle autre question est-ce que le journaliste pourrait logiquement poser à Karine ?

    (A) Quand pensez-vous finir ce roman ?
    (B) Pensez-vous que ce premier roman aura du succès ?
    (C) Pourquoi pensez-vous que la bigamie soit de l'ordre naturel des choses ?
    (D) Pourquoi vous sentez-vous à l'aise dans des romans aussi complexes ?

Sélection 7

Thème du cours : Esthétique/Quête de soi

INTRODUCTION

L'extrait suivant où Monet parle de sa jeunesse fait partie des notes de Monet qui font maintenant partie du domaine public; on peut en trouver le lien sur le site Giverny: *http://www.intermonet.com/biograph/autobifr.htm*

Mon histoire

Je suis un Parisien de Paris. J'y suis né, en 1840, sous le bon roi Louis-Philippe, dans un milieu tout d'affaires où l'on affichait un dédain méprisant pour les arts. Mais ma jeunesse s'est écoulée au Havre, où

Ligne mon père s'était installé, vers 1845, pour suivre ses intérêts de plus près,
(5) et cette jeunesse a été essentiellement vagabonde. J'étais un indiscipliné de naissance; on n'a jamais pu me plier, même dans ma petite enfance, à une règle. C'est chez moi que j'ai appris le peu que je sais. Le collège m'a toujours fait l'effet d'une prison, et je n'ai jamais pu me résoudre à y vivre, même quatre heures par jour, quand le soleil était invitant, la mer
(10) belle, et qu'il faisait si bon courir sur les falaises, au grand air, ou barboter dans l'eau.

Jusqu'à quatorze ou quinze ans, j'ai vécu, au grand désespoir de mon père, cette vie assez irrégulière, mais très saine. Entre temps, j'avais appris tant bien que mal mes quatre règles, avec un soupçon d'orthographe.
(15) Mes études se sont bornées là. Elles n'ont pas été trop pénibles, car elles s'entremêlaient pour moi de distractions. J'enguirlandais la marge de mes livres, je décorais le papier bleu de mes cahiers d'ornements ultra-fantaisistes, et j'y représentais, de la façon la plus irrévérencieuse, en les déformant le plus possible, la face ou le profil de mes maîtres.

(20) Je devins vite, à ce jeu, d'une belle force. A quinze ans, j'étais connu de tout Le Havre comme caricaturiste. Ma réputation était même si bien établie qu'on me sollicitait platement de tous côtés, pour avoir des portraits-charge. L'abondance des commandes, l'insuffisance aussi des subsides que me fournissait la générosité maternelle m'inspirèrent une
(25) résolution audacieuse et qui scandalisa, bien entendu, ma famille : je me fis payer mes portraits. Suivant la tête des gens, je les taxais à dix ou vingt francs pour leur charge, et le procédé me réussit à merveille. En un mois ma clientèle eut doublé. Je pus adopter le prix unique de vingt francs sans ralentir en rien les commandes. Si j'avais continué, je serais aujourd'hui
(30) millionnaire.

1. Pourquoi le père de Monet a-t-il quitté la ville de Paris ?

   (A) Il n'aimait pas le roi Louis-Philippe.
   (B) Il voulait se consacrer aux arts.
   (C) Il pensait qu'il n'était pas bon d'élever son fils à Paris.
   (D) Il avait des affaires en dehors de Paris.

2. Comment l'artiste Monet décrit-il sa toute jeunesse ?

   (A) Il passait ses journées à l'école.
   (B) Il était docile et obéissant.
   (C) Il aimait surtout le grand air.
   (D) Il apprenait volontiers ses leçons.

3. Qu'est-ce que Monet faisait souvent à l'école ?

   (A) Il faisait beaucoup de calcul.
   (B) Il se consacrait à bien écrire.
   (C) Il racontait des plaisanteries.
   (D) Il dessinait dans ses livres et ses cahiers.

4. Quelle initiative l'artiste Monet entreprend-il à l'âge de quinze ans ?

   (A) Il quitte subitement la maison de ses parents.
   (B) Il fait et vend des portraits aux habitants de sa ville.
   (C) Il fait des caricatures pour un journal.
   (D) Il emprunte de l'argent à ses amis.

5. Que peut-on présumer de l'artiste Monet en tant qu'adulte d'après ce passage ?

   (A) Il est désolé d'avoir perdu son temps à l'école.
   (B) Il se rend compte que son père aurait dû être plus strict.
   (C) Il a de bons souvenirs de sa jeunesse.
   (D) Il est content d'avoir respecté ses maîtres à l'école.

6. Laquelle des questions suivantes pourrait-on logiquement poser à l'artiste Monet ?

   (A) Pouvez-vous me donner des exemples de règles scolaires que vous détestiez ?
   (B) Quand est-ce que vous avez découvert que votre talent artistique n'était pas apprécié ?
   (C) Pourquoi avez-vous déménagé plusieurs fois dans votre enfance ?
   (D) Comment décririez-vous la prison où vous avez été incarcéré ?

Sélection 8

Thème du cours : Défis mondiaux/Famille et Communauté

INTRODUCTION

L'extrait suivant provient d'un article publié le 25 octobre 2011 par le Centre d'Actualités de l'ONU (Organisation des Nations Unies). Il s'agit de l'enseignement en Afrique.
http://www.un.org/apps/newsFr/storyF.asp?NewsID=26713&Cr= %E9ducation&Cr1=

Enseignement secondaire : deux enfants africains sur trois n'y ont pas accès

« On ne pourra échapper à la pauvreté qu'en développant largement l'enseignement secondaire. C'est le minimum nécessaire si l'on veut fournir aux jeunes les connaissances et les compétences qui pourront leur assurer

Ligne des moyens d'existence décents dans notre monde d'aujourd'hui. Il fau-
(5) dra à la fois de l'ambition et de l'engagement pour relever ce défi. Mais c'est la seule voie pour atteindre la prospérité », a déclaré Irina Bokova, la Directrice générale de l'UNESCO. « Une population instruite constitue la plus grande richesse d'un pays. Les inégalités signalées par ce rapport, notamment l'exclusion des filles du secondaire dans de nombreux pays,
(10) ont des implications énormes pour la réalisation de tous les objectifs de développement fixés par la communauté internationale, de la santé des mères et des enfants à la prévention du VIH/sida, en passant par la sécurité environnementale » . . .

« Selon le Recueil, près du tiers des enfants de la planète vivent dans des
(15) pays où le premier cycle du secondaire est théoriquement obligatoire mais où cette obligation n'est pas respectée. Nous devons faire de cet engagement une réalité ». Cela demandera d'énormes ressources humaines et financières supplémentaires. Comme le souligne le Recueil, l'enseignement secondaire coûte davantage que le primaire, principalement à cause
(20) du besoin de professeurs formés à enseigner dans des domaines spécifiques. Dans de nombreux pays en développement, les familles des élèves assument souvent la charge de ces coûts plus élevés.

Les familles de l'Afrique sub-saharienne investissent de façon importante dans l'éducation de leurs enfants. Elles contribuent à l'équivalent de
(25) respectivement 49% et 44% des dépenses globales du premier et du deuxième cycle du secondaire. En Amérique latine et dans les Caraïbes, ainsi qu'en Asie orientale et dans le Pacifique, la contribution des ménages à ces deux cycles du secondaire représente en moyenne 25% et 41%. Par contre, selon le Recueil, les familles des élèves d'Amérique du nord
(30) et d'Europe occidentale ne fournissent que 7% des dépenses totales de l'enseignement secondaire.

1. Dans ce passage, quel défi est-ce qu'Irina Bokova identifie pour notre monde ?

   (A) Il faut assurer une instruction primaire à tous les enfants du monde.
   (B) Les familles sub-sahariennes doivent s'investir dans l'éducation de leurs enfants.
   (C) Les enfants européens ont besoin de poursuivre des études plus avancées.
   (D) Il faut que tous les jeunes puissent finir des études de lycée.

2. Quelle différence entre le cycle primaire et secondaire est soulignée dans ce passage ?

   (A) Le cycle primaire est plus important que le secondaire.
   (B) Le cycle secondaire n'est généralement pas obligatoire.
   (C) L'enseignement secondaire revient plus cher que le primaire.
   (D) Les enseignants du secondaire sont mieux payés que ceux du primaire.

3. Quelle injustice est soulignée dans ce passage ?

   (A) Les pays développés n'aident pas les pays en voie de développement.
   (B) Certaines cultures apprécient l'instruction plus que d'autres.
   (C) Les jeunes du sexe masculin sont généralement plus instruits que ceux du sexe féminin.
   (D) Les familles nombreuses paient moins pour l'instruction de leurs enfants.

4. D'après ce passage, pourquoi est-ce que le défi mentionné concerne la communauté internationale ?

   (A) Ce défi est lié à d'autres défis mondiaux comme la santé et l'environnement.
   (B) Une baisse d'enseignants risque de ralentir les progrès scientifiques dans le monde.
   (C) Le manque d'établissements scolaires dans certains pays mène à l'immigration.
   (D) La communauté internationale veut plus de main d'œuvre spécialisée.

5. Quelle phrase résume le mieux le passage ?

   (A) L'instruction des adolescents est essentielle dans un monde global florissant.
   (B) Les pays africains sont en voie de développement rapide grâce à l'instruction.
   (C) La communauté internationale a une obligation morale de soutenir l'instruction en Afrique.
   (D) Certaines régions du monde n'apprécient pas l'instruction des jeunes adolescents.

Sélection 9

Thème du cours : Famille et Communauté/
Vie contemporaine

INTRODUCTION

Cet article est au sujet des loisirs et du rôle de la famille parmi les jeunes dans le monde actuel. *http://www.scienceshumaines.com/ index.php?lg=fr&id_article=4286*

Que font les jeunes de leurs loisirs ?

Non, les enfants ne se contentent pas tous de regarder la télévision et de jouer aux jeux vidéo. C'est ce que montre notamment une enquête d'ensemble réalisée auprès de 3 306 enfants pendant l'hiver 2001–2002 par
Ligne le département des études et de la prospective du ministère de la Culture
(5) et de la Communication sur les loisirs culturels des 6–14 ans.

Première constatation : ces jeunes bénéficient de plus en plus d'un équipement « à eux » qui favorise une véritable « culture de chambre ». Ecouter de la musique et regarder la télévision sont les activités de loisir les plus répandues chez les jeunes, mais les loisirs diffèrent en fonction du sexe :
(10) les filles sont plus nombreuses à lire et à fréquenter les bibliothèques, à écouter musique ou radio et à s'adonner à des activités artistiques amateur, alors que les garçons se tournent davantage vers le multimédia et les activités sportives. Les loisirs dépendent aussi du milieu social dans lequel grandit l'enfant. Chez les enfants d'agriculteurs, par exemple, la
(15) télévision, l'ordinateur et les jeux vidéo sont moins présents. L'analyse de l'enquête fait apparaître huit univers culturels différents : les exclus (11,5 % des 6–14 ans), éloignés de toutes les formes de loisir culturel ; les consommateurs exclusifs de musique (14 %) ; les jeunes qui privilégient l'audiovisuel traditionnel (télévision, vidéo, DVD) et les jeux vidéo
(20) (16 %) ; les férus de médias traditionnels (télévision, musique et lecture) au nombre de 12,5 % ; les férus de médias traditionnels et d'ordinateurs et de sorties (9,5 %) ; les jeunes impliqués dans les loisirs culturels et sportifs (11,5 %) ; ceux qui privilégient la culture de l'écran (télévision, ordinateur et jeux vidéo), représentent 14,5 % du panel, et enfin ceux qui
(25) privilégient les pratiques artistiques amateur (10,5 %).

L'analyse de cette répartition des loisirs culturels met en évidence qu'il y a un lien fort entre le comportement culturel des enfants et celui des parents. D'une part, les choix des parents constituent souvent un modèle (d'autant que certains loisirs sont faits ensemble), d'autre part, la présence
(30) d'un projet éducatif peut pousser les parents à accorder une belle place aux activités éducatives. Les consommations médiatiques occupent donc une place centrale dans les loisirs des 6–14 ans mais les autres activités ne sont pas pour autant absentes et dépendent en général du milieu familial.

1. Que signifie l'expression « culture de chambre », (ligne 7) ?

   (A) Une gamme d'activités qu'on peut faire chez soi.
   (B) La solitude ressentie par les jeunes de tout âge.
   (C) L'aspect familial de la vie des jeunes.
   (D) Le fait que les jeunes se reposent ou dorment trop.

2. Selon l'article, quelle est la meilleure façon de décrire les filles ?

   (A) Elles apprécient énormément la technologie.
   (B) Elles utilisent les ordinateurs moins que les garçons.
   (C) Elles passent souvent plus de temps à lire que les garçons.
   (D) Elles sont moins tentées par les sports que les garçons.

3. D'après cet article, quelle est l'importance des parents ?

   (A) Leur influence sur les enfants est facilitée à cause de toute la technologie moderne.
   (B) Les enfants passent de moins en moins de temps avec eux.
   (C) Les enfants suivent généralement leur exemple.
   (D) Leur rôle dans la vie des enfants est minimisé à cause de leur travail.

4. Qu'est-ce qui caractérise le mieux le plus grand des huit « univers culturels » ?

   (A) Un comportement éloigné du radar de la technologie.
   (B) Un grand amour de l'écran.
   (C) Une vraie appréciation de l'art.
   (D) Un mélange des formes traditionnelles de médias.

5. Lequel des titres suivants serait le meilleur titre alternatif pour cet article ?

   (A) La technologie menace le bon développement des jeunes.
   (B) Vous avez un bel avenir, les filles !
   (C) Le rôle des parents dans la vie des jeunes ne perd pas de son importance.
   (D) Allons, les enfants—sortez de vos chambres !

Sélection 10

Thème du cours : Défis mondiaux/Science et Technologie

> ### INTRODUCTION
> Dans cet article, il s'agit d'une machine à décortiquer les arachides (les cacahuètes) et du rôle qu'elle pourrait jouer dans la société et dans l'économie africaine. *http://www.un.org/fr/africarenewal/newrelfr/science.html*

Technologie : l'Afrique prépare sa révolution scientifique

Depuis des générations, les Africaines ont la lente et pénible tâche de décortiquer les arachides à la main. Mais il y a quelques années, des villageois du Mali ont inventé une décortiqueuse manuelle. Faite de béton,

Ligne de bois et de ferraille, elle coûte l'équivalent de 10 dollars. Une seule
(5) personne suffit à la faire fonctionner et elle a une durée d'usage estimée à environ 25 ans. Une machine suffit à un village de 2 000 habitants. Cette décortiqueuse est un parfait exemple des innovations et des adaptations de technologies grâce auxquelles les africains répondent à leurs besoins. Cependant, globalement, l'Afrique est en retard dans la course scienti-
(10) fique et technologique. L'Afrique subsaharienne contribue environ 2,3% au produit intérieur brut au niveau mondial, mais ne dépense que 0,4% des sommes de recherche et de développement (R&D). Avec 13,4% de la population mondiale, elle ne fournit que 1,1% des chercheurs scientifiques de la planète. Elle compte environ un scientifique ou un ingénieur
(15) pour 10000 habitants, alors que les pays industrialisés en comptent de 20 à 50. Et ce fossé grandit.

Développer un système de recherche et d'innovation technologiques est une des priorités importantes du nouveau partenariat pour le développement de l'Afrique (NEPAD). En 2005, l'Union Africaine (UA) et le
(20) NEPAD ont lancé un plan d'action afin de soutenir leurs programmes dans des domaines comme l'agriculture, l'environnement, les infrastructures, l'industrie et l'éducation. Il envisage 12 projets de recherche, ayant chacun un objectif spécifique, qui vont de la biotechnologie au développement des connaissances africaines traditionnelles en passant par l'adop-
(25) tion des nouvelles technologies de l'information. Les dirigeants africains ne sont cependant pas parvenus à un consensus sur le financement de ce plan estimé à 158 millions de dollars sur cinq ans. Les besoins sont énormes. Selon l'Organisation des Nations Unies pour l'éducation, la science et la culture (UNESCO), en Afrique subsaharienne près de 92%
(30) de la population rurale et 48% de la population urbaine ne disposent pas de services d'énergie modernes. Depuis des années, on vante les avantages de la technologie solaire comme source d'énergie alternative, mais son adoption a fait peu de progrès.

Des politiques adéquates, un engagement des gouvernements et des
(35) investissements accrus pourraient permettre à l'Afrique de brûler les
étapes vers les nouvelles technologies. Selon l'UNESCO, des pays comme
l'Afrique du Sud, la Côte d'Ivoire, le Kenya et le Zimbabwe possèdent
déjà une base scientifique et technologique relativement développée et
pourraient, avec un investissement supplémentaire relativement réduit,
(40) mettre sur pied des établissements technologiques et scientifiques de
haut niveau qui profiteraient à toute la région. Le continent, déclare M.
Janneh, ne peut plus se permettre de continuer à perdre du temps. Il
doit lancer un vaste mouvement pour former et employer scientifiques,
ingénieurs et techniciens en grand nombre et tisser des liens solides entre
(45) l'industrie, le milieu universitaire et le gouvernement, assurant ainsi que
les innovations d'aujourd'hui jetteront les bases du développement économique et social de demain.

1. Dans cet article, qu'est-ce que l'invention d'une décortiqueuse en Afrique
   suggère ?

   (A) La technologie africaine est aussi développée qu'ailleurs.
   (B) Cela symbolise une technologie qui est suffisante localement mais
       inférieure ailleurs.
   (C) C'est une machine qui ne marche pas aussi bien que possible.
   (D) Cela représente un pitoyable échec.

2. Quel est clairement le but de NEPAD ?

   (A) C'est de rivaliser avec les pays industrialisés dans le domaine de la
       recherche.
   (B) C'est de se concentrer sur l'agriculture comme moyen de
       développement économique.
   (C) C'est de créer de meilleures universités africaines.
   (D) C'est de moderniser le style de vie quotidien en Afrique.

3. Qu'est-ce que l'article nous apprend sur l'énergie en Afrique ?

   (A) L'énergie solaire y est une ressource abondante et bien utilisée.
   (B) Les pays africains démontrent une utilisation efficace de l'énergie.
   (C) Les pays africains continuent de gaspiller beaucoup d'énergie.
   (D) Malgré leur bonne volonté, les Africains ont fait peu de progrès dans le
       domaine de l'énergie.

4. Selon l'article, quelle sorte de pays est le Kenya ?

(A) C'est un pays qui se distingue en technologie et en science.
(B) C'est un pays dont le développement est typique de la majorité des pays africains.
(C) C'est un pays aussi faible que le Zimbabwe en science.
(D) C'est un pays qui utilise bien l'énergie solaire.

5. Quel est le rêve de M. Janneh ?

(A) Voir une Afrique aussi riche que les pays de l'ouest
(B) Promouvoir une renaissance de science et de recherche en Afrique
(C) Accélérer le rythme de modernisation en Afrique
(D) Voir l'Afrique rivaliser avec le reste du monde en éducation et en technologie.

6. Quel est le ton général de cet article ?

(A) Sceptique
(B) Optimiste
(C) Douteux
(D) Utopique

ANSWER EXPLANATIONS— MULTIPLE-CHOICE READING SELECTIONS

Sélection 1

L'espace au service de notre terre

1. **(D)** The main purpose of the document is to show how satellites can be used to analyze the environment, "*Enrichissent constamment notre connaissance factuelle de l'écosystème de la Terre.*"

2. **(C)** The text says that Gagarin's (Gagarine's) words were the first ones uttered in space, "*Premiers jamais prononcés dans l'espace.*"

3. **(B)** The main idea in the paragraph is that observation from space helps humankind better take care of <u>planet Earth</u>: "*notre planète.*"

4. **(A)** The passage suggests that human activity is negatively impacting Earth, "*L'impact de l'activité humaine sur la Terre, les dommages potentiels.*"

5. **(B)** The passage states that satellites help scientists quickly detect natural disasters, "*Les tremblements de terre . . . sont souvent visibles depuis l'espace.*"

6. **(B)** *Le pouls* is the pulse or the measure of the health of Earth.

7. **(D)** We know what the conditions on Earth are at the present time. The last paragraph gives several clues about the correct answer.

Sélection 2

La voiture électrique

1. **(A)** Responses 1 and 2 demonstrate a generally positive attitude toward electric cars with only a few reservations, "*Non si c'est pour rouler . . . à condition que . . .*"

2. **(B)** Both instances of *bonnes nouvelles* reassure the people polled that their worries and reservations are unfounded.

3. **(D)** The response states that the price is a concern, "*Cela dépend du prix d'achat et d'amortissement.*"

4. **(C)** Response 4 suggests that having more power plants will result in more waste treatment problems, "*On ne sait . . . quoi faire des déchets.*"

Sélection 3

Les différences économiques entre riches et pauvres

1. **(D)** The passage states that the cost of a seafood dish can also be the amount of money some people have to buy groceries for an entire month. "*C'est le prix d'une entrée de fruits de mer dans un chic steak house. . . . C'est aussi ce qu'il reste à plusieurs assistés sociaux pour faire l'épicerie du mois au complet.*"

2. **(B)** *Les assistés sociaux* are the people who receive help from society.

3. **(B)** The main idea in the passage is that the rich get richer, "*Une large part de la croissance économique a profité aux riches.*"

4. **(D)** The passage states that families with children have a difficult time finding an apartment they can comfortably pay for, "*La misère à se loger parce que les logements sont de plus en plus chers, surtout les appartements de grande taille qui permettent de loger une famille.*"

5. **(A)** The passage states that more than a third of the population in Québec spent 30% of their income for housing in 2006, "*Le pourcentage des familles locataires consacrant plus de 30% de leurs revenus au logement a grimpé.*"

6. **(B)** Clues are provided in the passage. For example, the construction of luxury housing has not slowed down and rising prices do not discourage wealthy buyers, "*L'escalade des prix ne semble pas décourager.*"

7. **(C)** The passage states that real estate reflects the global financial situation in society, "*L'immobilier est le reflet d'un écart . . .*"

8. **(D)** The article claims that social inequalities have increased in the entire world, "*Le Canada et le Québec n'échappent pas à ce phénomène mondial.*"

9. **(D)** Many clues in the reading point to the situation getting worse or deteriorating: "*le fossé se creuse*" in the title as well as the conjunction "*tandis que,*" which introduces a contrast to the economic well-being of the rich.

10. **(D)** The purpose of the passage is to bring attention to a worldwide social problem.

11. **(C)** Mr. Gurria suggests that the widening gap between rich and poor must be narrowed, "*La polarisation économique devient carrément dangereuse.*"

12. **(B)** A journalist should look at all angles of an issue. The other answers are inappropriate in the context of this article.

Sélection 4

Vacances en Martinique

1. **(B)** The passage states that the stranded travelers would have to spend a lot of money to get home immediately, "*Il reste peu de solutions et toutes onéreuses.*"

2. **(A)** The reading says that huge rainfalls have caused floods, "*le déluge.*"

3. **(B)** *Une rude épreuve* is a rough test. In other words, it is a tough obstacle. Several context clues support this.

4. **(A)** The passage states that the airplane company's flights are delayed, "*Corsair a accepté de les embarquer sur un vol ultérieur.*"

5. **(A)** The phrase *sale temps* can be interpreted literally as bad weather and figuratively as bad luck.

6. **(D)** The text offers clues that illustrate the adverse consequences of bad weather on tourism: "*le déluge a empêché . . .*"

Sélection 5

Le harcèlement scolaire

1. **(D)** The title shows that this document is about ensuring the security of school children. Many clues within this document (which was issued by a French government agency—the Department of Education) indicate that it is for the general public.

2. **(A)** The passage states that *le harcèlement* (bullying) is defined as repeated attacks on given students by peers or schoolmates, "*L'usage répété de la violence.*"

3. **(C)** The act of *désocialisation* (creating or becoming social outcasts) is given as a possible consequence of bullying.

4. **(A)** *Sensibiliser* is the equivalent of making people sensitive to something. In other words it means to create knowledge and awareness (*connaître*).

5. **(C)** The phrase "*l'affaire de tous*" in the title is supported by subsequent details that everyone has to get involved.

6. **(D)** Paragraphs IV and V state that students, parents, and staff must jointly fight bullying.

7. **(D)** The introduction stated that the Internet and social networks have created a new, powerful form of bullying, "*Une nouvelle variante particulièrement redoutable repose sur l'usage d'internet.*"

8. **(C)** The initiative from the French Education Department aims at finding solutions to a serious problem at all levels, "*Un guide est diffusé au sein de tous les établissements, de la maternelle au lycée.*"

Sélection 6

Interview roman "La domination"

1. **(C)** The father is described as living a double life, a "*double vie.*"

2. **(A)** The author explains that she is interested in identity quests, "*chaque écrivain a ses propres obsessions.*"

3. **(B)** The author dissociates her writing from herself, "*Je ne suis pas ce que j'écris.*"

4. **(D)** The author states that the task of writing is intimidating, "*L'école de l'humilité.*"

5. **(A)** The author states that revealing her life might stifle her creativity, "*Elle craint aussi d'écrire le livre de sa vie, ce livre total qui bridera son inspiration.*"

6. **(B)** The word *fantasmé* (which has a ghostlike quality) also means "imagined" or "imaginary." This is supported by the fact that the author imagined/created the character of a brother.

7. **(B)** The author distinguishes the role of the writer from the role of the narrator. She created the character of a brother as the narrator in her book so that her narration would feel less biographical. She is the writer, but the imaginary brother is the narrator.

8. **(C)** The author uses the character of a brother to expose family secrets and to distance herself from the autobiographical story, "*Se glissant dans la peau d'un narrateur masculin.*"

9. **(D)** The author stated that she is most at ease when writing complex novels, "*J'aime qu'un texte me résiste.*" This means that she likes grappling with a text.

Sélection 7

L'enfance de Monet

1. **(D)** The reading states that Monet's father had business outside of Paris, "*Au Havre . . . pour suivre ses intérêts de plus près.*"

2. **(C)** The passage says that the young Monet liked the great outdoors, "*Au grand air.*"

3. **(D)** The passage states that at school, Monet spent his time drawing in his books and notebooks, "*J'enguirlandais la marge de mes livres.*"

4. **(B)** The reading says that at the age of fifteen, Monet earned money by drawing portraits of people all over town, "*Je me fis payer mes portraits.*"

5. **(C)** Several clues within the passage indicate that Monet lived "*une vie assez irregulière, mais très saine.*"

6. **(A)** This answer addresses the fact that Monet did not like discipline in general or school in particular, "*La collège m'a toujours fait l'effet d'une prison.*"

Sélection 8

Enseignement secondaire en Afrique

1. **(D)** The passage states that all children should be able to finish "*le cycle secondaire.*"

2. **(C)** The reading says, "*L'enseignement secondaire coûte davantage que le primaire.*"

3. **(C)** The information states that young boys have a better chance to get a secondary education than their female counterparts, "*L'exclusion des filles du secondaire.*"

4. **(A)** The passage states that the lack of secondary education has far-reaching implications, "*La santé des mères et des enfants à la prévention du VIH/sida, en passant par la sécurité environnementale.*"

5. **(A)** Several clues in the passage indicate that the secondary school instruction of young people is essential in a balanced prosperous global world.

Sélection 9

Que font les jeunes de leurs loisirs ?

1. **(A)** This expression encompasses the range of activities done at home.

2. **(C)** Girls are more likely to read, *"Les filles sont plus nombreuses à lire."*

3. **(C)** Children still follow the example of their parents, *"Les choix des parents constituent souvent un modèle."*

4. **(D)** This category is typified by one who enjoys a range of more traditional electronic entertainment, *"Les jeunes qui privilégient l'audiovisuel traditionnel (télévision, vidéo, DVD) et les jeux vidéo (16%)."*

5. **(C)** The article maintains that parents still have the most influence over their children, *"Les choix des parents constituent souvent un modèle,"* and *"Il y a un lien fort entre le comportement culturel des enfants et celui des parents."*

Sélection 10

Afrique-la décortiqueuse

1. **(B)** Although this invention meets the needs of the local population, it does not measure up to global standards, *"Globalement, l'Afrique est en retard dans la course scientifique."*

2. **(D)** The goal of NEPAD is to modernize African life on several levels.

3. **(D)** In the area of solar energy, African nations have made little progress, *"Mais son adoption a fait peu de progrès."*

4. **(A)** Kenya is one of the more advanced nations in Africa, *"Des pays comme . . . le Kenya . . . possèdent déjà une base scientifique et technologique relativement développée."*

5. **(B)** Mr. Janneh envisions a growth of scientific development that will bring on progress, *"Les innovations d'aujourd'hui jetteront les bases du développement économique et social de demain."*

6. **(B)** The tone of the article is hopeful, *"Des pays pourraient . . . mettre sur pied des établissements technologiques et scientifiques de haut niveau."*

Combined Reading-Listening Selections

Timing is critical with the reading-listening selections. You are allotted only a specific amount of time on the exam to familiarize yourself with the information provided. Be aware of the following limits:

- Reading selection—4 minutes
- Chart/graph—1 minute
- Listening selection with approximately 5 questions—1 minute to preview the instructions and skim the questions
- Listening selection with approximately 10 questions—2 minutes to preview the instructions and skim the questions

Here are some practice selections.

Sélection 1

Thème du cours : Science et Technologie/ Vie contemporaine

SOURCE #1

Vous avez 5 minutes pour lire les introductions, la source #1 et pour regarder le tableau. Vous pouvez aussi parcourir les questions.

> ### INTRODUCTION
> Le sujet de cette sélection est le tourisme spatial. L'article provient du site : http://www.linternaute.com/actualite/voyager/05/tourisme-espace/ tourisme-spatial.shtml

40 000 touristes ont déjà réservé leur billet
Les agences de voyages sont russes, américaines ou japonaises, et elles ont tout prévu, pour tous les budgets. Découverte d'un nouveau genre de tourisme et de services.

Les agences de voyages spatiaux
Grâce à des contrats passés avec les agences de recherche spatiale et aéronautique (l'ESA en Europe, la NASA aux Etats-Unis et la KFA russe), des agences ont réalisé le rêve de voyager dans l'espace pour le commun des

Ligne mortels. La première de ces agences de voyages spatiaux est américaine :
(5) Space Adventures. C'est elle qui a envoyé les 3 touristes de l'espace à bord de la Station Spatiale Internationale, par le biais de la KFA, agence spatiale russe. Quatre départs sont déjà programmés pour les années à venir. Avec un billet à 20 millions de dollars pour l'instant, seule une poignée d'hommes dans le monde peut s'offrir ces voyages.

(10) **La nouvelle agence qui souhaite démocratiser le tourisme spatial**

Le milliardaire britannique Richard Branson et le gouverneur de l'Etat américain du Nouveau-Mexique, Bill Richardson, ont créé la société Virgin Galactic, spécialisée dans le vol spatial touristique. Elle prévoit pour 2010 la mise en service du premier aéroport spatial au Nouveau-
(15) Mexique. Les travaux, d'un montant de 225 millions de dollars, débuteront en 2006. Cet aéroport devrait accueillir les 40 000 touristes qui ont déjà réservé leur billet à destination de l'espace. Souhaitant démocratiser ce type de tourisme, les deux hommes ont financé le développement d'un nouveau vaisseau : le "Space Ship Two", qui emmènera plusieurs
(20) personnes à la fois, pour un billet à 200 000 dollars.

Des services et voyages pour toutes les bourses

Les séjours à bord de la Station Spatiale Internationale ne sont pas les seuls voyages proposés. Ces agences ont tout un catalogue. Space Adventures propose par exemple des vols en orbite (hors de l'atmosphère terrestre, là
(25) où la gravité n'exerce plus sa force) à bord de vaisseaux spatiaux, ou des vols dans des avions de combat qui s'élancent à une vitesse de deux fois celle du son : « *montée d'adrénaline garantie* », précise l'agence. La filiale japonaise JTB propose aussi un voyage de 6 jours et 4 nuits à 100 km d'altitude, en apesanteur, à bord d'un nouveau vaisseau qui devrait être
(30) mis en service en 2008. Cela pour un coût bien moins élevé que le voyage vers l'ISS : 102 000 dollars. La société américaine Celestis s'est de son côté spécialisée dans les funérailles spatiales : les cendres de 150 défunts ont déjà été déversées dans l'univers.

Les services et prix du tourisme spatial

Service	Agence de voyage	Prix
Vol en orbite en Soyouz vers ISS	Agence Space Adventures	20 millions de dollars
Entraînement pour vol en orbite	Agence Space Adventures	200 000 dollars
Vol en orbite	Agence Space Adventures	102 000 dollars
Entraînement d'astronaute	Agence Space Adventures	59 995 dollars
Vol à bord d'un avion de chasse à vitesse Mac2	Agence Space Adventures	23 695 dollars
Entraînement et vol dans un super sonique	Agence Space Adventures	21 995 dollars
Journée dans un simulateur d'apesanteur	Agence Space Adventures	3 910 à 9 895 dollars
Faire déverser les cendres d'un défunt dans l'espace	Celestis	5 300 dollars
Envoyer un peu de son ADN dans l'espace	Celestis, via le satellite Encounter 2001	50 dollars

Source: Space Adventures / 2005

SOURCE #2

Ecoutez le document audio deux fois et répondez aux questions. (Environ 5 mn)

> **INTRODUCTION**
>
> **Introduction au document audio (longueur de 2 mn50)**
> Cette sélection est un podcast du CNES (centre National d'Etudes Spatiales) : *http://www.linternaute.com/actualite/voyager/05/tourisme-espace/tourisme-spatial.shtml*

1. Qu'est-ce qu'on peut affirmer d'après le document écrit ?

   (A) Jusqu'à présent, seuls des astronautes ont pu voyager dans l'espace.
   (B) Beaucoup de gens ordinaires vont pouvoir se promener dans l'espace.
   (C) Des personnes avec des moyens financiers extravagants vont pouvoir explorer l'espace.
   (D) Les touristes américains seront les premiers à partir dans l'espace grâce à l'agence Space Adventure.

2. Que peut-on dire de la société Virgin Galactic d'après le document écrit ?

   (A) C'est une entreprise mexico-américaine qui financera plusieurs aéroports aux États-Unis.
   (B) Elle veut permettre à plus de personnes de voyager dans l'espace en baissant le prix du billet d'avion.
   (C) Elle se contentera d'organiser des voyages à provenance de la Station Spatiale Internationale.
   (D) Elle mettra les touristes à bord de vaisseaux spatiaux pour des vols vertigineux, en orbite dans l'atmosphère terrestre.

3. D'après le tableau, quel est le coût de funérailles spatiales ?

   (A) 23 695 dollars
   (B) 5 300 dollars
   (C) 3 910 à 9 895 dollars
   (D) 50 dollars

4. D'après le reportage audio, comment était l'espace en 2004 ?

   (A) Inexploré par les touristes
   (B) Amusant pour les touristes
   (C) Fréquemment visité par les vedettes de cinéma
   (D) Inconnu de tous

5. D'après le reportage audio, que pensent certains « puristes » de l'espace ?

   (A) L'espace n'est pas à conquérir.
   (B) L'espace devrait être accessible à tous.
   (C) L'espace devrait rester un lieu privilégié réservé aux pionniers de l'espace.
   (D) L'espace devrait rester inexploré à cause des dangers qu'il présente.

6. D'après le reportage audio, quelle devrait être une des responsabilités des premiers touristes de l'espace ?

   (A) Ils devraient être reconnaissants à Virgin Galactic.
   (B) Ils devraient partager leurs connaissances à leur retour.
   (C) Ils devraient reproduire l'esprit aventurier de l'humanité.
   (D) Ils devraient payer un plus grand prix pour leur voyage.

7. Qu'est-ce que les deux sources ont en commun ?

   (A) On y mentionne la baisse du coût du tourisme spatial.
   (B) On encourage les jeunes à devenir astronautes.
   (C) On espère que la compagnie Virgin Galactic continuera ses vols.
   (D) On y applaudit les efforts de Monsieur Branson.

8. Qu'est-ce qui est mentionné dans les deux sources ?

   (A) Des précautions visant à ne pas nuire à l'environnement.
   (B) Des mesures visant à promouvoir l'expérience du tourisme spatial.
   (C) Des mesures de sécurité pour protéger les touristes.
   (D) Le personnel nécessaire pour assister les touristes pendant leurs voyages.

Sélection 2

Thème du cours: Quête de soi

SOURCE #1

Vous avez 3 minutes pour lire les introductions et la source #1 et pour parcourir les questions.

> **INTRODUCTION**
>
> Le passage suivant est un extrait d'article dont l'auteur est Corinne Dillenseger, rédacteur en chef du site ci-dessous. Il s'agit de la place de la femme dans les études et carrières scientifiques.
> *http://www.maviepro.fr/magazine/trouver-un-job/tu-seras-ingenieure-ma-fille*

Faire reculer les stéréotypes, encourager les jeunes femmes à entamer des études scientifiques, c'est le pari des associations *Pascaline* et *Elles bougent.* Après le succès de la campagne « Tu seras Ingénieure, ma fille », un site
Ligne Internet vient d'être lancé et des rencontres dans toute la France sont au
(5) programme.

Le nombre de femmes ingénieures baisse: en 2009 elles ne représentaient que 17% de l'ensemble de la profession. Comment expliquer cette désaffection du sexe féminin pour les carrières scientifiques ? Et surtout comment leur donner envie de s'orienter vers ces filières. Les associations
(10) *Pascaline* et *Elles bougent* ont uni leurs efforts pour organiser une grande conférence nationale intitulée : « Tu seras Ingénieure, ma fille ». Une première édition s'est tenue à Paris et a remporté un franc succès auprès des étudiantes. Des prochains rendez-vous sont prévus à Lyon, Nantes et Toulouse. Et parallèlement les associations inaugurent le site tuserasin-
(15) genieure.com pour permettre aux étudiantes, aux familles et acteurs de l'éducation de s'informer sur ces métiers.

SOURCE #2

Ecoutez la source audio deux fois de suite et répondez aux questions. (Environ 5 minutes)

> ### INTRODUCTION
> **Introduction au document audio (longueur de 2 mn 46 sec)**
> Dans cette sélection intitulée *Les femmes et la science*, Claudie Haigneré, spationaute française, parle de l'importance des carrières scientifiques. On trouve cette sélection sur le site suivant : *http://www.dailymotion.com/ video/xiayh4_les-femmes-et-la-science-claudie-haignere_tech http://www.youtube.com/watch?v=9fX-rVU_yBl*

1. Dans le document écrit, quelle est la mission des organisations *Pascaline* et *Elles bougent* ?

   (A) De lancer un site Internet pour les femmes ingénieures
   (B) De faire mieux rémunérer les femmes ingénieures
   (C) De pousser plus de jeunes filles à faire des études scientifiques
   (D) De publier des livres qui inspirent les jeunes scientifiques

2. Dans le document écrit, que sont « les filières », (ligne 9), d'après le contexte ?

   (A) Les directions
   (B) Les familles
   (C) Les produits
   (D) Les universités

3. Pourquoi les associations *Elles bougent* et *Pascaline* ont-elles organisé une conférence nationale ?

   (A) Elles ont besoin de plus de membres.
   (B) Elles recrutent des femmes ingénieurs.
   (C) Elles fonctionnent comme agences d'emploi.
   (D) Elles informent le public sur les métiers scientifiques.

4. Avec quelle idée principale est-ce que Claudie commence son discours dans le document audio ?

   (A) On a besoin de femmes dans les milieux scientifiques et dans le secteur technique.
   (B) Les besoins technologiques vont probablement baisser au 21ᵉ siècle.
   (C) Les carrières scientifiques ne sont que pour les gens ultra-intelligents.
   (D) Les jeunes d'aujourd'hui ne se consacrent pas assez aux besoins techniques actuels.

5. D'après le document audio, quel est un rôle important des conseillers péda-gogiques des écoles ?

   (A) Ils doivent forcer les jeunes à suivre des cours de mathématiques.
   (B) Ils doivent identifier les élèves les plus brillants.
   (C) Ils doivent inclure les filles dans la poursuite de carrières scientifiques.
   (D) Ils doivent inclure les parents dans les décisions pédagogiques des élèves.

6. Quel message trouve-t-on dans le document écrit et dans le document audio ?

   (A) Les carrières scientifiques intéressent beaucoup de jeunes.
   (B) L'informatique est le secteur le plus motivant pour la jeunesse d'aujourd'hui.
   (C) Les jeunes filles hésitent à se lancer dans des carrières scientifiques.
   (D) Il y a encore beaucoup de femmes au foyer de nos jours.

7. Quel problème est exposé dans les deux documents ?

   (A) On n'encourage pas assez les femmes à se consacrer aux métiers scienti-fiques.
   (B) Les filles préfèrent toujours les carrières qui leur permettent de jouer un rôle social.
   (C) Les filles ont généralement peur de prendre des décisions importantes pour leur vie.
   (D) Dans le monde du travail, les hommes se méfient traditionnellement des femmes.

8. Si l'interview continuait, laquelle des options suivantes Claudie pourrait-elle ajouter ?

   (A) Je pense que les hommes et les femmes sont traités de la même manière au travail.
   (B) Je voudrais vous donner un exemple de comment on peut soutenir la femme dans une carrière rigoureuse.
   (C) J'ai fait beaucoup trop de sacrifices pour ma carrière.
   (D) Je suis contente de voir qu'il y a plus de femmes scientifiques de nos jours.

Sélection 3

Thème du cours : Vie contemporaine

SOURCE #1

Vous avez 2 minutes pour lire les introductions et le tableau et pour parcourir les questions.

> ### INTRODUCTION
>
> Dans cette sélection, on vous donne les résultats d'un sondage fait par les auteurs du site L'internaute auprès de 561 personnes. Ces résultats ont été publiés en 2008.
> *http://www.linternaute.com/nature-animaux/questionnaire/fiche/6946/d/f/1*

Faudrait-il créer davantage de parcs nationaux et de réserves naturelles en France ?
48%

Oui, de façon à davantage préserver notre patrimoine naturel
38%

Oui mais en accord avec les populations locales, les éleveurs et les agriculteurs
6.2%

Non, les collectivités et les associations font déjà du bon travail
5%

Non, cela coûte trop cher au contribuable

Démarré le 05/05/2008 | 561 votes | Résultat au 09/05/2008

SOURCE #2

Ecoutez le document audio deux fois et répondez aux questions. (Environ 4 minutes)

> ### INTRODUCTION
>
> Dans cette sélection, deux amis discutent de leurs projets de vacances d'été et des parcs nationaux de France. La sélection dure environ 1 mn 30.

1. D'après le tableau, qui veut surtout augmenter le nombre de parcs nationaux ?

   (A) Les personnes qui paient beaucoup de taxes.
   (B) Les personnes qui n'ont pas de petites fermes.
   (C) Ceux qui pensent qu'il faut passer un riche environnement à la prochaine génération.
   (D) Ceux qui pensent que cela va améliorer le tourisme et l'économie du pays.

2. D'après le tableau, quelle est l'objection de certaines personnes qui favorisent l'augmentation du nombre de parcs nationaux ?

   (A) Le gouvernement français n'a pas assez d'argent pour ce genre de projet.
   (B) Les gens qui ont des métiers liés à l'exploitation de la terre doivent participer au projet.
   (C) On demande vraiment trop de contributions aux gens qui habitent dans la région.
   (D) Les associations locales ne doivent pas participer parce qu'elles ne peuvent pas être justes.

3. Dans le tableau, on mentionne *l'éleveur*. Que fait un éleveur ?

   (A) Il élève ses enfants et s'occupe de sa famille.
   (B) Il fait pousser des vignes et fabrique du vin.
   (C) Il a des troupeaux d'animaux comme les vaches ou les moutons.
   (D) Il exploite les forêts et travaille dans l'industrie du bois.

4. D'après la conversation, pourquoi Rémy voudrait-il aller dans les Pyrénées cet été ?

   (A) Pour y escalader les montagnes de la région
   (B) Pour y louer un chalet dans le parc national des Pyrénées
   (C) Pour faire du travail bénévole avec les animaux en danger
   (D) Pour y faire des randonnées dans la nature

5. D'après la conversation, quelle est la position de Nathalie concernant les parcs nationaux ?

   (A) Elle est d'accord qu'il en faudrait davantage.
   (B) Elle pense qu'il y en a assez pour l'instant.
   (C) Elle comprend pourquoi certaines personnes n'en veulent pas.
   (D) Elle n'est pas d'accord avec le point de vue de Rémy.

6. Quelle est l'attitude de Nathalie à la fin de la conversation ?

   (A) Elle est ouverte d'esprit.
   (B) Elle est pessimiste.
   (C) Elle est raisonnable.
   (D) Elle est enragée.

7. Qu'est-ce que Rémy pourrait dire à la fin de ce dialogue ?

    (A) Je suis tout à fait d'accord avec toi, Nathalie.

    (B) Devenons donc déjà membres de l'association des parcs nationaux !

    (C) Allons passer les vacances sur les plages de la Méditerranée alors !

    (D) Pourquoi m'accuses-tu de ne pas dire la vérité ?

Sélection 4

Thème du cours : Vie contemporaine/Famille et Communauté

SOURCE #1

Vous avez 3 minutes pour lire les introductions et la source #1 et pour parcourir les questions.

INTRODUCTION

Il s'agit dans ce document de programmes de jeunesse et de volontariat. Cette fiche se trouve sur le site suivant : *http://www.diplomatie.gouv.fr/ fr/enjeux-internationaux_830/societe-civile-ong_1052/volontariat_20135/ les-programmes-jeunesse-solidarite-internationale-jsi-ville-vie-vacances-solidarite-internationale-vvvsi_81094.html*

Volontariat

Les programmes Jeunesse Solidarité Internationale (JSI) et Ville Vie Vacances Solidarité Internationale (VVVSI)

La Mission des relations avec la société civile appuie deux programmes spécifiques de chantiers de jeunes : Jeunesse Solidarité Internationale (JSI) et Ville Vie Vacances Solidarité Internationale (VVVSI) . . .

Le programme VVVSI, qui relève de la politique de la Ville, a été initié en 1991 en tant que déclinaison internationale du dispositif « Ville Vie Vacances ». Il vise à cofinancer des micro-projets, supports de l'échange
Ligne entre jeunes du Nord issus des « quartiers sensibles », et jeunes du Sud de
(5) 15 à 25 ans. L'échange interculturel et la recherche du bien commun sont des vecteurs essentiels d'apprentissage de la citoyenneté et d'insertion, voire de réinsertion sociale pour les publics les plus marginalisés.

Le programme JSI a été initié en 1997, sur les mêmes bases paritaires et de parrainage des associations de jeunes, pour répondre à la demande
(10) de jeunes ne relevant pas des quartiers sensibles. Il poursuit les mêmes objectifs de mise en oeuvre de micro-projets et d'échanges entre jeunes du Nord et du Sud.

Ces deux dispositifs permettent de surcroît à la Direction Générale de la Mondialisation, du Développement et des Partenariats de contribuer

(15) à la diffusion des bonnes pratiques en matière d'échanges de jeunes à l'international. Des jurys régionaux se réunissent chaque printemps dans les Préfectures et permettent à différents services déconcentrés de l'Etat et aux collectivités territoriales, souvent partenaires financiers des opérations, d'approfondir leur connaissance des projets montés par les équipes
(20) de jeunes.

SOURCE #2

Ecoutez le document audio deux fois et répondez aux questions. (Environ 5 minutes)

> **INTRODUCTION**
>
> Dans ce podcast téléchargé par Cap24, il s'agit de travail bénévole au profit des jeunes par des groupes associés à l'initiative Ville, Vie, Vacances. *www.youtube.com/watch?v=xaRL8aiWnL4*

1. Laquelle des options suivantes représente le mieux le but du document écrit ?

   (A) C'est la synthèse de plusieurs études.
   (B) C'est un rapport informatif.
   (C) C'est une quête pour des volontaires.
   (D) C'est la critique d'une organisation.

2. Que peut-on dire des deux initiatives mentionnées dans le document écrit ?

   (A) Elles ne recrutent que des jeunes très intelligents.
   (B) Leur succès laisse à désirer.
   (C) Elles encouragent les échanges culturels.
   (D) Elles encouragent les jeunes à chercher du travail.

3. Qu'est-ce qui distingue les deux initiatives VVVSI et JSI ?

   (A) Elles visent à aider des groupes sociaux différents.
   (B) L'une est internationale et l'autre est locale.
   (C) L'une est gratuite et l'autre payante.
   (D) Seulement l'une des deux est subventionnée par le gouvernement.

4. D'après le reportage audio, quelle est l'originalité de l'initiative Ville, Vie, Vacances ?

   (A) Elle permet à beaucoup d'enfants d'être actifs pendant l'été.
   (B) Elle permet à des enfants de milieux socio-économiques différents de se rencontrer.
   (C) Les activités sont animées par des gardiens de la justice.
   (D) Les enfants qui en font partie sortent de centres de délinquance juvénile.

5. D'après le reportage audio, où est-ce que l'initiative Ville, Vie, Vacances a lieu ?

   (A) Dans une station de police
   (B) Dans une ville nommée Tremblay
   (C) Dans une région costale
   (D) Dans la région de Paris

6. D'après le reportage audio, comment peut-on décrire le rapport entre les animateurs et les enfants ?

   (A) Plutôt tendu
   (B) Affectueux
   (C) Respectueux
   (D) Parfois hostile

7. D'après le reportage audio, que font les jeunes qui font partie de l'initiative ?

   (A) Ils essaient de se rééduquer.
   (B) Ils veulent devenir athlètes professionnels.
   (C) Ils se destinent à une carrière de police.
   (D) Ils passent des vacances actives.

8. D'après le reportage audio, quel est l'avantage de l'initiative pour les policiers ?

   (A) Ils établissent un contact favorable avec des enfants difficiles.
   (B) Ils apprennent à discipliner des enfants difficiles.
   (C) Ils participent à des activités sportives ardues.
   (D) Ils se consacrent à des loisirs pendant leurs vacances.

9. Dans l'esprit du reportage, qu'est-ce que les jeunes du programme répondraient à la question « Est-ce que tu voudrais revenir » ?

   (A) C'est sûr et certain
   (B) Peut-être
   (C) Si ça ne coûte pas aussi cher
   (D) Jamais de la vie

Sélection 5

Thème du cours : Défis mondiaux/Science et Technologie

SOURCE #1

Vous avez 4 minutes pour lire les introductions et la source #1 et pour parcourir les questions.

INTRODUCTION

Dans ce rapport publié par le Centre d'Actualités de l'ONU (Organisation des Nations Unies) le 19 juillet 2007, on parle du manque de progrès technologique dans les pays pauvres.
*http://www.un.org/apps/newsFr/storyF.asp?NewsID=14485&Cr=
CNUCED&Cr1*

CENTRE D'ACTUALITÉS DE L'ONU
Service d'information des Nations Unies
Le fossé technologique entre pays doit être comblé pour réduire la pauvreté

19 juillet 2007—La Conférence des Nations Unies sur le commerce et le développement (CNUCED) a présenté ce matin son Rapport 2007 sur les pays les moins avancés, estimant fondamental de combler le fossé technologique afin de combattre la pauvreté.

Ligne

(5) Les 50 pays les moins avancés du monde (PMA), dont 31 sont situés en Afrique, ne pourront pas atteindre le niveau de croissance économique nécessaire pour réduire la pauvreté si les entreprises et exploitations agricoles nationales ne peuvent pas acquérir les connaissances et les technologies qui leur permettront de rattraper leur retard par rapport au reste
(10) du monde, indique le rapport qui a pour thème cette année « Savoir, apprentissage technologique et innovation ».

Lors d'une **conférence de presse** au Siège des Nations Unies à New York, Calestous Juma, spécialiste mondialement reconnu du développement international et professeur à l'Université de Harvard, a expliqué qu'après
(15) avoir mis l'accent sur l'éducation de base en Afrique, il était grand temps d'axer les programmes de formation sur la recherche universitaire et le développement scientifique et technologique.

Si les PMA ne peuvent prétendre être aux avant-postes de la technologie, l'introduction par le biais du commerce de produits ou de procédés nou-
(20) veaux pour un pays ou une entreprise est cependant une source d'innovation extrêmement importante, souligne le rapport.

« Cette forme d'innovation est au coeur de la diversification économique et de l'accroissement de la productivité », a affirmé Calestous Juma,

qui plaide depuis longtemps pour l'application des sciences et des
(25) technologies au développement durable.

Le rapport indique que l'on considère généralement qu'une plus grande
ouverture au commerce international et aux investissements est un moyen
pour les pays en développement d'avoir accès à de nouvelles technologies.

Mais la protection rigoureuse de la propriété intellectuelle freine les
(30) progrès technologiques dans les pays les plus pauvres. Les PMA et leurs
partenaires pour le développement technologique devraient donc avoir
recours à de nouveaux mécanismes pour promouvoir les progrès technologiques.

. . . Les régimes de propriété intellectuelle doivent être adaptés aux
(35) besoins et conditions propres à ces pays, indique le rapport, sous peine
de voir leur développement économique entravé.

SOURCE #2

Ecoutez le document audio deux fois et répondez aux questions. (Environ 4
minutes)

> **INTRODUCTION**
>
> Dans ce rapport publié par le Centre d'Actualités de l'ONU (Organisation
> des Nations Unies) le 19 juillet 2007, il s'agit de la communication
> téléphonique et électronique dans les pays africains. *http://www.un.org/
> apps/newsFr/storyF.asp?NewsID=14485&Cr=CNUCED&Cr1=*

1. Qu'est-ce que la source écrite nous apprend sur les PMA ?

   (A) Ce sont des pays pauvres où les habitants n'atteignent pas un bon
       niveau de vie.
   (B) Ce sont des pays sans aucune technologie ni commerce.
   (C) Ce sont des pays que les Nations Unies n'ont pas aidés économique-
       ment.
   (D) Ce sont des pays où il y a des problèmes de santé.

2. D'après la source écrite, laquelle des constatations suivantes peut-on faire ?

   (A) La moitié des pays africains ont des réseaux téléphoniques.
   (B) Aucun des pays africains ne développe ses réseaux Internet.
   (C) Plus de la moitié des pays africains sont parmi les PMA.
   (D) La population mondiale augmente plus vite que la population africaine.

3. D'après la source écrite, de quoi dépend le développement technologique dans les PMA ?

    (A) De l'aide d'autres pays plus développés
    (B) Des moyens financiers de l'ONU
    (C) Des progrès du commerce avec le monde international
    (D) De la situation politique dans les PMA

4. Dans la source écrite, quel serait un synonyme du mot « entravé » à la dernière ligne ?

    (A) Accéléré
    (B) Obstrué
    (C) Annihilé
    (D) Favorisé

5. Quel adjectif caractérise le mieux le ton du message de l'audio ?

    (A) Neutre
    (B) Poétique
    (C) Résigné
    (D) Passionné

6. Dans la source audio, qu'apprend-on sur les pays africains ?

    (A) Il y a une grande différence de développement technologique entre un petit nombre de pays et le reste.
    (B) L'ONU favorise le développement technologique dans certains pays plus que dans d'autres.
    (C) L'internet s'est répandu de façon égale dans tous les pays africains.
    (D) Même dans les pays pauvres, la plupart des gens ont le téléphone sans fils.

7. Quelle est l'implication importante du contenu des deux sources ?

    (A) Les pays les plus développés s'entraident.
    (B) L'éducation d'une population est la clé de sa prospérité.
    (C) Les zones rurales des pays pauvres sont en train de se développer.
    (D) Une technologie avancée est nécessaire dans les pays en voie de développement.

Sélection 6

Thème du cours : Défis mondiaux/Famille et Communauté/Science et Technologie

SOURCE #1

Vous avez 4 minutes pour lire les introductions et la source #1 et pour parcourir les questions.

INTRODUCTION

Dans cette communication, Isabelle Falque-Pierrotin rappelle que l'Internet est devenu un objet social qui concerne aujourd'hui des millions de Français et plus d'un milliard d'individus dans le monde. http://www.canalacademie.com/ida6274-Internet-aide-ou-danger-pour-la-democratie-par-Isabelle-Falque-Pierrotin-Conseiller-d-Etat.html?var_recherche=Internet%20et%20le%20piratage

---

Internet comme outil pour la démocratie

Le premier éclairage qu'apporte Isabelle Falque-Pierrotin [Conseiller d'Etat] concerne l'apport des outils de l'internet au fonctionnement de nos démocraties représentatives. Pour elle, l'apport majeur de l'internet à
Ligne la démocratie se situe sur le terrain de la liberté fondamentale de commu-
(5) nication. « *Cette liberté est double : c'est le droit d'être informé mais surtout celui de s'exprimer* ».

Ces possibilités peuvent inquiéter certains pays « *pour lesquels le contrôle de l'information est un élément de la stabilité politique du régime* ». Isabelle Falque-Pierrotin cite notamment l'exemple de la Chine qui travaille à la
(10) mise en place du « bouclier doré », permettant de construire un inter-net clos. Elle évoque les débats actuels aux Etats-Unis et en Europe sur la notion de « net neutralité », qui est un des principes fondateurs de l'internet.

Selon elle, l'apport le plus novateur du réseau réside probablement dans
(15) la liberté de s'exprimer.

• « *Avec internet et les technologies du Web 2.0 en particulier, chaque indi-vidu est un émetteur potentiel* ».

Avec internet, « *nous entrons dans une ère de transparence accrue qui s'impose aux gouvernements pour lesquels il devient difficile d'occulter les informations*
(20) *qu'ils ne souhaitent pas voir diffuser. Internet est devenu un puissant outil de contre-pouvoir* ». . . .

Le risque systémique d'internet : la tentation de la société de surveillance

Puis, Isabelle Falque-Pierrotin apporte un deuxième éclairage, en insis-
(25) tant sur la notion de « société de surveillance ».

Qui contrôle ? A la fois les Etats, les entreprises comme Facebook et Google et les utilisateurs eux-mêmes. « *Tous les membres de la communauté sont chargés de la surveillance des autres utilisateurs* ». Au terme de cette analyse, Isabelle Falque-Pierrotin affirme que « *l'avenir d'internet et de la*
(30) *vision démocratique qu'il peut incarner n'est pas écrit. Il résultera avant tout des choix qui seront faits par les individus* ».

Elle insiste sur deux points :

- « *Il est nécessaire d'être présent au sein des enceintes internationales pour promouvoir une certaine vision de l'internet* ».
(35) - « *Il faut réaliser qu'internet façonnera les démocraties du 21e siècle et non l'inverse. On ne pourra pas gouverner au 21e siècle comme au 20e siècle. On ne pourra pas retourner en arrière, dans l'avant internet* ».

SOURCE #2

Ecoutez le document audio deux fois et répondez aux questions. (Environ 5 minutes)

> ### INTRODUCTION
> Dans cet extrait, Hélène Renard Didier interviewe Didier Lombard qui est PDG de France-Télécom-Orange, Diplômé de l'École Polytechnique et de l'École nationale supérieure des télécommunications, docteur en économie et ingénieur général des télécommunications.
> *http://www.canalacademie.com/apprendre/fiche.php?id=38*

1. Dans la communication écrite, quelle idée principale se dégage de la première section ?

   (A) L'internet sert à disséminer des idées radicales.
   (B) L'internet peut promouvoir le fonctionnement démocratique d'un pays.
   (C) Il faut contrôler l'accès des citoyens à l'internet.
   (D) L'accès à l'internet est souvent limité dans des pays non-démocratiques.

2. D'après la communication écrite, quelle réaction peut-on anticiper dans certains gouvernements face aux progrès de l'internet ?

   (A) Un souci de s'opposer au libre usage d'internet
   (B) L'intention de décourager l'usage frauduleux de l'internet
   (C) L'intention d'utiliser l'internet à des fins commerciales
   (D) La peur de voir d'autres pays faire plus de progrès scientifiques

3. Dans la communication écrite, laquelle des phrases suivantes explique le mieux l'expression « bouclier doré » (ligne 10) ?

   (A) Un protocole expansionniste
   (B) Une innovation exceptionnelle
   (C) Une idée attirante
   (D) Un gouvernement xénophobe

4. Dans la deuxième section de la communication écrite, quelle constatation trouvons-nous ?

   (A) L'internet est la seule clé de la démocratie dans le monde.
   (B) Tous les gouvernements se servent d'internet pour s'espionner.
   (C) La façon dont les individus utilisent internet jouera un rôle important dans l'avenir de la démocratie.
   (D) Les choix des individus dans le monde global sont souvent dictés par l'internet.

5. Dans la communication audio, que dit Didier Lombard du mot « pirate » ?

   (A) Il dit que ce mot lui rappelle des histoires de son enfance.
   (B) Il dit que le mot reflète bien les usagers de l'internet aujourd'hui.
   (C) Il suggère que le mot n'est pas assez fort pour parler de ce que les gens font sur internet.
   (D) Il prétend ne pas comprendre pourquoi on se sert de ce mot.

6. D'après la communication audio, qu'est-ce que Didier Lombard pense des utilisateurs de l'internet ?

   (A) Ils agissent la plupart du temps comme des enfants.
   (B) Ils veulent bien payer pour obtenir des services sur internet.
   (C) Ils ont pris de mauvaises habitudes sans s'en rendre compte.
   (D) Beaucoup d'utilisateurs sont peu respectables.

7. Comment peut-on résumer le mieux l'idée principale de la fin de la communication audio ?

   (A) Il faut immédiatement mettre des contrôles dans la communication internet.
   (B) Il faut habituer les utilisateurs d'internet à payer pour certains services.
   (C) Il faut faire payer des amendes pour des actions illégales sur internet.
   (D) Il faut donner des consignes morales aux utilisateurs d'internet.

8. Quelle idée trouve-t-on dans les deux sources ?

   (A) Les utilisateurs d'internet sont surveillés.
   (B) Tout le monde devrait avoir accès à l'internet.
   (C) L'internet est une technologie à but politique.
   (D) L'internet offre des choix variés et nouveaux.

9. Dans quel domaine est-ce que les perspectives divergent dans les deux sources ?

(A) La liberté d'envoyer des renseignements
(B) Le droit d'exprimer ses vues ouvertement
(C) Le droit d'accès gratuit à tout site internet
(D) Le droit de critiquer son gouvernement

Sélection 7

Thème du cours: Quête de soi/Vie contemporaine

SOURCE #1

Vous avez 5 minutes pour lire les introductions et la source #1 et pour parcourir les questions.

INTRODUCTION

Dans cet article, il y a une description du travail de l'UNESCO au sujet des langues maternelles du monde et comment cette organisation essaie de conserver ses trésors culturels.
http://www.unmultimedia.org/radio/french/2012/02/langue-maternelle-lunesco-fait-leloge-de-la-diversite/index.html

---

Langue maternelle : L'UNESCO fait l'éloge de la diversité

Il y a dans le monde plus de 6 000 langues, estime l'Organisation des Nations Unies pour l'éducation, la science et la culture (UNESCO). Près de la moitié d'entre elles disparaîtront d'ici la fin du siècle. Si pour certains cette tendance
Ligne est inexorable, d'autres ont prouvé que des langues, même marginales, peuvent
(5) rester bien vivantes et pertinentes. La conservation d'une langue maternelle peut non seulement permettre de préserver et de transmettre une culture, une identité et un savoir ancestral, elle peut aussi contribuer au développement d'une population, notamment en favorisant l'éducation.

C'est le message qu'a voulu transmettre l'UNESCO cette semaine, à l'occasion
(10) de la Journée internationale de la langue maternelle (21 février), une initiative adoptée par les États Membres de l'Organisation en 1999 et célébrée pour la treizième fois. La célébration cette année était dédiée au rôle que jouent le multilinguisme et la diversité linguistique dans la vitalité des sociétés.

La projection d'un documentaire sur le thème « Langues perdues et retrouvées :
(15) parler et siffler la langue maternelle », réalisé par Iris Brooks et Jon H. Davis, a eu lieu au Siège de l'ONU à New York. Le documentaire met en lumière des exemples de langues maternelles qui ont pu survivre, voire renaître, suite aux efforts des communautés concernées.

Un exemple frappant est celui de la langue sifflée, le Silbo Gomero, qui per-
(20) mettait aux autochtones de communiquer à travers les larges vallées de l'île
de Gomera, aux îles Canaries. Tombée en désuétude, cette langue est à nouveau enseignée dans les écoles et même les adolescents l'utilisent aujourd'hui
lorsqu'ils communiquent par téléphone portable.

Selon Philippe Kridelka, Directeur de l'UNESCO à New York, une des condi-
(25) tions pour sauver une langue menacée « c'est que cette langue redevienne
populaire et notamment parmi les jeunes. Donc il est important que les
langues menacées soient utilisées par les nouveaux vecteurs, par les nouveaux
porteurs de la diversité culturelle, pour redevenir populaires et pour redevenir
de véritables outils de communication ». Ces vecteurs, ce sont évidemment
(30) les médias sociaux et l'Internet, mais aussi la radio, qui continue de jouer un
rôle critique pour les communautés linguistiques. En Namibie par exemple,
l'UNESCO finance des émissions de radio en langue san, utilisée par les
Bochimans.

Au Costa Rica, l'UNESCO a misé sur les livres comme outils de transmission
(35) et de préservation de la langue du peuple mayangna. Un premier projet, avec
le gouvernement de la Norvège, a permis de publier des livres reprenant le
vocabulaire mayangna relatif à la biodiversité unique de la région, permettant ainsi de transmettre le savoir traditionnel en même temps que la langue.
Des manuels scolaires ont aussi été développés pour permettre aux enfants
(40) d'apprendre dans leur langue maternelle.

Selon l'UNESCO, les enfants qui apprennent à lire et à écrire dans leur
langue maternelle plutôt que dans la langue nationale officielle, par exemple,
apprennent plus rapidement et montrent de meilleurs taux d'alphabétisation.
L'utilisation de la langue maternelle à l'école est un « remède puissant contre
(45) l'illettrisme », ajoute Irina Bokova, la Directrice générale de l'UNESCO, dans
une déclaration à l'occasion de la Journée internationale de la langue maternelle. La diversité linguistique peut donc jouer un rôle clé dans la réalisation
des Objectifs du Millénaire pour le développement, en particulier les objectifs
liés à l'éducation, ajoute-t-elle.

SOURCE #2

Ecoutez le document audio deux fois et répondez aux questions. (Environ 5
minutes)

INTRODUCTION
Ce reportage audio fait un petit historique des langues de communication
à travers les siècles.
http://www.canalacademie.com/apprendre/fiche.php?id=29

1. Dans l'article, que prédit l'UNESCO au sujet de l'avenir des langues ?

   (A) Il n'y en aura plus qu'environ 3 000 dans cent ans.
   (B) Les langues maternelles sont toutes menacées de disparition.
   (C) Il va falloir s'organiser pour sauver certaines langues.
   (D) Nous ne risquons pas de les perdre.

2. Selon le directeur de l'UNESCO, quel élément aidera à sauvegarder une langue ?

   (A) Un décret officiel de l'UNESCO
   (B) L'emploi scientifique de cette langue
   (C) La popularité de cette langue parmi les jeunes
   (D) La comparaison de cette langue au grec

3. Quel est l'avantage de conserver les langues maternelles ?

   (A) Elles peuvent un jour devenir aussi importantes que le latin et le grec.
   (B) L'UNESCO désire que tout le monde apprenne au moins deux langues anciennes.
   (C) Leur préservation sert à stabiliser l'économie globale.
   (D) Elles représentent un aspect important des cultures anciennes.

4. Dans l'article, de quoi est-ce que le *Silbo Gomera* sert d'exemple ?

   (A) De langue imaginaire et mythique
   (B) De langue scientifique
   (C) De langue africaine
   (D) De langue unique perdue mais retrouvée

5. Dans la sélection audio, qu'est-ce qui est commun à plusieurs langues anciennes ?

   (A) Leur similarité à la langue grecque
   (B) Leur emploi en littérature
   (C) Leur origine latine
   (D) Leur relation avec la science

6. D'après le reportage audio, quelle langue était longtemps utilisée en médicine et en astronomie ?

   (A) Le hébreu
   (B) Le grec
   (C) L'arabe
   (D) Le latin

7. D'après l'extrait audio, quelle est la relation entre l'anglais et le français ?

   (A) L'anglais a remplacé le français comme langue commerciale depuis le 18ième siècle.
   (B) L'anglais est moins utile que le français dans le domaine de l'enseignement.
   (C) L'anglais n'a jamais atteint la popularité du français.
   (D) L'anglais est plus facile à apprendre que le français.

8. D'après l'extrait audio, qu'est-ce que l'espagnol et le cantonais ont en commun ?

   (A) Ces deux langues sont récemment devenues aussi populaires que l'anglais.
   (B) Ce sont les langues les plus parlées au monde.
   (C) Leur croissance a dépassé celui de l'anglais.
   (D) Elles sont devenues les langues les plus demandées dans les écoles.

9. Que peut-on dire au sujet des langues selon ces deux sources ?

   (A) Elles peuvent survivre ou disparaître.
   (B) Elles ne changent guère.
   (C) Leurs évolutions sont toutes liées.
   (D) Toutes les langues durent à jamais.

10. Qu'est-ce qui est mentionné dans les deux sources ?

    (A) L' inquiétude pour la survie du latin
    (B) L'encouragement à l'enseignement des langues peu connues
    (C) L'évolution des langues
    (D) Le regret des langues disparues

Sélection 8

Thème du cours: Vie contemporaine

SOURCE #1

Vous avez 5 minutes pour lire les introductions et la source #1 et pour parcourir les questions.

INTRODUCTION

Dans cet article qui décrit une situation de logement à l'Ile de la Réunion, il s'agit d'une dispute entre voisins causée par la construction d'un mur. *http://lab.chass.utoronto.ca/rescentre/french/docs/voisin.htm*

Un habitant privé d'accès à son domicile

A Sainte-Marie, un conflit foncier oppose Méryl Ramassamy à sa voisine. Objet du litige : un mur obstruant le chemin qui lui permettait de
rejoindre la rue de la Montée-des-Veuves. L'histoire se complique avec
Ligne un troisième voisin qui, à son tour, veut lui interdire le passage sur son
(5) terrain. Tout le monde crie au complot et Méryl Ramassamy est privé
d'accès à son domicile par une décision de justice.

Méryl Ramassamy n'a rien du mauvais bougre et encore moins du procé-
durier : 50 ans, allocataire au RMI, il ne cache pas qu'il est analphabète.
Le terrain qu'il a repris après le décès de ses parents est délimité par deux
(10) propriétés privées et une ravine le long de laquelle la commune a érigé
un mur d'endiguement. Il y occupe une masure misérable dont les murs
et le toit s'effritent par endroit. Dans une dépendance voisine, il élève
quelques poules faméliques. Depuis plus de cinquante ans, le terrain est
relié à la rue de la Montée-des-Veuves par un sentier cheminant sur une
(15) vingtaine de mètres. En 1994, « pour être bien avec mes voisins », dit-il
aujourd'hui, il autorise Agnès Rasda à construire un mur le long de sa
propriété. Une décision officialisée devant le conciliateur de la Maison de
droit de Sainte-Marie. L'ennui est que ce mur ferme le passage vers la rue
de la Montée-des-Veuves, l'obligeant à un détour de quelques centaines
(20) de mètres pour rejoindre la grande artère par le chemin de la Gare. Ne
l'entendant pas de cette oreille, Méryl Ramassamy est bien déterminé à
retrouver l'usage de l'ancien chemin.

Associé à ses frères et soeurs, il fait procéder à des constats d'huissier et
d'expertise et se lance dans une longue suite de procédures judiciaires . . .
(25) qui viennent à bout de ses maigres économies. Tout en reconnaissant
l'imprécision des divers titres de propriétés, le tribunal d'instance de
Saint-Denis a débouté en 1998 Méryl Ramassamy de sa demande, au
motif qu'il avait accepté la construction du mur devant le conciliateur
de justice. Mais pour Méryl Ramassamy, il s'agit d'un abus de confiance,
(30) « car je pensais que ce mur ne me priverait pas du passage ». Quoi qu'il
en soit, le premier jugement a été confirmé le 1er décembre 2000 par la
cour d'appel de Saint-Denis. Cette décision met un terme à la discussion,
plaide Agnès Rasda, jointe hier par téléphone : « Il n'a pas de travail, donc
il passe son temps à nous embêter et à raconter n'importe quoi. De toute
(35) façon, il peut passer par le sentier qui va sur le chemin de la Gare ». Et si
ce sentier passe par une autre propriété privée, cela n'est pas son affaire,
d'autant qu'Agnès Rasda semble aussi en vouloir à cet autre voisin : « Je
suis sûre que dans cette histoire, il est complice avec Méryl Ramassamy ».
Un complot ? C'est aussi ce que pense Méryl Ramassamy qui croit, sans
(40) en connaître la raison, qu'Agnès Rasda s'est liguée avec ce même voisin :
« Il me menace quand je passe sur le chemin derrière sa maison, il veut
m'interdire le passage ». Si, dans cette affaire, les relations de bon voisinage et la convivialité semblent définitivement tombées aux oubliettes,
on peut aussi s'interroger sur le bon sens d'une décision de justice qui
(45) prive Méryl Ramassamy d'accès à son terrain.

CD 1 Track 16

SOURCE #2

Ecoutez l'audio deux fois de suite et répondez aux questions. (Environ 5 minutes)

> **INTRODUCTION**
>
> Dans cette sélection audio, il s'agit de l'Association des gîtes de France qui facilite à de nombreux citadins la possibilité de passer un séjour à la campagne.
> *http://lab.chass.utoronto.ca/rescentre/french/docs/gites-ruraux.htm*

1. Quel problème est illustré dans l'article ?

   (A) M. Ramassamy n'a jamais accepté la construction d'un mur sur sa propriété.
   (B) Le nouveau mur oblige M. Ramassamy à suivre une longue route pour aller en ville.
   (C) Les voisins s'irritent de la proximité des poules de M. Ramassamy.
   (D) Les voisins déplorent la mauvaise condition de la maison de M. Ramassamy.

2. D'après l'article, quel est le résultat de l'action en justice par M. Ramassamy ?

   (A) Il a perdu presque tout son argent.
   (B) Le mur a dû être détruit.
   (C) Il a finalement déménagé de son domicile.
   (D) Le tribunal a jugé en faveur de M. Ramassamy.

3. Quel titre pourrait-on donner au récit de l'article ?

   (A) Une lutte de classes sociales
   (B) La haine fait rage en ville
   (C) Un homme a perdu la raison
   (D) Les défis du voisinage

4. Quels échecs est-ce que l'auteur de l'article identifie ?

   (A) Ceux des codes civils et des lois criminelles
   (B) Ceux de la justice et des relations entre voisins
   (C) Ceux qui concernent les lois
   (D) Ceux des codes de la construction

5. Selon la sélection audio, qu'est-ce qu'un gîte ?

   (A) Un hôtel moderne à la campagne
   (B) Une ferme aménagée en auberge
   (C) Une ferme détériorée qui ne sert plus que de logement
   (D) Une alternative aux hôtels pour les habitants des campagnes

6. D'après la source audio, en quoi consistent les frais pour ouvrir un gîte ?

   (A) Toute la publicité qu'il faut faire pour attirer les gens des villes
   (B) Le paiement des taxes au gouvernement
   (C) La transformation d'une vieille ferme en un logement permanent
   (D) La construction de nouveaux bâtiments

7. D'après la source audio, quel concept est fondamental dans l'initiative des gîtes ?

   (A) On veut encourager des vacances bon marché à la campagne.
   (B) On veut faire partager les richesses du pays entre tous ses habitants.
   (C) Les habitants de la campagne veulent faire de la concurrence aux grandes chaînes d'hôtels.
   (D) On veut enrichir les fermiers.

8. Quel avantage compte le plus pour les citadins qui fréquentent les gîtes ?

   (A) Ils profitent de l'air pur de la campagne.
   (B) Ils se remettent en contact avec la terre et la nature.
   (C) Ils apprennent à faire des travaux agricoles.
   (D) Ils peuvent éviter la circulation des villes.

9. Qu'est-ce qui est mentionné dans les deux sélections ?

   (A) Les difficultés des petites communautés
   (B) Les défis du logement dans le monde moderne
   (C) Les différents types d'architecture
   (D) La nature changeante des habitations

10. Quel sujet paraît dans les deux sélections ?

   (A) Logements et hôtels en ville
   (B) Construction et rénovation
   (C) Loisirs et vacances
   (D) Avantages de la vie rurale

Sélection 9

Thème du cours: Vie contemporaine/Défis mondiaux

SOURCE #1

Vous avez 4 minutes pour lire les introductions et la source #1 et pour parcourir les questions.

> **INTRODUCTION**
>
> Dans cet article, il s'agit de la production et de la consommation du pain en France.
> *http://lab.chass.utoronto.ca/rescentre/french/docs/baguette.htm*

Les Français mangent moins de pain aujourd'hui qu'autrefois, presque six fois moins qu'au début du siècle. Alors qu'il était autrefois aliment de base, le pain est maintenant de plus en plus remplacé au petit déjeuner *Ligne* par les céréales, que l'on considérait avant comme une bizarrerie améri-
(5) caine; au pain au chocolat traditionnel du goûter de quatre heures des écoliers se substitue de plus en plus une tablette de chocolat.

L'Association nationale de la meunerie française, dont les membres fournissent l'essentiel de la production de farine du pays, vient de lancer une grande campagne de publicité visant en particulier les enfants, qui
(10) influencent les achats de leurs parents et qui seront les adultes de demain. La campagne, qui a pour thème « Le pain, c'est encore meilleur quand on le mange », veut combattre l'idée populaire que le pain peut causer l'obésité en signalant qu'au contraire les études montrent que le pain aide à absorber les graisses.

(15) Il faut dire que la baguette, le pain traditionnel des Français, n'a plus la même qualité. D'une part, de plus en plus de boulangers utilisent une pâte surgelée pour faire leur pain, et d'autre part, la farine de bonne qualité devient plus rare et coûte plus cher. Aujourd'hui, pour trouver une baguette ou des croissants de bonne qualité, il faut aller dans une des
(20) boulangeries artisanales de quartier, avec leur grande variété de pains, et non dans les supermarchés qui vendent des produits surgelés.

On peut espérer que la campagne des meuniers français connaîtra le même succès qu'une campagne similaire menée en Autriche et que les boulangers suivront l'exemple des viticulteurs, qui ont amélioré la qualité
(25) du vin pour essayer d'en freiner la baisse de consommation. Le gouvernement français soutient la campagne des meuniers parce qu'un quart de la production de blé du pays va vers la meunerie et qu'il s'agit d'une partie de l'identité de la nation.

SOURCE #2

Ecoutez l'audio deux fois de suite et répondez aux questions. (Environ 5 minutes)

> ### INTRODUCTION
> Cet entretien avec Jean Vitaux, médecin et gastronome, discute de la mondialisation des aliments, l'idée que les habitants de la terre partagent les mêmes aliments.
> *http://www.canalacademie.com/apprendre/fiche.php?id=64*

1. Dans l'article, qui a rendu les céréales populaires comme petit déjeuner en France ?

   (A) Les meuniers
   (B) Les Américains
   (C) Les Autrichiens
   (D) Les boulangers

2. Dans l'article, qui sont les membres de l'Association de « la meunerie » dans le contexte du passage ?

   (A) Les boulangers de France
   (B) Les consommateurs de pain
   (C) Les propriétaires des supermarchés
   (D) Les producteurs de farine

3. Dans l'article, pourquoi est-ce que les meuniers français visent les enfants dans leurs publicités ?

   (A) Ce sont souvent eux qui achètent le pain pour la famille.
   (B) Ils n'aiment généralement pas le pain.
   (C) Ce sont les futurs parents et consommateurs de pain.
   (D) Ils mangent nettement moins de pain qu'autrefois.

4. Selon l'article, quel est le but principal de la campagne de publicité des meuniers de France ?

   (A) Apprendre au public que le pain n'est pas aussi grossissant qu'on le pense
   (B) Montrer que le pain est mauvais pour la santé
   (C) Prouver que tout le monde adore le pain
   (D) Remplacer le chocolat comme goûter traditionnel

5. Selon l'article, pourquoi est-ce que la baguette n'a plus la même qualité qu'autrefois ?

   (A) Les recettes ont changé.
   (B) Elle est fréquemment faite d'une pâte surgelée.
   (C) Il n'existe plus de bonne farine aujourd'hui.
   (D) Il y a de plus en plus de boulangers artisanaux.

6. Selon l'article, qu'est-ce que les meuniers français peuvent apprendre des viticulteurs ?

   (A) Il faut absolument baisser le prix du pain.
   (B) Un produit de meilleure qualité se vendra mieux.
   (C) Le pain et le vin vont si bien ensemble.
   (D) C'est au gouvernement d'établir des prix raisonnables pour le pain.

7. Dans l'entretien, pourquoi M. Vitaux trouve-t-il la mondialisation
   intéressante ?

   (A) Au centre du sujet, il y a les pays qui n'ont pas assez de nourriture.
   (B) C'est l'histoire impressionnante de ce phénomène qui le passionne.
   (C) Il admire la variété d'aliments qui existent dans le monde.
   (D) Il pense aux problèmes de santé de ceux qui consomment trop
       aujourd'hui.

8. Selon l'entretien, où est née la tradition de la viande comme aliment
   principal ?

   (A) En Asie centrale
   (B) En Mésopotamie
   (C) En Amérique
   (D) En Egypte

9. Selon l'entretien, que peut-on dire de la mondialisation des céréales ?

   (A) Elle a eu lieu il y a 6.000 à 8.000 ans avant notre ère.
   (B) Elle vient d'Amérique.
   (C) Elle est née en trois lieux différents.
   (D) Elle est aussi importante que la mondialisation de la viande.

10. Quel est le but de cet entretien ?
    (A) D'instruire
    (B) De se plaindre
    (C) D'évoquer des souvenirs
    (D) De faire une comparaison

11. Quel sujet trouve-t-on dans les deux sélections ?

    (A) L'importance historique et quotidienne de la nourriture.
    (B) L'histoire de la cuisine française.
    (C) Les tendances alimentaires mondiales.
    (D) L'origine de divers aliments.

Sélection 10

Thème du cours : Défis mondiaux/Vie contemporaine

SOURCE #1

Vous avez 3 minutes pour lire les introductions et la source #1 et pour parcourir les questions.

> ### INTRODUCTION
>
> Dans ce passage, on parle de massacres d'éléphants au Cameroun.
> *http://journalducameroun.com/article.php?aid=10791*

Faune : Un nouveau massacre d'Eléphants dévoilé !

Par Idriss Linge—23/02/2012
***Deux semaines après la découverte des carcasses de 200 éléphants tués
au Cameroun, 14 autres ont été trouvées***

Alors qu'on n'a pas fini de s'indigner du massacre de 200 éléphants au
Cameroun découvert il y a deux semaines, l'organisation internationale
de protection des animaux, IFAW, a annoncé mercredi 22 février 2012,
Ligne la découverte de 14 nouveaux cadavres de ces bêtes, non loin des mêmes
(5) lieux, dans le parc national de Boubandjida (Extrême-nord Cameroun).
Selon des témoignages recueillis par des observateurs de cette organisation, des coups de feu avaient été entendus lundi le 20 février dernier.
Selon certaines indiscrétions non officiellement confirmées, l'ambassade
des États-Unis, de l'Union européenne, du Royaume-Uni et de la France
(10) auraient tiré la sonnette d'alarme quant au massacre et appelé le gouvernement camerounais à agir rapidement pour mettre un frein à la chasse.
Mais pour l'instant les autorités de Yaoundé n'ont pas encore réagi. Sur le
terrain, les agents peu nombreux, moins équipés et moins aguerris que les
braconniers ne font pas le poids. Sur les auteurs de ces massacres, l'IFAW
(15) et une bonne partie d'observateurs, portent des soupçons sur la filière dite
soudanaise. « *Ce massacre ininterrompu est probablement l'œuvre de braconniers soudanais, qui arrivent au Cameroun en traversant le Tchad. Au cours
des dernières années, la population des éléphants du Tchad est passée de plusieurs milliers d'individus à quelques centaines uniquement, ce qui a poussé*
(20) *ces hommes lourdement armés à passer la frontière camerounaise. Ils sont
bien armés, bien organisés, et rien ne semble pouvoir stopper leur insatiable
quête d'ivoire* », a déclaré Céline Sissler-Bienvenu, directrice d'IFAW
France et Afrique francophone selon un communiqué de presse de cette
organisation. « *Ils se concentrent sur l'une des populations d'éléphants les plus*
(25) *vulnérables d'Afrique* », a-t-elle ajouté.

SOURCE #2

Ecoutez l'audio deux fois de suite et répondez aux questions. (Environ 5 minutes)

> **INTRODUCTION**
>
> Cet extrait vous familiarise avec le mode de vie des éléphants et certaines de leurs caractéristiques.
> *http://lab.chass.utoronto.ca/rescentre/french/docs/elep.htm*

1. Selon l'article, comment l'organisation internationale IFAW sait-elle que des éléphants ont été massacrés ?

   (A) Des membres de l'organisation étaient présents.
   (B) Des représentants du gouvernement les ont prévenus.
   (C) Leurs observateurs ont parlé à des gens qui l'ont vu.
   (D) Leurs membres ont trouvé les éléphants morts.

2. Dans le contexte de l'article, que veut dire « mettre le frein à la chasse » (ligne 11) ?

   (A) Arrêter le massacre
   (B) Poursuivre les coupables en justice
   (C) Mettre les éléphants dans une réserve
   (D) Piéger les chasseurs d'éléphants

3. Selon l'article, quel obstacle rencontrent les protecteurs des éléphants ?

   (A) Ils ne sont pas aussi bien équipés que les chasseurs.
   (B) Ils ne savent pas où trouver les éléphants.
   (C) Ils n'arrivent pas à situer les chasseurs.
   (D) Les villageois s'opposent à eux.

4. Selon l'article, d'où viennent probablement les chasseurs d'éléphants ?

   (A) De l'extrême nord du Cameroun
   (B) D'un pays voisin du Cameroun
   (C) D'Europe
   (D) Des Etats-Unis

5. Dans l'extrait audio, qu'est-ce que l'éléphant a en commun avec le chat ?

   (A) Son agilité
   (B) Sa peau ridée
   (C) Sa vue dans l'obscurité
   (D) Sa vie de famille

6. Dans l'extrait audio, qu'apprend-on sur les éléphants mâles ?

   (A) Ils deviennent pères assez tard dans la vie.
   (B) Ils se détachent de leurs mères dans les premières années de leur vie.
   (C) Ils jouent comme des enfants jusqu'à l'âge de trente ans.
   (D) Ils rivalisent avec les femelles.

7. Qu'est-ce qui caractérise la femelle éléphant ?

   (A) C'est un animal sans émotions.
   (B) Elle vit moins longtemps que le mâle.
   (C) Elle donne naissance chaque année.
   (D) C'est une femelle qui mène le troupeau.

8. Selon l'extrait audio, comment sont les éléphants en général ?

   (A) Fragiles
   (B) Sociables
   (C) Violents
   (D) Sédentaires

9. Dans l'extrait audio, quel attribut de l'éléphant est mentionné au début et à la fin ?

   (A) Sa vie nomade
   (B) Sa taille énorme
   (C) Sa mémoire prodigieuse
   (D) Son mode de communication

10. Quelle idée est mentionnée dans les deux sources ?

   (A) L'intérêt des hommes pour les éléphants
   (B) La difficulté de comprendre cette espèce animale
   (C) La diminution de l'habitat naturel des éléphants
   (D) La réaction des éléphants à la frayeur et à la colère

ANSWER EXPLANATIONS—COMBINED READING-LISTENING SELECTIONS

Sélection 1

Le tourisme spatial

1. **(C)** The passage states that extraordinary means are required to afford a space travel ticket, *"Seule une poignée d'hommes dans le monde peut s'offrir ces voyages."*

2. **(B)** The document says that the company wants to lower prices to make space travel more affordable, *"Souhaitant démocratiser ce type de tourisme . . . ."*

3. **(B)** The chart shows the price for a funeral in space, *"Faire déverser les cendres d'un défunt dans l'espace ."*

4. **(A)** The audio states that before 2004, space was not a travel destination for tourists.

5. **(C)** The selection says that "space purists" think that space should not be an open travel space for just anybody, *"Les gardiens de la pureté de l'orthodoxie spatiale s'inquiètent. Qu'est-ce que ce revendeur de rêves . . . viendrait faire sur les terres des héros de l'espace."*

6. **(C)** The audio says that space travelers should display the human pioneering spirit, *"Celle aussi d'incarner in instant ce mouvement vers l'avant, vers l'avenir . . . ."*

7. **(A)** Both sources mention the downward trend in the cost of space travel.

8. **(B)** Both sources say that measures are being taken to promote the experience of space travel.

Sélection 2

Les femmes et les études scientifiques

1. **(C)** The information says that the mission of the organizations is to encourage young girls to pursue scientific studies and careers, *"Encourager les jeunes femmes à entamer des études scientifiques."*

2. **(A)** Context clues point toward the word *filières* meaning directions or paths, *"s'orienter vers . . . ."*

3. **(D)** The selection says that the goal of the conference is to inform the general public about scientific careers, *"Pour permettre aux étudiantes . . . de s'informer sur ces métiers."*

4. **(D)** Claudie Haigneré mentions early on that young people do not seem motivated by scientific careers, *"Il y a une difficulté, je dirais, pour toute la jeune génération, de se motiver vers des carrières scientifiques, techniques."*

5. **(C)** The given information states that school counselors must consider female students when they make academic recommendations, *"Il faut qu'à l'école, vers l'orientation, on soit très très présent en particulier pour les jeunes filles . . . ."*

6. **(C)** Both sources mention that women hesitate to commit to scientific careers.

7. **(A)** Both sources mention that it is a problem that females are not as encouraged as males to pursue scientific careers.

8. **(B)** Based on her speech, she might logically follow up this idea, "*Elles ne sont pas toujours soutenues comme il le faudrait au sein des entreprises, au sein de la fonction publique,*" by offering suggestions as to how to support women in rigorous scientific careers.

Sélection 3

Nathalie et les parcs naturels

1. **(C)** The chart indicates that people who show a social conscience and worry about passing on a healthy environment to future generations want more parks.

2. **(B)** The chart indicates that proponents of increasing the number of parks want people who make a living from working the land to participate in projects.

3. **(C)** The word *éleveur* can be connected to the verb *élever*, which means "to raise." In the context of nature and land, you can infer that an *éleveur* raises cattle or animals.

4. **(D)** Remy wants to go hiking and walking, ". . . *faire des randonnées.*"

5. **(A)** Nathalie agrees with the idea of increasing the number of parks, "*Qui n'est pas d'accord, je me demande?*"

6. **(B)** Nathalie is pessimistic at the end when she says that they better enjoy nature while it still exists, "*Nous profiterons de notre flore et de notre faune pendant qu'elle existe encore.*"

7. **(B)** This option is the most appropriate in the context. By process of elimination, no other answer makes sense.

Sélection 4

Programmes de jeunesse et de volontariat

1. **(B)** This is merely a report on two youth associations, (JSI) and (VVVSI).

2. **(C)** The two initiatives aim at promoting cultural exchanges, "*l'échange interculturel.*"

3. **(A)** The two initiatives involve different social groups. One targets young people from underprivileged neighborhoods, while the other does not, "*Le programme JSI a été initié en 1997 . . . pour répondre à la demande de jeunes ne relevant pas des quartiers sensibles.*"

4. **(C)** The initiative is manned by volunteers from the police forces or *gardiens de la paix* (literally "keepers of the peace").

5. **(D)** The initiative takes place in the Paris area, *"Prendre des enfants qui sont sur Paris."*

6. **(C)** The relations between the police officers acting as counselors and the young people are respectful, *"on . . . dit bonjour."*

7. **(D)** These young people just want to have active vacations, *"Roller, vélo, football, piscine, jeux collectifs."* (Although different issues may affect them in other areas, they are not participating just to become athletes or any of the other options.)

8. **(A)** Police officers establish a good rapport with young people, *"Donc ça permet d'avoir un relationnel avec des policiers."*

9. **(A)** The young people involved clearly enjoy the experience and some have been coming back year after year, *"Des jeunes qui viennent très souvent au centre d'une année sur l'autre."*

Sélection 5

PMA fossé technologique

1. **(A)** The PMA consists of very poor countries, *"Les 50 pays les moins avancés du monde (PMA) . . . ne pourront pas."*

2. **(C)** More than half of the least advanced countries are in Africa, *"Les 50 pays . . . dont 31 sont situés en Afrique."*

3. **(C)** Technical progress will be driven by trade and business, *"Une plus grande ouverture au commerce international et aux investissements est un moyen pour les pays en développement d'avoir accès à de nouvelles technologies."*

4. **(B)** From the context, you can infer that economic development will be obstructed by a lack of technology.

5. **(D)** The tone of voice as well as the language are passionate. Emotional adverbs are used: *pathétiquement, seulement,* and so on.

6. **(A)** The audio source says that there is a huge difference in the communication technology between a few poor countries and all the rest of the world.

7. **(D)** Both sources mention the lack of technology in developing countries.

Sélection 6

Internet démocratie et piratage

1. **(B)** The main idea in the first section is that the Internet allows the free dissemination of ideas and thus can be an asset to the democratic functioning of governments, *"L'apport le plus novateur du réseau réside probablement dans la liberté de s'exprimer."*

2. **(A)** Some countries see the Internet as a threat to their government and want to limit/close off the use of the Internet, *"...un internet clos."*

3. **(D)** The meaning of *bouclier doré* (golden shield designed to protect the country from outside influences) can be inferred from context clues such as "*permettant de construire un internet clos.*"

4. **(C)** Isabelle Falque-Pierrotin states that the future of the Internet and of its democratic uses depends on choices that individuals will make, "*L'avenir d'internet . . . résultera des choix faits par les individus.*"

5. **(A)** Didier Lombard states that the word "pirate" reminds him of stories he read in comic books when he was a child, "*Ça renvoie aux bandes dessinées de notre enfance.*"

6. **(C)** Didier Lombard states that people's bad habits have to be progressively changed, "*Il faut . . . changer les habitudes.*"

7. **(B)** Didier Lombard clearly states that Internet users must get used to paying for services so that providers may collect revenues, "*Il s'agit de ramener . . . les revenus dans les poches de ceux qui créent les biens.*"

8. **(D)** Both sources discuss new and varied choices offered by the Internet.

9. **(C)** Didier Lombard discusses fees for Internet services rather than free acces to all Internet resources.

Sélection 7

Les langues maternelles

1. **(A)** UNESCO predicts that nearly half of the 6,000 languages may be gone by the century's end, "*Près de la moitié d'entre elles disparaîtront d'ici la fin du siècle.*"

2. **(C)** Use among young people will help keep a language alive, "*C'est que cette langue redevienne populaire et notamment parmi les jeunes.*"

3. **(D)** It is a clear benefit to maintain one's culture by keeping one's language.

4. **(D)** This language was lost for a while was then saved, "*Tombée en désuétude, cette langue est à nouveau enseignée dans les écoles et même les adolescents l'utilisent aujourd'hui lorsqu'ils communiquent par téléphone portable.*"

5. **(A)** Greek is the common thread that links these languages.

6. **(C)** Arabic was the language used in medicine and astronomy for four centuries, "*L'arabe a tenu ce rôle-là pendant quatre siècles après l'Hégire et que, pour la médecine et l'astronomie.*"

7. **(A)** English replaced French as the language for diplomacy and commerce, ". . . *et désormais l'anglais a pris le relais.*"

8. **(C)** These languages have surpassed English in growth, "*On voit très bien comment l'ourdou, comment le cantonais, comment même l'espagnol se répandent beaucoup plus rapidement que l'anglais.*"

9. **(A)** Both sources mention that the popularity and use of languages changes over the course of time.

10. **(C)** Both sources give details about how languages have evolved in the world.

Sélection 8

Le mur et les gîtes

1. **(B)** M. Ramassamy had to take a longer route to get to the main thorough-fares of his town, "*L'obligeant à un détour de quelques centaines de mètres pour rejoindre la grande artère par le chemin de la Gare.*"

2. **(A)** He was out of money, "*Une longue suite de procédures judiciaires . . . qui viennent à bout de ses maigres économies.*"

3. **(D)** This is a story about the difficulty of living within close proximity of each other (*le voisinage*).

4. **(B)** This is the story of how decent relations between neighbors are buried: "*les relations . . . et la convivialité . . . aux oubliettes*" (*les oubliettes* used to be cells where prisoners were forgotten forever) and how the justice system is irrational: "*on peut aussi s'interroger sur le bon sens d'une décision de justice . . . .*"

5. **(B)** These establishments are often farms that are converted into lodgings: "*Le mas Bruguière ne se différencie en rien de fermes . . . ici, on reçoit les touristes á bras ouverts.*"

6. **(C)** The great costs are associated with transforming an older farm into an inn, "*En effet, les frais de restauration de ces bâtisses, souvent centenaires, sont très élevés. Transformer sa ferme en gîte est une opération coûteuse.*"

7. **(A)** A true advantage of the *gîte* is to share experiences from all parts of society, "*Promouvoir d'autre part les échanges villes-campagnes.*"

8. **(B)** City dwellers can connect with elements of life that they may not be familiar with, "*Les citadins, en majorité d'origine rurale, renouent ainsi avec leurs racines.*"

9. **(D)** These stories show how living conditions change through the years. In the written source, access to a home changed; in the audio source, a farm was converted into lodging for vacationers.

10. **(B)** Both selections deal with construction. In the first selection, it is a wall. In the second, it is reconstruction of farms into inns.

Sélection 9

Le pain en France et l'alimentation globale

1. **(B)** The American tradition of cereal at breakfast has influenced French cuisine, "*Le pain est maintenant de plus en plus remplacé au petit déjeuner par les céréales, que l'on considérait avant comme une bizarrerie américaine.*"

2. **(A)** The members of this association are bakers from all over France, "*Les membres fournissent l'essentiel de le production de farine du pays.*"

3. **(C)** Children are tomorrow's adults and consumers, "*les enfants . . . qui seront les adultes de demain.*"

4. **(A)** Bread can help absorb fats, "*. . . combattre l'idée populaire que le pain peut causer l'obésité en signalant qu'au contraire les études montrent que le pain aide à absorber les graisses.*"

5. **(B)** Frozen bread is used more often today, "*Boulangers utilisent une pâte surgelée pour faire leur pain.*"

6. **(B)** The flour trade learned to improve their quality from the wine industry, "*Les boulangers suivront l'exemple des viticulteurs, qui ont amélioré la qualité du vin pour essayer d'en freiner la baisse de consommation.*"

7. **(B)** M. Vitaux thinks this phenomenon has an impressive history, "*Parce que la mondialisation des aliments apparaît être quelque chose d'immémorial et presque d'éternel depuis le paléolithique supérieur.*"

8. **(A)** All commonly eaten animals originally came from central Asia, "*Tous les animaux domestiques ont été domestiqués en Asie centrale qu'il s'agisse du mouton, de la chèvre, même du cochon, de la vache et puis du cheval.*"

9. **(C)** Grains come from 3 different areas, "*Le blé vient du Croissant fertile, le riz vient de Chine et le maïs . . . est la céréale de l'Amérique précolombienne.*"

10. **(A)** The goal of the interview is to instruct. The topic of discussion is supported by references to documents kept at the "Ecole du Louvre."

11. **(A)** The common point is the historic and daily importance of food.

Sélection 10

Les éléphants

1. **(C)** Members of the organization collected testimony that a massacre had taken place, "*Selon des témoignages recueillis par des observateurs de cette organisation.*"

2. **(A)** The context helps infer that the expression (literally "to step on the brake") means to stop, "*Auraient tiré la sonnette d'alarme . . . pour.*"

3. **(A)** The article states that the guards are not a match for well-equipped poachers, "*Les agents peu nombreux, moins équipés et moins aguerris que les braconniers ne font pas le poids.*"

4. **(B)** The article states that poachers come from Sudan by way of Tchad, "*Ce massacre . . . est l'oeuvre de braconniers soudanais qui arrivent au Cameroun en traversant le Tchad.*"

5. **(C)** The audio states that elephants can see in the dark, like cats, "*Comme les chats, leurs yeux voient mieux dans l'obscurité.*"

6. **(A)** The audio says that male elephants do not father young elephants until the age of 30, "*Ils attendront, en général, trente ans pour devenir père.*"

7. **(D)** The information says that females lead the herd, "*La matrone qui mène la troupe.*"

8. **(B)** The information states literally (*sociabilité*) and figuratively (*l'éléphant est connu pour les liens qu'il crée avec ses compagnons et ses compagnes*) that elephants are sociable animals.

9. **(B)** Their huge size is mentioned at the beginning and at the end (*Taille-pachyderme*).

10. **(A)** Both sources mention various types of interest that people display toward elephants: in the audio source, we learn what human research reveals about elephants, and, in the written source, how elephants raise people's interest both in hunting them and protecting them.

Multiple-Choice Audio Selections

CHAPTER 4

W hat follows are sample audio selections by theme.

Sélection 1

Après avoir lu l'introduction et écouté l'audio deux fois, répondez aux questions. (Environ 3 minutes)

Thème du cours : Famille et Communauté/Esthétique

> **INTRODUCTION**
>
> Nathalie parle du chapiteau des contes, un théâtre itinérant en Suisse et un projet lié à la compagnie des Aventuriers. *http://www.youtube.com/watch?v=aNfeMmM5LPo&feature=player_embedded#*

1. Quel rôle Nathalie joue-t-elle dans le projet discuté dans l'interview ?

    (A) Elle bâtit les décors des théâtres.
    (B) Elle dirige plusieurs sortes d'activités pour enfants.
    (C) Elle dirige l'équipe responsable de la publicité.
    (D) Elle écrit des histoires d'enfant.

2. D'après Nathalie, quel est le but principal de la compagnie des Aventuriers ?

    (A) De réconforter des enfants de milieux défavorisés
    (B) De permettre à des enfants de développer leur sensibilité culturelle
    (C) De protéger les enfants contre des parents trop stricts
    (D) De souligner l'importance des amis et de la famille dans la vie

3. D'après Nathalie, qu'est-ce que la compagnie des Aventuriers peut aider les enfants à acquérir ?

   (A) La faculté de comprendre des règles de jeu
   (B) Des noms d'auteurs de contes célèbres
   (C) Des noms de mouvements artistiques
   (D) La faculté de penser indépendamment

4. D'après Nathalie, quelles sortes d'information est-ce que la compagnie des Aventuriers veut surtout procurer aux enfants ?

   (A) Des informations qui les protègeront dans la vie
   (B) Des informations qui feront d'eux des élèves doués
   (C) Des informations qui feront d'eux des leaders de leur société
   (D) Des informations qui les préparent à des carrières dramatiques

5. Quel aspect de la maturation de l'enfant a toujours fasciné Nathalie ?

   (A) Les changements physiques de l'enfant
   (B) L'évolution du caractère imaginatif de l'enfant vers le concret
   (C) La façon dont l'enfant apprend à vivre dans sa culture
   (D) Les progrès en expression orale que l'enfant fait en grandissant

6. D'après Nathalie, quel est l'avantage de raconter des histoires aux enfants ?

   (A) Les enfants apprennent à être attentifs.
   (B) Cela donne le temps aux parents de se reposer.
   (C) Cela leur apprend à s'exprimer eux-mêmes.
   (D) Les enfants deviennent des acteurs.

7. Laquelle des questions suivantes pourrait-on logiquement poser à Nathalie ?

   (A) N'avez-vous pas envie de fonder votre propre théâtre ?
   (B) Quels sont vos contes d'enfant favoris et pourquoi ?
   (C) Pourquoi ne faites-vous pas d'autres activités que les raconteries ?
   (D) Qu'est-ce qui vous a inspiré à ouvrir une garderie d'enfants ?

Sélection 2

Après avoir lu l'introduction et écouté l'audio deux fois, répondez aux questions. (Environ 2 minutes)

Thème du cours : Vie contemporaine/ Science et Technologie

> **INTRODUCTION**
>
> Dans cette baladodiffusion, vous entendrez une hôtesse de l'air d'Air France à bord d'un avion.
> *http://www.youtube.com/watch?v=e4uxveoggD0*

1. Quel est le but du message ?

   (A) Annoncer de nouveaux itinéraires Air France
   (B) Encourager les gens à voyager avec Air France
   (C) Expliquer les protocoles à bord des avions d'Air France
   (D) Souhaiter un bon séjour aux passagers d'Air France

2. De quoi parle-t-on tout d'abord dans ce message ?

   (A) Des ceintures de sécurité
   (B) Des toilettes
   (C) Des coffres à bagages
   (D) Des masques à oxygène

3. D'après ce message, où se trouvent les issues de secours ?

   (A) En première classe
   (B) À l'avant et à l'arrière
   (C) À côté des toilettes
   (D) À intervalles réguliers

4. Dans ce message, qu'apprend-on à propos des portes de l'avion ?

   (A) Un membre de l'équipage s'en charge.
   (B) Elles sont munies de toboggans.
   (C) Il y en a quatre.
   (D) Il ne faut pas s'en approcher.

5. D'après ce message, quand doit-on gonfler les gilets de sauvetage ?

   (A) Dès qu'on s'assied dans l'avion
   (B) Si on manque d'oxygène
   (C) Après avoir aidé ses voisins
   (D) Après avoir évacué l'avion

6. D'après ce message, que faut-il faire juste avant le décollage ?

   (A) Se servir de sa tablette
   (B) Saluer l'hôtesse de l'air ou le steward
   (C) Détacher sa ceinture
   (D) Éteindre les appareils électroniques

Sélection 3

Après avoir lu l'introduction et écouté l'audio deux fois, répondez aux questions.
(Environ 2 minutes)

Thème du cours : Défis mondiaux/ Science et Technologie

> **INTRODUCTION**
>
> Dans cette baladodiffusion de Radio Nations Unies, vous entendrez un résumé d'un discours fait par Ban Ki-moon, Secrétaire général de l'ONU (Organisation des Nations Unies) à l'occasion de la Journée Internationale de la Terre nourricière.
> http://www.un.org/fr/events/motherearthday/sgmessages.shtml

1. Quel aspect de la terre est souligné dans la célébration de la Journée internationale dont on parle ici ?

   (A) La terre nous nourrit.
   (B) La terre est disponible.
   (C) La terre est en voie de disparition.
   (D) La terre nous défie.

2. Comment est-ce que le message de M. Ban Ki-moon a commencé ?

   (A) Sur une note positive
   (B) Sur un cri d'alarme
   (C) Avec un appel à tous les pays du monde
   (D) Avec une anecdote

3. Dans quel contexte la diversité biologique est-elle mentionnée ?

   (A) Comme exemple du rajeunissement de la terre
   (B) Pour expliquer que la diversité écologique est en baisse
   (C) Pour encourager les scientifiques à trouver des solutions
   (D) Pour montrer que les actions de l'ONU ont amélioré l'environnement

4. Quel sont les Objectifs du Millénaire (OMD) mentionnés ici ?

(A) La réduction de la pauvreté et de la faim, l'amélioration de la santé et des conditions de vie et la protection de l'environnement

(B) L'amélioration de la santé et des conditions de vie et l'exploration de nouvelles ressources durables

(C) Une meilleure distribution des richesses de la terre parmi les populations du monde

(D) La réduction des exploitations nuisibles de ressources et la réduction de la pauvreté dans le monde

5. Qu'est-ce que M. Ban Ki-moon a appelé tout le monde à faire à la fin de son discours ?

(A) Il faut reconnaître qu'on a négligé les besoins de la terre depuis trop longtemps.

(B) Il faut se mettre d'accord qu'il est temps de réaliser le dernier des huit objectifs du Millénaire.

(C) Il faut faire des efforts pour mieux respecter et soigner notre planète.

(D) Il faut donner de l'aide urgente aux populations pauvres de la terre.

6. Quelle conclusion peut-on tirer à propos de M. Ban Ki-moon, secrétaire général de l'ONU ?

(A) Il est arrogant et autoritaire.

(B) Il prétend avoir complété beaucoup de projets.

(C) Il fait face à des situations difficiles avec réalisme.

(D) Il adore faire de longs discours.

Sélection 4

Après avoir lu l'introduction et écouté l'audio deux fois, répondez aux questions.
(Environ 3 minutes)

Thème du cours : Science et Technologie/ Vie contemporaine

> **INTRODUCTION**
>
> Dans ce document audio, Martin LaSalle de l'Association *Passeportsanté* interviewe Marie Provost, qui exerce le métier d'herboriste au Québec. Elle lui parle de plantes médicinales.
> *http://www.youtube.com/watch?v=osSA9RDlthl&feature=related*

1. Que peut-on dire de la question du journaliste ?

(A) Il suggère que les herboristeries ne sont plus nécessaires.

(B) Il veut des précisions sur le rôle des herboristeries à notre époque.

(C) Il demande si les gens ont vraiment besoin de produits naturels.

(D) Il voudrait savoir comment les produits naturels sont fabriqués.

2. Dans ce passage, qu'est-ce que Madame Provost dit des herboristeries traditionnelles ?

(A) Elles existent depuis plus de mille ans.
(B) Elles sont meilleures que les pharmacies.
(C) Elles sont devenues rares.
(D) Elles offrent des produits naturels et modifiés.

3. Dans ce passage, qu'est-ce que Madame Provost voudrait rappeler à tous les gens ?

(A) Les plantes naturelles sont toujours bonnes pour la santé.
(B) Il faut soutenir les métiers traditionnels.
(C) Il vaut mieux se nourrir avec des produits biologiques.
(D) Les produits naturels des magasins sont à base de plantes.

4. Dans ce passage, qu'est-ce que Madame Provost conseille à tous ?

(A) On peut se lancer dans le métier d'herboriste sans avoir fait d'études scolaires.
(B) Tout le monde devrait planter son propre jardin d'herbes naturelles.
(C) Les gens devraient éviter les boutiques de produits naturels.
(D) Il faut acquérir des connaissances de base avant de récolter des plantes.

5. Dans ce passage, qu'est-ce que Madame Provost dit de l'identification des plantes ?

(A) Les herboristes apprennent aux gens à distinguer les bonnes plantes des plantes toxiques.
(B) C'est le premier pas dans la récolte des plantes bonnes pour la santé.
(C) Les gens devraient toujours demander aux experts d'identifier les plantes.
(D) C'est si simple qu'on peut l'apprendre en un jour.

6. Quel titre serait le plus approprié pour le message de Madame Provost ?

(A) Attention aux dangers des plantes médicinales !
(B) Rapprochons-nous de la nature !
(C) Suivez des cours dans notre herboristerie !
(D) Respectez l'environnement !

Sélection 5

Après avoir lu l'introduction et écouté l'audio deux fois, répondez aux questions.
(Environ 3 minutes)

Thème du cours : Famille et Communauté/Esthétique

> **INTRODUCTION**
>
> L'extrait audio suivant provient d'une vidéo de YouTube publiée par
> l'Office de Tourisme du Pays des Vans. On y parle des attractions touris-
> tiques en Ardèche méridionale, au sud de la France.
> *http://www.youtube.com/watch?v=zRPAcL9N8dY*

1. D'après cet extrait, à quelle proximité de la vallée du Rhône se trouve la
   région décrite dans ce passage ?

   (A) Elle est dans la vallée même.
   (B) Elle est à moins de deux heures de la vallée.
   (C) Elle est à un kilomètre et demi.
   (D) Elle est à 30 minutes au sud de la vallée.

2. Quelle activité aquatique est mentionnée dans l'extrait ?

   (A) La nage
   (B) Le ski nautique
   (C) La planche à voile
   (D) Le plongeon

3. Qu'est-ce que le Chassezac d'après l'extrait ?

   (A) Un bois
   (B) Une montagne
   (C) Une grotte
   (D) Une rivière

4. Combien de temps recommande-t-on pour bien profiter du programme
   « détente » de la région ?

   (A) Une bonne semaine
   (B) Environ une journée
   (C) Deux heures minimum
   (D) Quelques jours

5. Quelle activité régionale est souvent nouvelle pour les enfants d'après
   l'extrait ?

   (A) Les promenades en canoë
   (B) La descente des rapides
   (C) L'exploration des grottes calcaires
   (D) L'escalade des falaises

6. Que dit-on du Bois des Fées dans cet extrait ?

   (A) On y a tourné des films basés sur des contes de fée.
   (B) C'est une des douze merveilles du monde.
   (C) Il fait peur aux enfants à cause de sa densité.
   (D) On y trouve des espèces animales remarquables.

7. Quelle est la nature du message ?

   (A) C'est un sondage sur les préférences régionales des touristes.
   (B) C'est un rapport sur le tourisme en Ardèche l'été dernier.
   (C) C'est un plan de modernisation de l'office du tourisme d'Ardèche.
   (D) C'est une publicité pour le tourisme en Ardèche.

Sélection 6

Après avoir lu l'introduction et écouté l'audio deux fois, répondez aux questions.
(Environ 3 minutes)

Thème du cours : Défis mondiaux/Esthétique

> ### INTRODUCTION
> Il s'agit de l'appel à la résistance par le général De Gaulle fait dans un discours diffusé à Londres en juin 1940.
> http://www.charles-de-gaulle.org/pages/l-homme/dossiers-thematiques/1940–1944-la-seconde-guerre-mondiale/l-appel-du-18-juin.php

1. Quelle conséquence de l'armistice entre la France et l'Allemagne est mentionnée au début du discours ?

   (A) Le nord de la France sera occupé par l'armée allemande.
   (B) La France sera l'alliée de l'Allemagne.
   (C) Le gouvernement français gardera sa liberté administrative.
   (D) Les soldats français devront rendre leurs armes aux forces allemandes.

2. Quelle est la signification de l'adjectif « démobilisées » quand le général parle des forces françaises au début de ce passage ?

   (A) Incarcérées
   (B) Découragées
   (C) Désengagées
   (D) Tuées

3. Pour quelle raison majeure la France ne peut-elle pas se rendre à l'ennemi ?

   (A) La France doit respecter un accord conclu avec ses alliés.
   (B) L'ennemi ne tiendra pas ses promesses.
   (C) La France a encore son armée.
   (D) L'ennemi va continuer de persécuter les Français.

4. D'après le discours, qu'est-ce qui donne surtout au général De Gaulle l'espoir de vaincre l'ennemi ?

   (A) Tout l'argent que la France a caché de l'ennemi
   (B) Les ressources navales de la France et de ses alliés
   (C) La proximité de ses plus grands alliés
   (D) La puissance aérienne des Etats-Unis

5. D'après le général De Gaulle, qu'est-ce qu'on ne peut pas prévoir dans cette guerre mondiale ?

   (A) Qui gagnera en fin de compte
   (B) Quelles alliances se formeront ou se déferont
   (C) Qui persistera le plus longtemps dans ses efforts
   (D) Quels pays défendront le mieux leur honneur

6. Qu'est-ce que le général De Gaulle appelle les Français à faire dans ce discours ?

   (A) A s'opposer au nouveau gouvernement
   (B) A réformer l'armée française
   (C) A voter contre l'armistice
   (D) A le reconnaître comme leur chef

7. Quel est le ton de ce discours du général De Gaulle ?

   (A) Furieux
   (B) Déprimant
   (C) Optimiste
   (D) Neutre

Sélection 7

Après avoir lu l'introduction et écouté l'audio deux fois, répondez aux questions. (Environ 4 minutes)

Thème du cours: Esthétique/Famille et Communauté

> **INTRODUCTION**
> Cet audio décrit un roman au sujet de l'évolution du baiser au cours des années, ses manifestations et ses significations diverses à travers différentes cultures.
> *http://lab.chass.utoronto.ca/rescentre/french/docs/rouge-baiser.htm*

1. Comment est-ce qu'on peut caractériser l'origine du baiser sur la bouche ?

   (A) C'était un geste d'amour.
   (B) Cela venait des chimpanzés.
   (C) C'était un moyen de nourrir.
   (D) C'est un geste né au Moyen Age.

2. Quel est le travail principal des « primatologues » ?

   (A) Etudier l'histoire humaine
   (B) Etudier les espèces non-humaines
   (C) Observer le comportement des hommes
   (D) Analyser la condition humaine

3. Qu'est-ce qu'on apprend du monde des animaux dans cet audio ?

   (A) Ils utilisent le baiser pour se remettre en bonnes relations.
   (B) Les animaux imitent de très près les gestes humains.
   (C) Les chimpanzés utilisent le baiser pour se saluer.
   (D) Le baiser n'a qu'un seul but dans le monde de l'espèce animale.

4. Quel est le ton général de cet audio ?

   (A) Sentimental
   (B) Pessimiste
   (C) Didactique
   (D) Nostalgique

5. Que peut-on dire au sujet du baiser en Afrique ?

   (A) C'est quelque chose de sacré.
   (B) Il annonce toujours une longue vie.
   (C) Il joue un rôle dans certains rites.
   (D) Il représente un geste spirituel.

6. Quel rôle jouait le baiser au Moyen Age ?

   (A) C'était un signe de respect entre des classes sociales différentes.
   (B) Il symbolisait la fidélité.
   (C) Il servait à saluer les pauvres ou les malades.
   (D) C'était un échange important de salive entre deux personnes.

7. Qu'est-ce qui a causé des changements au baiser depuis le Moyen Age ?

   (A) L'égalité dans la structure sociale
   (B) Les considérations de santé
   (C) Un changement dans les rôles des hommes et des femmes
   (D) La fin du système féodal

Sélection 8

Après avoir lu l'introduction et écouté l'audio deux fois, répondez aux questions. (Environ 3 minutes)

Thème du cours: Famille et Communauté/ Vie contemporaine

> **INTRODUCTION**
>
> Dans cette sélection, il s'agit du mariage au Burkina et de comment l'union de deux personnes dans ce pays a évolué.
> *http://lab.chass.utoronto.ca/rescentre/french/docs/mariage-civil.htm*

1. Dans cet extrait, quelle est la raison principale pour laquelle des hommes âgés veulent un mariage civil ?

   (A) Pour rendre légal leur mariage
   (B) Pour assurer l'avenir de leur femme
   (C) Pour se moderniser
   (D) Pour revivre un moment clé de leur vie

2. Comment peut-on décrire les 60 couples à cet événement ?

   (A) Des personnes âgées désirant un mariage civil
   (B) Des villageois frustrés
   (C) Des jeunes gens mariés depuis peu
   (D) Des gens de tout âge prêts à se marier

3. Lequel serait un slogan idéal pour Promo-Femmes ?

   (A) Toutes les femmes devraient se marier
   (B) Tous les droits pour toutes les femmes
   (C) L'égalité pour les femmes
   (D) On devrait avoir le droit de divorcer

4. Quel effet la troupe de théâtre avait-elle sur le peuple ?

   (A) Elle divertissait pendant un moment difficile.
   (B) Elle critiquait le comportement des femmes.
   (C) Elle rappelait les injustices sociales subies par le peuple.
   (D) Elle ennuyait certains représentants officiels du pays.

5. Qu'est-ce qui était typique de l'état du mariage avant cette époque ?

    (A) Des unions satisfaisantes
    (B) Des mariages basés sur l'égalité
    (C) Des mariages injustes envers les femmes
    (D) Des unions peu appréciées par les familles

6. Quel est la valeur des « papiers d'état-civil » ?

    (A) Ils peuvent permettre aux femmes d'hériter les biens de l'époux.
    (B) Ils créent un mariage durable.
    (C) Ils rendent les divorces possibles.
    (D) Ils ne permettent pas plus d'une épouse à un mari.

7. Vers la fin de la sélection, que signifie l'expression « l'évolution » ?

    (A) Les époux ne sont plus choisis par les parents.
    (B) On peut se marier autant de fois qu'on veut.
    (C) On peut se marier à n'importe quel âge.
    (D) Les gens des petits villages habitent maintenant les villes.

Sélection 9

Après avoir lu l'introduction et écouté l'audio deux fois, répondez aux questions. (Environ 3 minutes)

Thème du cours: Quête de soi/Vie contemporaine

> **INTRODUCTION**
> Dans cet extrait, il s'agit d'une discussion de la fête du premier avril et des origines de cette tradition.
> http://www.pratiks.com/video/3642da31f46s.html

1. Quelle était l'importance du premier avril avant le seizième siècle ?

    (A) C'était le début du printemps.
    (B) C'était l'anniversaire du roi Charles.
    (C) C'était le commencement de l'année.
    (D) C'était une fête traditionnelle.

2. Quelle est la meilleure façon de décrire ceux qui reçoivent des « faux cadeaux » le premier avril ?

    (A) Il sont ridiculisés.
    (B) Ce sont des gens crédules.
    (C) Ils restent fidèles au roi Charles.
    (D) Ce sont des gens forts.

3. Que signifie le mot « prisé » dans l'expression « l'un des cadeaux les plus prisés était donc le poisson » ?

   (A) Coûteux
   (B) Mépris
   (C) Désiré
   (D) Détesté

4. Selon l'extrait, qu'est-ce qui est vrai au sujet du premier avril ?

   (A) Cette tradition a commencé en France.
   (B) Cette tradition accompagne une fête solennelle.
   (C) L'origine de cette tradition est nettement dans l'une des anecdotes.
   (D) C'est une tradition qui existe encore dans les pays de l'ouest.

5. Quelle serait la meilleure caractérisation du premier avril ?

   (A) Une fête historique et religieuse
   (B) Une tradition à l'esprit léger
   (C) Un temps de réflexion personnelle
   (D) Une fête directement associée à la fête de Pâques

Sélection 10

Après avoir lu l'introduction et écouté l'audio deux fois, répondez aux questions.
(Environ 3 minutes)

Thème du cours: Science et Technologie/Esthétique

> **INTRODUCTION**
>
> Dans cet article, il s'agit de la protection donnée au Titanic par l'UNESCO
> ainsi qu'à d'autres navires naufragés.
> http://www.unmultimedia.org/radio/french/2012/04/patrimoine-lepave-du-
> titanic-desormais-protegee-par-lunesco/index.html

1. Comment la renommée du Titanic bénéficie-t-elle à d'autres épaves
anciennes ?

   (A) Elle les a rendues plus célèbres.
   (B) Elle a attiré l'attention des chasseurs de trésor.
   (C) Elle évite d'autres dégâts à ces épaves.
   (D) Elle révèlera le pillage associé à ces naufrages.

2. Pourquoi le Titanic reçoit-il soudain tant d'attention de l'UNESCO ?

   (A) A cause de la publicité pour le film de James Cameron
   (B) A cause du fait que ça fait un siècle que le naufrage a eu lieu
   (C) Parce qu'on a découvert d'autres épaves menacées
   (D) Parce que les survivants au naufrage sont morts

3. Selon Irina Bokova, pourquoi vaut-il la peine de protéger toutes ces épaves anciennes ?

   (A) Il se peut qu'il y ait des trésors cachés dans ces épaves.
   (B) La Convention de l'UNESCO l'exige.
   (C) Elles se trouvent dans les eaux internationales.
   (D) Ce sont des lieux historiques importants pour les scientifiques.

4. Quel pouvoir est accordé aux états-membres de l'UNESCO par la Convention de 2001 ?

   (A) Ils peuvent nier accès à ceux qui volent des épaves.
   (B) Ils peuvent explorer et accéder à ces sites.
   (C) Ils peuvent mener des recherches scientifiques dans chacune des épaves.
   (D) Ils peuvent vendre le contenu des épaves au bénéfice de l'état.

5. Que méritent les épaves, selon Madame Bokova ?

   (A) Autant de respect que les sites à la surface de la terre
   (B) Beaucoup plus d'attention de la part des médias
   (C) De ne plus être fouillées par des archéologues
   (D) Des plaques commémoratives

ANSWER EXPLAINATIONS—
MULTIPLE-CHOICE AUDIO SELECTIONS

Sélection 1

La Suisse raconte

1. **(B)** The selection states that Nathalie is in charge of various types of activities for children, "*Avec le théâtre, les contes par le biais de différents supports.*"

2. **(B)** Nathalie says that the goal of the company is to develop cultural awareness among children, "*La participation à la vie culturelle.*"

3. **(D)** The company's activities aim at developing independent thinkers, "*Amener petit à petit à penser plus—par et pour—eux-mêmes.*"

4. **(A)** The information offered aims at helping children protect themselves and stay safe, "*La prévention de la violence.*"

5. **(C)** Nathalie is fascinated by how children mature within a given culture, "*S'épanouir en lien avec les autres et la cité dans laquelle il habite.*"

6. **(C)** Nathalie says that listening to stories leads to being better able to express oneself, "*Articuler à leur tour.*"

7. **(B)** In the context, only option (B) is appropriate. She already founded a theater; she does provide many activities; and so on.

Sélection 2

Air France

1. **(C)** The message is about rules aboard a company plane, "*Vous devez . . . Nous recommandons . . . .*"

2. **(A)** The use of seat belts is the first thing explained, "*. . . attacher vos ceintures.*"

3. **(D)** The selection says that emergency exits are found at regular intervals, "*Chaque côté de la cabine, à l'avant, au centre, à l'arrière.*"

4. **(B)** The audio states that the plane's doors are equipped with slides, "*Les toboggans se déploient automatiquement.*"

5. **(D)** The information states that one must inflate one's vest after having left the plane, "*Une fois à l'extérieur de l'avion, gonflez le gilet.*"

6. **(D)** The selection says that electronics must be shut off just before the plane takes off, "*L'usage des appareils électroniques est interdit pendant le décollage.*"

Sélection 3

Journée de la Terre

1. **(A)** The celebration is that of "*la terre nourricière*" (the earth that feeds us).

2. **(B)** The information says that M. Ban Ki-moon started his speech on an alarming note, "*Ce cri d'alarme.*"

3. **(B)** The audio states that ecological diversity is decreasing, *"Déclin de la diversité biologique."*

4. **(A)** All components of the answer are mentioned as objectives (OMD).

5. **(C)** M. Ban Ki-moon stated in the conclusion of his speech that we must all respect and take care of Earth, *". . . Appel urgent à tous les gouvernements, les entreprises et les citoyens du monde à donner à la terre le respect et les soins."*

6. **(C)** M. Ban Ki-moon faces problems in a realistic manner, *"Des OMD . . . qui auront peu de chance d'être réalisés . . . ."* (Objectives that are unlikely to be realized)

Sélection 4

Les herbes médicinales

1. **(B)** The journalist wants to know what role this traditional business plays in today's society, *"De quelle façon intervient l'herboristerie."*

2. **(A)** Madame Provost states that her occupation goes back thousands of years, *"Métiers absolument millénaires."*

3. **(D)** Natural products you find in stores are also made from plants, *"Produits naturels dans les boutiques spécialisées, même les pharmacies . . . à la base, c'est des plantes."*

4. **(D)** Madame Provost states that one must have a basic knowledge of plants before harvesting them, *"L'identification de la plante qui doit être absolument juste"* and *"C'est pas parce que c'est naturel que c'est bon."*

5. **(B)** Madame Provost states that the first step in picking plants is to identify them, *"On s'assure de certains éléments de base bien sûr, le premier étant l'identification des plantes."*

6. **(B)** Madame Provost urges people to get back to nature, *"nous rapprocher de ce qu'on prend, de ce qu'on utilise et de ce qui nous fait du bien."*

Sélection 5

Le pays des Vans-office du tourisme

1. **(B)** The passage says that it is at an hour and a half from the valley of the Rhone.

2. **(A)** The audio states that *"la baignade"* is a recommended activity in the area.

3. **(D)** Several context clues indicate it is a river. For example, the first time *"Chassezac"* is mentioned, it is preceded by the word *"rivière."*

4. **(B)** The audio says a family needs half a day to a day to do the *"programme détente."*

5. **(C)** The information says that underground exploration is often new for children, *"Comme en spéléo la découverte souterraine."*

6. **(D)** The passage states that remarkable animal species are preserved in those woods, *"Espèces remarquables."*

7. **(D)** The information given suggests that this region is ideal for tourism and is clearly meant to attract tourists, *"Bonjour et bienvenue . . ."/"Nous vous invitons à découvrir . . . ."*

Sélection 6

Discours du Général De Gaulle

1. **(D)** The audio states that Frenchmen will have to surrender their weapons, *"Nos armes seront livrées."*

2. **(C)** It can be inferred that *"démobilisées"* means deprived of mobility or engagement.

3. **(A)** The information says that France must honor its agreement with allies, *"La France s'est engagée à ne déposer les armes que d'accord avec ses alliés."*

4. **(B)** The audio says that France and its allies still have formidable naval forces, *"Mais il nous reste un vaste empire, une flotte intacte."*

5. **(B)** De Gaulle states that one cannot predict which alliances will change, *"Nul ne peut prévoir si les peuples qui sont neutres aujourd'hui, le resteront demain."*

6. **(D)** De Gaulle calls on everyone to follow him, *"J'invite tous les Français qui veulent rester libres à m'écouter et à me suivre."*

7. **(C)** Several clues indicate that De Gaulle thinks that, in spite of a big defeat, the war is not over, *"Car il est absurde de considérer la lutte comme perdue."*

Sélection 7

Le baiser

1. **(C)** The kiss was once a way to feed the young as stated in the text, *"La pratique des mères de porter la nourriture de leur bouche à celle de leurs enfants."*

2. **(B)** The text states, *"Les primatologues ont même observé que les femelles chimpanzés . . . ."* So one can infer that *primologues* work with nonhuman primates such as chimps.

3. **(A)** The phrase *bonnes relations* is synonomous with *se réconcilier*. The text states, *"Femelles chimpanzés qui veulent se réconcilier se donnent des baisers."*

4. **(C)** The article is instructive. It mentions the work of anthropologists and retraces the origins and evolution of the kiss in various cultures and eras.

5. **(D)** The audio describes spiritual nature associated with the kiss, *"En Afrique, le baiser porte une connotation particulière du fait qu'on croit que l'âme des humains entre et sort par la bouche."*

6. **(B)** The kiss was a gesture of loyalty between two men, *"Les fidèles mâles l'échangent entre eux . . . ."*

7. **(B)** Health considerations became a motivating factor for changes, "*En guise de pénitence, on s'imposait d'embrasser le sol, les pieds d'un mendiant ou un lépreux, avant que des critères d'hygiène ne viennent mettre un terme à cette pratique.*"

Sélection 8

Choisir son conjoint au Burkina Faso

1. **(B)** A civil marriage will ensure rights for women, "*Aucun papier prouvant ses droits sur l'héritage.*"

2. **(D)** People of all ages were present at the event, "*Couples âgés de 20 à 80 ans sont passés devant monsieur le maire.*"

3. **(B)** The article indicates that this group wants rights for all women, "*C'était le but de l'association 'Promo-Femmes,' à l'origine de cette initiative, qui a poursuivi durant plusieurs mois les discussions avec les villageois.*"

4. **(C)** This group reminded the people about the injustices in marriages, "*Elle se trouve alors en butte à sa belle-famille qui la dépouille de tout.*"

5. **(C)** Marriages before this era were based on inequity. Women did not have the same rights as men. "*Quand je me suis marié, il y a 34 ans, . . . , c'est la famille qui m'a donné ma femme.*"

6. **(A)** These documents allow women to file legal claims for their husbands' estates, "*Car elle n'a aucun papier prouvant ses droits sur l'héritage de son mari.*"

7. **(A)** Marriage has evolved to the point where parents no longer choose spouses for their children, "*Aujourd'hui, nous ne pouvons pas chercher des filles ou des garçons pour nos enfants.*"

Sélection 9

Poisson d'avril

1. **(C)** In the 1500s, April 1 was considered to be the first of the year. "*L'année commençait à l'origine le premier avril.*"

2. **(A)** Those who would not accept that January 1 was the new first day of the year were teased with false gifts, "*Ceux qui continuaient de fêter le nouvel an en avril furent la cible des farceurs.*"

3. **(C)** The reference to Lent demonstrates that fish was valued when Christians did not eat meat (the word means *cherished*), "*Le premier avril tombe aux alentours de la fin du carême, période durant laquelle les chrétiens ne sont pas supposés manger de viande, l'un des cadeaux les plus prisés était donc le poisson.*"

4. **(A)** The tradition began in France, "*Ce qui est sûr en revanche est que la coutume des plaisanteries du premier avril est née en France.*"

5. **(B)** April Fools Day has a lighthearted spirit; it's about making jokes, ". . . *La coutume des plaisanteries.*"

Sélection 10

Titanic

1. **(C)** Other ships may be spared due to the fame of *Titanic*. "*Il doit en aller de même pour tous les trésors engloutis.*"

2. **(B)** The *Titanic* sinking just had its one hundredth anniversary, "*Jusqu'ici, le Titanic ne pouvait bénéficier de la protection de la Convention adoptée par l'UNESCO en 2001, celle-ci ne s'appliquant qu'aux vestiges immergés depuis au moins cent ans.*"

3. **(D)** These shipwrecks are historical sites with profound meaning for so many, "*Toutes ces épaves anciennes sont des sites archéologiques qui présentent une valeur scientifique.*"

4. **(A)** Member states can close their ports to those who break the rules, "*Ils peuvent également saisir les objets sortis de l'eau illégalement et fermer leurs ports à tout navire se livrant à des activités d'exploration non conformes aux principes de la Convention.*"

5. **(A)** These underwater sites deserve as much respect as those on land. "*Les épaves sont aussi la mémoire de tragédies humaines qui doivent être traitées avec le respect qui leur est dû.*"

PART 2
FREE-RESPONSE SECTION

CHAPTER 5

Writing E-mail Replies

The e-mail reply portion of the AP French Language and Culture exam takes 15 minutes. You will provide a written response to an e-mail sent to you by someone other than a friend or relative. Therefore, you must use the formal register in your reply. To help you out, we are providing a concise list of useful vocabulary targeting formal writing as well as some strategies to perform well on this task.

INSTRUCTIONS, STRATEGIES, AND TIPS

You must write a formal response to a formal e-mail. You have 15 minutes to read the prompt and write the reply.

Here are some tips for you to obtain the best possible score on this task.

1. While reading the e-mail, **underline or highlight key words**. Doing this will prompt you to elaborate on these key ideas.
2. While reading the e-mail, **underline or highlight questions**. Doing this will prompt you to answer them.
3. Give a concise reply. However, elaborate on some key ideas and respond to **all questions**.
4. Use a formal approach in both language and tone. Use *vous* consistently as necessary. Do not use the "pitch of voice" interrogative approach; this would be too familiar. Try using the inversion interrogative structure as much as possible, as in "Pourriez-vous me renseigner . . . ?" rather than "Vous pourriez me renseigner . . . ?"
5. Ask for details of something that appeared in the original message.
6. If you recognize references to a particular francophone culture in the e-mail, try to show your understanding of the special features of the culture in your response. For example, you may elaborate on the detail, or make a comparison with your own culture, or ask a question about the item.
7. Organize your response, indent as appropriate, and follow standard writing conventions (capitalization, spelling, accent marks, and so on).
8. Use a mix of simple and complex sentences. Use transitional phrases.
9. Use precise and idiomatic vocabulary as well as a variety of grammatical structures.
10. Be sure to include an opening to the letter as well as a closing. Preferably, these should be different from the one used in the e-mail to which you are writing a reply.

See the justifications for some of these requirements that appear after the exemplary reply to selection 1.

USEFUL VOCABULARY FOR E-MAILS

Opening an E-mail

In the event you are writing to a totally unknown person, use this form of address:

Monsieur, Madame,
To whom it may concern,

Even if you have previous electronic contact with a person, it is customary to address the person in the e-mail as simply *Monsieur* or *Madame*.

If you have met the person and have established a closer yet formal relationship, you may also use one of the following forms of address:

Cher monsieur,
Dear sir,

Cher monsieur Dupont,
Dear Mr. Dupont,

Chère madame,
Dear madam,

Chère madame Flaubert,
Dear Mrs. Flaubert,

With individuals who bear a professional title, use *Monsieur* or *Madame* followed by the professional title:

Monsieur le Directeur/Madame la Directrice,
Dear Director,

Monsieur le professeur/Madame le professeur,
Dear Professor,

Monsieur le docteur/Madame le docteur,
Dear Doctor,

Note: The use of *mademoiselle* is no longer acceptable in official correspondence.

Closing an E-mail

French closings in letters tend to be long and flowery. However, formal closings in e-mails tend to be much shorter. Here are a few examples that are all equivalents of a simple *sincerely*. Remember to look at how your contact closed his/her letter and use a different closing in your own reply.

Cordiales salutations,
Cordialement,
Bien cordialement,
Bien à vous,
Sincères salutations,
Avec mes salutations les plus cordiales,
Sentiments distingués,
Avec reconnaissance,
Recevez mes sentiments respectueux.

Other Expressions Used in an E-mail

Je vous remercie de votre réponse.
I thank you for your answer.

Je vous remercie de m'avoir répondu dans un si bref délai.
I thank you for having answered so promptly.

Je vous suis reconnaissant(e) de m'avoir contacté(e).
I thank you for having contacted me.

Merci d'avance.
I thank you in advance.

Avec mes remerciements.
Many thanks.

J'attends votre réponse.
I am looking forward to your answer.

Dans l'attente de votre réponse,
Looking forward to your answer,

Dans l'attente d'une réponse favorable,
Pending a favorable response,

E-MAIL SELECTIONS AND EXEMPLARY REPLIES

When taking the AP French exam, you will have to write responses to various e-mails. In order to earn a high score on this section, do the following when writing your replies:

- Be concise and answer all questions asked in the e-mail
- Use both formal language and a formal tone
- Include details from the original e-mail
- Include the proper opening and closing
- Make sure your responses are culturally relevant
- Write a variety of sentence structures
- Include transitions between sentences
- Use precise vocabulary and good grammar

The following section contains 12 different e-mails, each followed by an exemplary reply. These replies are considered exemplary because they satisfy each of the conditions listed above.

Thème du cours : Vie contemporaine/Quête de soi
Sélection 1

> ### INTRODUCTION
>
> C'est un message électronique de Martine Dubar, de l'agence EURECHANGES, qui vous invite à présenter votre candidature pour être accueilli dans une famille francophone en Europe.

✉		_ ⊡ ☒
De		
Objet		

Monsieur/Madame,

Notre organisation est consciente du fait que partir à l'étranger est une décision importante. Nous mettons notre efficacité au service de vos projets. Notre équipe, dynamique et expérimentée, a su établir une collaboration bâtie sur la rigueur et le professionnalisme de nos correspondants. Ceux-ci sont vos hôtes privilégiés pendant toute la durée de votre séjour et feront tout pour vous rendre votre séjour agréable et instructif. Nous vous proposons une famille d'accueil en Suisse, en Belgique ou en France puisque votre but est de vous familiariser avec la langue française et que nous avons des familles d'accueil dans ces trois pays européens. Nous vous remercions d'avoir visité notre site EURECHANGES.com et de nous avoir exprimé votre intérêt pour nos programmes d'accueil pour étudiants.

Veuillez à présent nous faire parvenir électroniquement et dans les plus brefs délais :

- a. vos dates de séjour
- b. votre pays de séjour
- c. vos progrès scolaires (bulletins de note de l'année en cours et participation à des clubs académiques ou sportifs) y compris une lettre de recommandation de votre professeur de français
- d. le formulaire de coordonnées personnelles que vous trouverez sur notre site

Il nous serait utile aussi de savoir quel est votre niveau de français. Veuillez donc demander au professeur de français qui va vous écrire votre lettre de recommandation d'inclure quelques détails à ce sujet.

Dès que nous aurons reçu ces documents, nous vous demanderons de nous faire parvenir vos frais d'inscription de 100 euros par PayPal.

Note: N'oubliez pas de nous indiquer si vous préférez une famille avec ou sans animaux et si vous avez des allergies ou d'autres problèmes de santé.

Dans l'attente de votre réponse,

Martine Dubar
Secrétaire
EURECHANGES

Exemplary Reply for Sélection 1

De	
Objet	

Madame,

Suite à votre lettre du 20 janvier, je vous remercie de tous les détails que vous donnez et clarifiez. C'est la première fois que je m'intéresse à un séjour à l'étranger dans ce cadre. J'ai fait un voyage scolaire l'an dernier en France avec ma classe de français et c'est là que j'ai décidé qu'il fallait absolument que je fasse un séjour un peu plus long dans un cadre d'immersion en France. C'est donc mon pays de préférence, mais je voudrais aussi éventuellement connaître la Belgique, la Suisse et le Luxembourg. Ce sont donc mes pays de préférences dans cet ordre.

Mon année scolaire se termine le 2 juin. J'ai les mois de juin et de juillet complètement libres. Je peux partir et rentrer à n'importe quel moment pendant ces mois-ci.

Quant à des problèmes de santé ou des allergies, j'ai en effet des allergies saisonnières, mais rien de grave. J'emporterai mes cachets. Mais j'ai une question à ce sujet. Est-il vrai qu'en France les médecins font des visites et des consultations à domicile ? Mes parents s'inquiètent un peu puisque c'est mon premier voyage toute seule et ils voudraient savoir si c'est vrai. Ils trouvent cela rassurant.

Encore à ce sujet, l'organisation *Eurechanges* procure-t-elle une assurance maladie et accident ? Je crois avoir lu quelque chose à cet effet mais je ne suis pas sûre.

Veuillez trouver ci-joint le formulaire que vous demandez, ma dernière transcription de notes ainsi qu'une lettre de recommandation de mon professeur de français. J'espère que mon dossier est en ordre. Dès que vous le confirmerez, j'enverrai les frais d'inscription.

Je vous remercie d'avance et vous prie d'agréer, madame, mes salutations distinguées.

Danielle Smith

Justification of Excellent Performance

Descriptions of each skill are available on the College Board website.

1. **Concise reply, response to all questions:** Early in her e-mail, Danielle answered the questions about when she could come to Europe and which country she would prefer to visit. The last sentence confirms that she is sending all required documents asked for in the e-mail.
2. **Formal approach in both language and tone:** Danielle uses a formal approach throughout. For example, she uses the inversion for interrogative structures and the formal *veuillez* for please.
3. **Elaboration, going into the details about something that appeared in the original message:** After addressing the topic of allergies that appeared in the original e-mail, Danielle wants to know more about medical care and insurance. She elaborates on the topic of allergies and health.
4. **Opening and closing the letter:** Danielle uses an appropriate and formal opening and closing for her letter, which are different from what appeared in the original e-mail, *"Madame"* and *"Je vous remercie d'avance et vous prie d'agréer, madame, mes salutations distinguées."*
5. **Culturally relevant responses:** Danielle shows her knowledge of French culture by mentioning home visits by doctors.
6. **Variety of sentences**—both simple and complex. Danielle uses good **transitions** (*suite à, quant à, donc, à ce sujet*). The **vocabulary** is precise, and the **grammar** is accurate.

Thème du cours: Vie contemporaine/Esthétique

Sélection 2

> **INTRODUCTION**
>
> C'est un message électronique qui vient du Docteur Roland Dupré qui annonce sa retraite. Il offre des renseignements sur le docteur qui va le remplacer et voudrait savoir si vous comptez continuer de fréquenter son cabinet médical.

De

Objet

Cher (Chère) Madame/Monsieur,

C'est avec regret que je vous annonce qu'après une carrière de quarante ans, je vais prendre la retraite dès le mois d'octobre de cette année. Le rôle que j'ai pu jouer dans la vie de tant de gens s'est avéré être un énorme et inoubliable plaisir. Quant à mes projets d'avenir, ma femme et moi, nous allons déménager dans un chalet où nous avons passé nos vacances à plusieurs reprises et que nous adoptons pour de bon. Je compte néanmoins rester actif dans le domaine de la santé en tant que consultant cardiologue dans un petit hôpital qui est tout près de notre domicile à la campagne.

Quant à vous, mes chers patients, je ne vous oublie pas. J'ai l'honneur d'annoncer que le Docteur Maurice Dutronc dirigera mon cabinet médical. Le Docteur Dutronc, un homme respecté dans notre profession et que je connais depuis onze ans, recevra tous vos dossiers pour faciliter ce transfert. Le Docteur Dutronc a reçu le prix Curie pour ses recherches dans le domaine des maladies cardiaques. Il gardera le même numéro de téléphone et les mêmes heures de service que moi.

Pour faciliter cette transition, je vous demande de répondre aux questions suivantes :

- Est-ce que vous comptez continuer de fréquenter ce cabinet ? Sinon, veuillez expliquer les raisons de votre choix.
- Quels conseils voudriez-vous donner au Docteur Dutronc pour vous mieux servir ?

Je voudrais vous remercier tous d'avoir enrichi ma vie. Dans certains cas, j'ai eu la chance de traiter trois générations de familles et j'avais vraiment l'impression de faire partie de vos familles. Je vous envoie tous mes meilleurs vœux.

Mes sincères salutations,
Docteur Roland Dutronc

Exemplary Reply for Sélection 2

De

Objet

Cher Docteur Dupré,

Je suis désolé d'apprendre la nouvelle de votre retraite, mais je suis content pour vous à l'idée que vous puissiez finalement passer des jours détendus à la campagne avec votre épouse. Après tant d'années au service de vos patients, vous le méritez bien.

Je compte voir le Docteur Dutronc puisque vous le recommandez. J'ai d'ailleurs fait quelques recherches qui confirment qu'il est bien formé et fiable. J'ai cependant un grand souci. Sera-t-il disponible le soir et le week-end comme vous l'étiez ? Je me souviens d'un samedi soir où j'ai fait peur à ma famille avec mes symptômes. Heureusement que ma femme a pu vous joindre et que vous m'avez immédiatement prescrit le médicament qu'il me fallait. Sinon j'aurais dû aller à l'hôpital au lieu de vous parler à vous, le spécialiste qui connaît mon histoire médicale à fond. Une autre question : pensez-vous que je doive demander rendez-vous au nouveau docteur pour me présenter à lui ?

En attendant votre réponse, je vous remercie de tout ce que vous avez fait pour moi pendant de longues années. Je vous souhaite aussi de jouir longtemps d'une retraite paisible.

Cordialement,
Adam Legendre

Thème du cours: Vie contemporaine/Esthétique

Sélection 3

INTRODUCTION

L'auteur de ce message est Yves Rosier, le gérant du site web co-équipiers.com. Il vous invite à vous abonner et à trouver des compagnons de voyage sur son site.

De	
Objet	

Cherchez et trouvez sur co-équipiers.com

Vous avez plus de dix-huit ans et vous cherchez des compagnons de voyage pour un cours d'art en Tunisie ou une traversée de Guadeloupe à dos d'âne ? Notre réseau vous permet de trouver des compagnons d'aventure pour n'importe quelle occasion ou périple. Il suffit de vous abonner.

Choisissez dans la liste ci-dessous la destination qui correspond à l'annonce que vous voulez passer ou que vous cherchez.

Nos catégories sont les suivantes :

- La France, la Suisse, le Luxembourg, la Belgique
- Les Antilles
- Les îles polynésiennes
- Le Québec
- L'Afrique francophone
- Les pays du Maghreb

Avant de vous abonner, veuillez nous fournir les renseignements suivants :

1. Votre âge et votre nationalité
2. Votre destination et vos raisons pour vouloir y aller

Cordialement,

Yves Rosier et son équipe de co-équipiers.com

Exemplary Reply to Sélection 3

De	
Objet	

Monsieur Rosier,

Je ne sais pas comment vous avez obtenu mon adresse e-mail mais je ne vous connais pas et je n'ai jamais entendu parler de votre site.

Je dois dire, toutefois, que votre annonce est très tentante. J'ai vingt et un ans. J'habite aux États-Unis et je rêve d'aller faire une expédition de pêche à Saint-Pierre et Miquelon. Il paraît que, dans ma famille, nous avons des ancêtres bretons qui ont émigré il y a très longtemps en Acadie et puis aussi à Saint Pierre et Miquelon.

Mais il me faudrait d'abord quelques renseignements sur votre site.

Avez-vous des règlements concernant les abonnés ? Je ne les ai pas vus. Et y a-t-il des frais d'abonnement ?

Procurez-vous des renseignements tels que des itinéraires, des hôtels réputés etc. ?

Je vais faire des recherches. Mais je voudrais des références sur vous et votre équipe avant de me lancer plus loin dans cette aventure.

Bien à vous,

Philip Asouse

Thème du cours : Famille et Communauté/ Vie contemporaine

Sélection 4

> ### INTRODUCTION
>
> Ce message électronique vient de Monsieur Richard Delaurier, rédacteur en chef d'une nouvelle revue pour les jeunes, *A L'étranger !* Il vous invite à écrire un article basé sur votre voyage au Maroc de l'année passée pour sa revue.

De	
Objet	

Madame/Monsieur,

Nous voudrions, en premier lieu, vous féliciter d'avoir fait des études au Maroc pendant l'année scolaire. C'est le genre d'expérience qui prépare les jeunes à entrer dans le monde des adultes et à entreprendre d'importantes responsabilités.

Notre nouvelle revue, intitulée *A L'étranger*, a pour but de partager les expériences des jeunes qui ont fait des voyages, des études à l'étranger et des stages de tous types. Nous croyons que cette revue, en présentant des anecdotes personnelles de ceux qui ont vécu ou travaillé à l'étranger, va inspirer des milliers d'adolescents. Cette revue va être accessible par internet pour un abonnement de seulement cinq euros par an et offrira un point de vue authentique et original, rarement disponible aux jeunes.

Nous vous invitons à nous présenter un article d'environ sept cent cinquante à mille mots qui expliquera la nature de votre expérience à l'étranger et qui inspirera les autres à participer à une telle aventure. Nous nous intéressons particulièrement aux raisons de votre voyage, à ce que vous avez appris pendant ce voyage et aux avantages qu'une telle expérience apportera à ceux de votre âge.

Avant d'entreprendre cette tâche, pouvez-vous nous donner des renseignements au sujet de votre expérience:

- Quelle expérience avez-vous déjà concernant la rédaction de journaux intimes ou d'articles pour des journaux scolaires ?
- Comment votre article va-t-il inspirer d'autres jeunes à suivre vos pas ?

P.S. Si nous décidons de publier votre article, vous recevrez un abonnement gratuit de trois ans à notre revue et vous aurez le privilège d'être confirmé en tant qu'auteur !

Dans l'attente de votre réponse.

Cordialement,

Richard Delaurier
Rédacteur en chef, *A L'étranger !*

Exemplary Reply for Sélection 4

De	
Objet	

Monsieur Delaurier,

Je vous remercie de m'avoir contactée au sujet de mes expériences comme étudiante à l'étranger. Les six mois que j'ai passés au Maroc étaient pour moi des moments inoubliables. Ce séjour m'a appris à devenir une « citoyenne du monde ». Le Maroc et mes amis marocains me manquent énormément. Rédiger un article sur mes expériences me permettrait de me reconnecter avec eux.

J'ai un peu d'expérience avec le journalisme, ayant contribué quelques articles au journal de notre lycée pendant mes années de première et de terminale. J'écris aussi régulièrement à mes amis américains et marocains sur Facebook, si on peut compter cela parmi mes expériences mi-sociales, mi-profession-nelles.

J'ai hâte de partager mes anecdotes et mes points de vue avec d'autres jeunes et les inspirer à suivre mes pas. Par exemple, je suis tombée follement amou-reuse de la cuisine marocaine (comme l'agneau Tagine) et plus encore des mar-chés marocains (les souks).

Je voudrais pourtant savoir deux choses. Tout d'abord, quand voudriez-vous mon premier article ? Deuxièmement, dans le cas où vous accepteriz plusieurs de mes articles, serait-il possible de recevoir une petite compensation pour cela ?

Cordialement,

Denise Cambray

Thème du cours: Vie contemporaine/Quête de soi

Sélection 5

INTRODUCTION

Ce message électronique vient de Madame Pauline Duchamps, Directrice du programme d'été scolaire à l'Université de Grenoble. Elle vous invite à participer à son programme d'été.

De	
Objet	

Madame/Monsieur,

Je suis ravie de vous annoncer que l'Université de Grenoble commence un nouveau programme d'étude pour étrangers l'été prochain. Notre programme va durer six semaines et aura lieu à notre beau campus encadré par les Alpes. Pendant votre séjour ici à Grenoble, vous aurez non seulement l'occasion de suivre un choix de plus de trente cours de langue et de culture, mais aussi de participer à une série d'activités en plein air. Il y aura des randonnées à la montagne et des jours consacrés au parapente. Vous pourrez recevoir un maximum de neuf unités de valeur si vous optez de suivre trois de nos cours d'été.

Quant au logement, il y a le choix entre une chambre dans un dortoir universitaire ou le logement dans une famille de la région. Si vous décidez de loger avec une famille, il faudra remplir la fiche de logement un mois plus tôt, c'est à dire, le 25 avril au lieu du 25 mai, pour donner à notre bureau de logement le temps de vous trouver la famille d'accueil idéale selon vos préférences.

Les tarifs pour notre programme sont 1.125 euros, tout compris. Nous accepterons les candidatures à partir du premier décembre jusqu'au premier juin. Pour vous offrir le meilleur programme possible, veuillez répondre aux questions suivantes :

• En dehors des activités suggérées ci-dessus, quelles autres activités vous intéresseraient dans notre région pendant votre séjour à Grenoble ?
• Quels cours préféreriez-vous suivre à notre université ?

A l'Université de Grenoble, nous sommes sincèrement désireux de vous offrir la meilleure expérience possible. N'hésitez pas à nous contacter avec vos questions.

En attendant votre réponse.

Cordialement,

Pauline Duchamps
Directrice, Programme d'été scolaire
Université de Grenoble

Exemplary Reply for Sélection 5

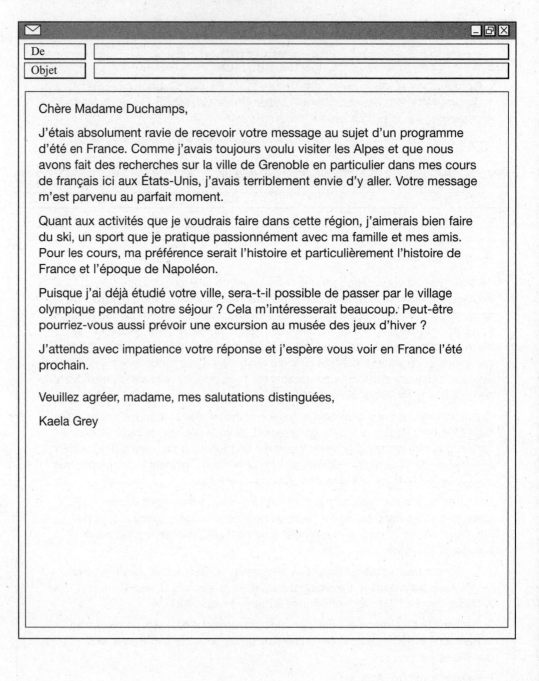

De

Objet

Chère Madame Duchamps,

J'étais absolument ravie de recevoir votre message au sujet d'un programme d'été en France. Comme j'avais toujours voulu visiter les Alpes et que nous avons fait des recherches sur la ville de Grenoble en particulier dans mes cours de français ici aux États-Unis, j'avais terriblement envie d'y aller. Votre message m'est parvenu au parfait moment.

Quant aux activités que je voudrais faire dans cette région, j'aimerais bien faire du ski, un sport que je pratique passionnément avec ma famille et mes amis. Pour les cours, ma préférence serait l'histoire et particulièrement l'histoire de France et l'époque de Napoléon.

Puisque j'ai déjà étudié votre ville, sera-t-il possible de passer par le village olympique pendant notre séjour ? Cela m'intéresserait beaucoup. Peut-être pourriez-vous aussi prévoir une excursion au musée des jeux d'hiver ?

J'attends avec impatience votre réponse et j'espère vous voir en France l'été prochain.

Veuillez agréer, madame, mes salutations distinguées,

Kaela Grey

Thème du cours: Vie contemporaine/Quête de soi

Sélection 6

> ### INTRODUCTION
> Ce courriel provient de Monsieur Simon Tremblay, Directeur d'Échanges Sportifs de Québec qui vous invite à participer à un tournoi de hockey au Québec.

✉	_ ⬜ ✖
De	
Objet	

Monsieur, madame,

Si vous recevez ce message, c'est suite au fait que l'entraîneur de votre équipe de hockey vous a recommandé(e) à notre organisation. On vous a distingué(e) parmi les joueurs/joueuses les plus doué(e)s dans notre sport. Vous envisagez un avenir brillant. C'est pourquoi nous vous invitons à notre premier tournoi de hockey international où le Canada et les États-Unis auront l'occasion de participer à une compétition entre huit équipes. Ces équipes seront composées de tous les invités des deux pays et participeront à deux compétitions différentes—une compétition pour garçons et l'autre pour filles. Plusieurs « chasseurs de tête » (découvreurs de nouveaux talents), représentant les universités et les équipes professionnelles, seront là parmi des milliers de spectateurs.

Notre tournoi aura lieu la semaine avant Pâques quand la majorité des écoles seront en vacances. Nous offrons l'hébergement dans des familles d'accueil ou dans des hôtels de la région. Le tournoi durera une semaine et nous vous garantissons un minimum de cinq matchs de hockey et de quatre entraînements avec votre équipe.

Les joueurs prennent en charge le transport à la ville de Québec et doivent régler leurs frais d'hôtels. Les frais de participation à ce tournoi sont de 450 dollars canadiens. Des bourses seront disponibles pour ceux qui en auront besoin.

Veuillez répondre à ces trois questions pour nous permettre de mieux vous connaître:

• Depuis combien de temps jouez-vous au hockey ?
• Quel est votre plus grand atout dans ce sport ?
• Comment envisagez-vous le rôle du hockey dans votre vie dans cinq ans ?

J'espère que vous accepterez mon invitation à ce tournoi. Mon intention est d'accueillir ici à Québec les meilleurs joueurs d'Amérique du Nord. Ne manquez pas de profiter de cette expérience.

Dans l'espoir de vous rencontrer, je vous envoie mes vœux de la belle province du Québec !

Cordialement,
Simon Tremblay
Directeur, Échanges Sportifs de Québec

Exemplary Reply for Sélection 6

✉		_ ⊡ ☒
De		
Objet		

Cher Monsieur Tremblay,

Quel plaisir de recevoir votre courriel au sujet du tournoi de hockey ! Ce sport est ma passion et j'ai toujours eu envie d'aller au Canada (où c'est le sport national, je m'en rends bien compte).

J'ai commencé à jouer au hockey à l'âge de six ans car mon père était un grand fana de ce sport depuis sa jeunesse. Le patinage sur glace, c'est vraiment l'aspect du sport où je brille. Notre entraîneur dit que je suis le patineur le plus rapide de notre équipe. Mon but dans ce sport est de jouer au niveau universitaire, mais mon rêve, si j'ose le dire, serait de jouer au niveau professionnel.

Au sujet du logement, je voudrais savoir si je resterais avec une famille francophone parce que j'aimerais avoir l'occasion d'améliorer mon français pendant cette semaine. Si ce n'était pas possible, pourrais-je au moins rencontrer des Canadiens ailleurs que sur la glace ?

Je vous remercie pour votre généreuse invitation que j'accepte avec grand plaisir.

Cordialement,

John Robert

Thème du cours : Défis mondiaux/Science et Technologie
Sélection 7

INTRODUCTION

Ce courriel a pour auteur Mélanie Lacoste, Directrice de L'Organisation pour une Communauté Verte, dont le but est l'organisation d'activités qui rendront service à l'environnement local. Elle vous invite à participer à un jour d'action pour l'environnement.

De	
Objet	

Madame/Monsieur,

Selon les dernières statistiques, les communautés qui réussissent à trouver des bénévoles dans leur quartiers sont parmi les plus réussies quant à la qualité de leurs ressources naturelles, comme l'eau potable et l'air pur. Mais, l'heure sonne—c'est le moment d'agir.

L'Organisation pour une Communauté Verte vous propose un jour d'action régionale où les habitants de chaque communauté se porteront volontaires pour des activités telles que :

- la distribution des conteneurs pour les matériaux de recyclage
- l'éducation du public—la distribution de dépliants informatifs
- le nettoyage des ruisseaux et des étangs de la région

Nous voudrions savoir si vous êtes disposé(e) à aider les gens dans votre région dans cette initiative commune. Veuillez répondre aux questions suivantes pour préciser les tâches auxquelles vous pourriez participer:

- Quels travaux de la liste ci-dessus est-ce que vous préféreriez faire ? S'il y a d'autres activités que vous préféreriez, indiquez-les ci-dessous.
- Quels sont les plus grands besoins de votre communauté dans l'aide à l'environnement ?

Nous espérons que ce jour d'action sera le catalyseur d'une série d'événements bénévoles qui mèneront à un monde où les habitants de chaque quartier joueront un plus grand rôle dans la protection de leur environnement.

Avec tous nos plus vifs remerciements,

Mélanie Lacoste

Directrice de L'Organisation pour une Communauté Verte

Exemplary Reply for Sélection 7

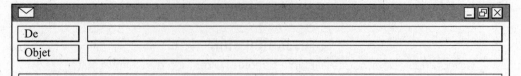

De	
Objet	

Chère Madame Lacoste,

Je m'intéresse beaucoup à votre initiative pour sauvegarder l'environnement. C'est une cause importante et qui m'est très chère. Je suis malheureusement parmi ceux et celles qui sont bien contents que ce soit les autres qui luttent pour la cause parce que nous sommes trop occupés nous-mêmes. Je viens cependant de prendre la résolution de m'engager dans cette cause. Comme disait Jean-Paul Sartre : « Tu es ce que tu fais et notre raison d'être se trouve dans l'action. » Vous pouvez donc compter sur moi.

Quant à mon travail préféré, je pense que je voudrais aider dans le domaine de l'éducation du public car j'ai envie d'être professeur un jour et je crois que j'ai un don pour enseigner.

A mon avis, le plus grand besoin de ma communauté est dans le domaine de la pollution causée par une usine d'équipement agricole qui se trouve dans notre ville. Et malheureusement on n'en parle pas !

Voici les questions les plus essentielles pour moi :

- En premier lieu, quel support puis-je attendre de votre part ?
- En deuxième lieu, est-ce que ce sera à moi toute seule de former une équipe pour entreprendre les recherches nécessaires et disséminer les informations au grand public ? (Comme étudiante, j'ai du temps libre mais pas trop quand même.)

J'espère être capable de travailler avec vous et de réaliser un projet dont je puisse un jour être fière.

Sincères salutations,

Martine Dessoucis

Thème du cours: Défis mondiaux/Famille et Communauté

Sélection 8

INTRODUCTION

L'auteur de cet e-mail est Mme. Maohinui, la directrice de votre lycée à Tahiti. Elle envoie ce message au sujet du harcèlement scolaire aux parents d'élèves.

De	
Objet	

Monsieur, madame,

Je me permets d'envoyer cet appel urgent à tous nos élèves de seconde, de première et de terminale.

Le Ministère de l'Education nationale française a mis en place une initiative qui a pour but de mettre fin au harcèlement scolaire à tous les niveaux et dans toutes les académies scolaires.

Quoique nous n'ayons pas eu de problèmes majeurs dans ce domaine dans notre lycée, il est essentiel que nous suivions les directives du Ministère.

J'ai besoin d'un conseil d'élèves pour explorer les problèmes qui pourraient exister à mon insu parmi les élèves et pour entreprendre un plan d'action pour y remédier.

Les capacités et les obligations requises sont les suivantes :

1. Un respect des règles et de la discipline en général
2. Une facilité dans la communication orale et écrite
3. La permission des parents de se réunir après les heures de cours

Je demande aux élèves qui s'intéressent à ce projet de s'inscrire par retour du courrier en remplissant le formulaire ci-joint. Je voudrais qu'ils respectent la déchéance du 30 septembre pour poser leur candidature afin que nous puissions faire une sélection de vingt candidats.

Je voudrais aussi savoir s'ils sont au courant de problèmes de harcèlement et s'ils sont capables de se réunir régulièrement une fois par semaine.

Meilleures salutations,

Mme Maohinui, Directrice
Lycée Gauguin

Exemplary Reply for Sélection 8

De	
Objet	

Madame,

Je m'appelle Tiare Hemana et je suis dans la classe de Seconde Scientifique à notre lycée. Mes parents viennent de m'informer à propos de votre message concernant un projet sur le harcèlement scolaire. Vous pensez probablement qu'il n'y a aucune raison de se préoccuper de ce genre de problème parce qu'il n'y a généralement aucun problème de discipline au lycée.

Je dois vous contredire. Il y a des problèmes insidieux et probablement invisibles à vos yeux et aux yeux pourtant vigilants de nos professeurs. Avec la technologie que nous possédons aujourd'hui, le cyber harcèlement devient si facile et peut-être même que les harceleurs sont un peu inconscients des effets de leurs actions.

Je ne voudrais pas en dire plus sans l'assurance que ce que je dirai sera confidentiel. Comment proposez-vous, madame, de nous garantir l'anonymat ? De plus, j'aimerais savoir pendant combien de temps nous travaillerons à ce projet.

Mais de toute façon, je voudrais poser ma candidature pour faire partie de votre conseil d'élèves.

Cordialement,

Tiare Hemana

Thème du cours: Défis mondiaux/Famille et Communauté

Sélection 9

INTRODUCTION

Ce message vient de Monsieur Amadou Guizet, directeur de l'agence *Tolérance pour Tous*, dont le but est de promouvoir la tolérance et d'offrir de l'aide à ceux qui viennent principalement de l'Afrique francophone. M. Guizet cherche des volontaires dans la promotion de cette cause.

De

Objet

Monsieur / Madame,

Pour ceux qui étudient la langue et la culture française, il est facile de comprendre pourquoi il y a des membres de la communauté francophone qui luttent contre l'intolérance dans leur pays adopté. Notre organisation a des bureaux en France, au Canada et aux États-Unis. Nos bénévoles essaient de transmettre un message d'accueil pour les nouveaux immigrés en créant des publicités et des dépliants avec le but de promouvoir le respect des différences et la dignité de tout être humain.

Le plus grand défi pour les immigrés est souvent de communiquer et de justifier leurs coutumes, leurs points de vue et leurs rêves aux habitants des pays d'adoption. C'est pourquoi nous cherchons des jeunes qui pourraient nous aider à disséminer des informations qui combattraient les préjugés contre les immigrés.

Pour assurer que vous soyez un candidat idéal pour notre organisation, nous avons deux questions auxquelles nous demandons que vous répondiez :

- Avez-vous jamais été membre d'une organisation dédiée à la tolérance ? Sinon, avez-vous étudié le sujet des injustices sociales dans le monde moderne ?
- Comment pourriez-vous le mieux soutenir notre cause ? En écrivant des articles pour nos publications ou en préparant des publicités pour la radio ou la télé ?

En espérant vous lire prochainement, je vous offre mes sincères salutations,

Amadou Guizet
Directeur, Tolérance pour Tous

Exemplary Reply for Sélection 9

De

Objet

Cher Monsieur Guizet,

Merci pour votre courriel qui encourage le respect et la tolérance parmi les gens de notre monde. Il y a tant de causes humanitaires et pas assez d'organisations ni assez d'initiatives pour répondre à leurs besoins.

Je réponds d'abord à votre première question. Je n'ai jamais activement participé à une organisation. Au lycée, j'ai suivi des cours où nous avons eu l'occasion de discuter en détail le sujet de l'intolérance dans le monde d'aujourd'hui. A mon avis, c'est un sujet clé pour tous les membres de la société moderne.

Quant à votre deuxième question, j'ai créé, réalisé et enregistré des publicités pour la station de radio de notre lycée pendant trois ans. J'aimerais beaucoup refaire ce genre de travail qui me plaisait beaucoup pour votre organisation. Vous avez fait mention du fait que vous avez des bureaux dans trois pays. Je voudrais savoir où exactement se trouve votre bureau aux Etats-Unis au cas où je pourrais travailler avec vous. De plus, je voudrais savoir dans quels pays francophones vous avez des succursales ?

J'attends avec impatience le plaisir de votre réponse.

Cordialement,

Josette Wideman

Thème du cours : Esthétique/Science et Technologie
Sélection 10

INTRODUCTION

Cet e-mail vous est envoyé par Josée, présidente-fondatrice d'une marque de vêtements prêt-à-porter qui s'appelle Chic-Chic. Cette couturière marocaine a ouvert plusieurs magasins dans de grandes villes francophones.

De	
Objet	

Chers clients,

Je vous écris pour vous informer que Chic-Chic peut maintenant vous offrir un catalogue de prêt-à-porter en ligne. Devenez client ou cliente en ligne !

Après avoir ouvert des magasins à Paris, Genève, Casablanca, Tunis et Fort-de-France, nous avons décidé de donner accès à nos marques à davantage de clients de par le monde.

Les acheteurs peuvent s'offrir notre marque marocaine—désormais reconnue et célèbre partout—de chez eux ou de n'importe où. Il suffit de se brancher sur Internet pour jouir d'un festival de mode.

Contactez-nous immédiatement et répondez aux questions suivantes afin que nous puissions mieux vous servir :

1. Quelle est votre tranche d'âge ?

    20–30 ans   30–40 ans   plus de 40 ans

2. Vous intéressez-vous au prêt-à-porter masculin ou féminin ?

Au plaisir de vous lire,

Josée

Présidente-Fondatrice

Exemplary Reply for Sélection 10

De	
Objet	

Madame,

C'est un plaisir de recevoir cette lettre de vous. Je suis une jeune fille de dix-huit ans. Ma mère (quarante-cinq ans) et moi, nous vous admirons beaucoup. Nous achetons vos vêtements prêt-à-porter depuis des années. Et nous adorons les compliments qu'on nous fait quand nous portons les vêtements Chic-Chic.

Je tiens à vous exprimer ma satisfaction avec votre marque et à vous assurer que je continuerai à être une cliente fidèle de Chic-Chic d'autant plus que vous me rendez la tâche tellement plus facile en les vendant en ligne.

Remarquez que l'achat en boutique était toujours agréable, un vrai régal même. Mais c'est tellement plus pratique en ligne.

J'aimerais savoir si vous allez continuer de vous inspirer de la mode marocaine pour les nouvelles vagues de prêt-à-porter car j'apprécie beaucoup les couleurs vives et les tissus dont vous vous êtes servie jusqu'à présent. J'oserais aussi vous demander de m'envoyer des e-mails dès qu'une nouvelle mode est prête. J'espère que cela sera possible.

Bien à vous,

Jasmine Soaz

Thème du cours : Esthétique/Quête de soi
Sélection 11

INTRODUCTION

Cet e-mail vous provient de Monsieur Sambor, professeur de littérature à l'Université Diop de Dakar, au Sénégal. M. Sambor organise un concours d'essai qu'il propose aux lycéens de tous les pays francophones.

De	
Objet	

Un grand bonjour chaleureux aux lycéens francophones du monde !

Je vous lance aujourd'hui un appel auquel, j'espère, vous allez tous répondre. Dans la tradition du grand écrivain Senghor, je crois fermement que la langue française peut et doit unir des populations ethniques du monde entier. Quelle que soit votre nationalité, vous parlez tous cette belle langue internationale: le français. C'est dans cet esprit que je vous demande de participer à mon concours.

Le sujet de l'essai que vous m'enverrez avant le 30 décembre est le suivant :

Comment la langue française peut-elle promouvoir le bon voisinage parmi des gens de cultures diverses ?

Les cinq meilleurs essais seront publiés en ligne et leurs auteurs seront invités à suivre gratuitement un cours de littérature française à notre institution académique pendant l'été 2013.

Les détails du concours suivent cette lettre. Je vous encourage à les lire et à participer.

Respectueusement,

Professeur Fatou Sambor,
Doctorat ès lettres, Université Diop, Dakar

Exemplary Reply for Sélection 11

De

Objet

Monsieur le professeur,

Je m'appelle Pierre Keire et j'habite à Lille. J'adore le français et j'ai suivi un bon nombre de cours de littérature française à mon lycée. J'ai d'ailleurs beaucoup d'amis de nationalités et de descendances diverses à mon lycée.

Je suis d'accord avec vous qu'une langue comme le français doit être un outil de communication au-delà de la communication dans le commerce et dans les affaires. Elle doit aider des gens d'origines diverses à mieux se connaître comme êtres humains et à se voir comme des êtres égaux quoique différents.

Je vais définitivement participer à votre concours, mais je voudrais savoir s'il me serait possible, au cas où je serais l'un des gagnants, de suivre un cours à votre université dans deux étés plutôt que l'été prochain. J'aimerais aussi savoir si vous pourriez me mettre en contact avec un étudiant sénégalais de votre université pour mieux me plonger dans la culture sénégalaise ?

Je vous remercie d'avance pour votre réponse.

Cordiales salutations,

Pierre Keire

Thème du cours : Vie contemporaine/Quête de soi
Sélection 12

INTRODUCTION

Vous recevez ce message de Michael Tremblay, directeur d'une auberge de jeunesse à Montréal. Il répond à votre lettre dans laquelle vous exprimiez le désir de passer une semaine dans son auberge.

De	
Objet	

Monsieur, Madame,

Je m'empresse de répondre à votre lettre du 13 mars 2011 dans laquelle vous demandiez des renseignements sur notre auberge.

Vous vouliez savoir pourquoi le prix de la chambre est très modeste. Permettez-moi d'élucider un possible malentendu. Notre résidence n'est pas exactement un hôtel traditionnel comme vous semblez le croire. Une auberge de jeunesse sert de logement à de jeunes personnes qui cherchent à rencontrer d'autres jeunes de partout dans le monde plutôt que de se retirer dans une chambre privée et de s'isoler chaque soir.

Il n'y a pas de restaurant dans l'auberge mais il y a une cuisine commune pour tous. Il n'y a pas non plus de personnel pour vous nettoyer la chambre; c'est votre responsabilité à vous.

Voilà pourquoi nos prix d'hébergement sont si bas.

Par contre, il y a plusieurs salles de sport et de jeux ainsi que des endroits pour bavarder et apprendre à se connaître.

Je suis à votre service pour d'autres renseignements que je pourrais vous fournir. Mais si notre auberge vous convient, il faudrait absolument faire une réservation par retour du courrier en m'indiquant vos dates de séjour et le nombre de personnes à héberger. Dites-moi aussi s'il vous faut du linge (draps et serviettes) ou si vous apporterez le vôtre.

Meilleures salutations,

Michael Tremblay

Exemplary Reply for Sélection 12

De

Objet

Monsieur Tremblay,

Je vous remercie de vos explications. Je vois qu'il y a effectivement quelques grandes différences entre l'hôtel et l'auberge de jeunesse. Mon frère Mike et moi adorons voyager et voulons visiter le Québec. Nous parlons assez bien le français mais il paraît que le français québécois est un peu différent de ce qu'on entend souvent dans nos cours au lycée.

Je pense que votre auberge nous conviendrait parfaitement. Nous avons dix-huit et dix-neuf ans et nous voulons naturellement rencontrer d'autres jeunes de notre âge, surtout des Canadiens. D'où viennent généralement les jeunes qui fréquentent votre auberge ?

Quant au linge, nous ne comptons pas apporter de draps ni de serviettes ; alors est-ce qu'il faudra payer un supplément pour votre linge-maison ?

Je me réjouis de visiter la belle ville de Montréal et de faire la connaissance d'autres jeunes grâce à votre hébergement. Vous êtes bien situé en ville, n'est-ce pas ?

Mon frère et moi aimerions arriver le 4 juillet et rester jusqu'au 11 juillet. Veuillez me confirmer notre réservation. Je vous en remercie d'avance.

Bien à vous,

Bernadette Smithy

Writing the Persuasive Essay

When writing a persuasive (or argumentative) essay, you try to convince others to agree with your point of view. To achieve that goal, you must present facts and arguments that are valid, coherent, logical, and well supported by precise and valid examples.

BEST PRACTICES

The following contains some best practice suggestions that will help you with writing the persuasive essay.

1. Practice Paraphrasing

When you hear or read something in French, always ask yourself how you would most easily be able to summarize key points in your own words, words that are familiar to you and therefore easy to remember.

> Don't quite know how to explain something? Use French words you already know even if the wording is not exactly correct or precise. You'll get your point across.
>
> 1. Think of the main message/main idea you want to convey.
> 2. Think of how many different ways you could convey a message (regardless of the language).
> 3. Think in French, and describe what you mean with language that feels familiar to you.

Suppose you want to express this message in French: One <u>tends</u> to <u>get</u> frustrated when facing big challenges. You can do this in several ways. Consider these possibilities:

- On est **généralement/souvent/quelquefois** frustré quand on fait face à de grands défis.
- **Il est possible qu'**on se sente frustré face à de grands défis.

The verb "to get" is frequently used in English and has a variety of translations in French. In order to convey its correct meaning in French, you must first paraphrase.

What is another way to express "get" in this sentence? Look at the following easy possibilities:

- On a tendance à **devenir** frustré.
- On a tendance à **être** frustré.

2. Practice Synthesizing Information

Pull together various pieces of information by common threads or themes when composing your persuasive essay.

Listen to your teacher, to your classmates, and to interviews. Then draw together the common threads that you heard from all of them. Is there a common topic? Is it treated differently in the various sources? Try to identify different points of view.

While reading articles or literary extracts, practice extracting themes from these texts such as environmental issues, family issues, identity issues, and so on. Doing this will prepare you to draw together particular themes in print and audio texts. On the persuasive essay portion of the AP exam, you are asked to synthesize your own ideas with those of the print and audio documents you are given. In addition, you may be asked to synthesize information from graphs and tables. In that case, be sure to analyze the data. What information is supplied?

3. Practice Critical Thinking

Be analytical in what you hear and read. Ask yourself "why" and "how" questions all the time. One of the reasons you are exposed to two sources (print and audio) on the persuasive essay portion of the exam is that you are expected to understand that there are various perspectives to a single issue. Another reason is that you must determine the cause and effect relationships that lead to various perspectives. Determine and discuss what has led to your topic becoming an issue and why/how the issue is affecting people.

- Focus on specific contexts of the issue to narrow down the discussion field (consider the contexts cited in your sources).
- Mention the opposing argument. By doing this, you demonstrate a broad understanding of the issue and prove that you understand other perspectives even though you may disagree with them.
- Concede a little, as necessary. Admitting that your position is not perfect can alleviate your reader's concerns that you have tunnel vision of the issue. Doing this can be really persuasive.
- Propose a solution. Giving a logical and feasible solution to your issue provides authority and credibility and it can make for a strong conclusion.
- Examine the implications. What effect will this issue have on individuals and/ or the world? Discussing what lies ahead for your topic also makes for a strong approach to a conclusion.

4. Practice Writing Compound Sentences

Good writing includes a good mix of simple, compound, and complex sentences. Simple sentences consist of a subject, a verb, and a complement. For example, « Il est d'accord. » /*He agrees.* Compound sentences consist of two or more simple sentences joined by conjunctions. For example, « Il répond oui **car** il est d'accord. » / *He answers yes **for** he agrees.*

Common coordinators include the following:

et	*and*
ou	*or*
ni	*nor*
donc	*so/therefore*
car	*for*
mais	*but*

5. Practice Writing Complex Sentences

In order to add detail and enrich your replies, practice enriching sentences by using a variety of dependent clauses.

- Infinitive clauses introduced by prepositions or prepositional phrases such as *in order to (pour), instead of (au lieu de), before (avant de)*
- Subordinate clauses introduced by *and (et), or (ou), either/or (ou, ou), but (mais)*
- Subordinate clauses introduced by *because (parce que), since (puisque), for (car),* and *while (pendant que)*
- Subordinate clauses introduced by conjunctions such as *de peur que + subjunctive* or *de peur de + infinitive*
- Subordinate clauses introduced by impersonal expressions such as *Il est impossible que + subjunctive mood* or *Il est clair que + indicative mood*

USEFUL VOCABULARY

There are many cohesive devices to choose from when linking ideas. Here's a short list of terms organized by function.

1. To Establish Contrasts

au lieu de cela	*instead of that*
cependant	*however*
malgré tout	*in spite of everything/all the same*
pourtant	*yet*
sinon	*otherwise*
toutefois	*however*

2. To Establish a Sequence

tout d'abord	*first of all*
de plus	*moreover*
en deuxième lieu	*secondly*
j'ajouterais que	*I would like to add that*
en conclusion	*finally*

3. To Make Convincing Points

bien sûr que	*of course*
certainement	*certainly*
en effet	*indeed*
en fait	*in fact*
naturellement	*naturally*
sûrement	*surely*

4. To State Your Own Position

à mon avis/selon moi	*in my opinion*
je suis persuadé(e)/convaincu(e) que	*I am convinced that*
je maintiens que	*I maintain that*
il est certain que	*it is certain that*
il est incontestable/indéniable que	*it is incontestable that*

HOW TO WRITE A PERSUASIVE ESSAY

Required Steps

1. State your point of view to your audience (perspective).
2. Develop an argument to support your point of view.
3. Make a list of specific facts and examples to support your argument.
4. Prioritize, edit, and/or sequence the facts and details in order of importance to build the argument.
5. Form and state a conclusion.

Specific Requirements for the AP Exam

1. You must demonstrate understanding of viewpoints in the print and audio sources presented to you.
2. You must cite the sources presented in your essay without simply repeating verbatim what you read or heard.
3. You must take a position on the issue and develop an argument.
4. You must organize your essay and present your ideas clearly.

What Is <u>Not</u> Required

You are not expected to summarize or explain the points of view in the various sources. You simply need to refer to them in your argument. Use your own words. If you quote anything from the sources, use quotation marks. Keep those quotes brief.

You should not feel obliged to agree with one of the sources. You can present your own unique point of view as long as you refer to the sources somehow.

INSTRUCTIONS, PROMPTS, AND EXEMPLARY ESSAYS

The presentational writing portion of the AP French Language and Culture Examination tests your writing ability in an essay based on information from three sources: a printed text, an audio source, and a chart or graphic. The information from the print and audio sources presents various sides of an argument. The graphic or chart is informational in nature.

You will have six minutes to read the essay topic and the printed material. Then you will hear the audio material twice. Your task is to synthesize the information and write a persuasive essay on the topic using information from all three sources. You are expected to indicate your own position on the topic and defend it thoroughly. We suggest you use a graphic organizer like the one presented later in this section.

Here are the instructions you can expect to be given for this portion of the exam. *We recommend you use the College Board website to check for any updates or changes.* Note that the instructions appear in both French and English. Choose one language in which to read your instructions.

Your persuasive essay must be based on the 3 sources provided and refer to the different viewpoints presented. Take 6 minutes to read the essay topic and the printed material. Then listen to the audio document twice. Then spend 40 minutes to write your essay. Be sure to indicate your own viewpoint and defend it thoroughly. Organize your essay into clear paragraphs.

Votre essai persuasif doit être basé sur les 3 sources ci-jointes et doit mentionner les points de vue différents trouvés dans les sources. Prenez 6 minutes pour lire le sujet de l'essai et le matériel écrit. Écoutez alors le document audio deux fois de suite. Passez ensuite 40 minutes à écrire votre essai. Prenez soin de bien présenter votre point de vue et de le défendre. Organisez votre essai en paragraphes bien clairs.

PREPARATION FOR ESSAY #1

When reading the prompt, underline or highlight the topic and task statement. Look at this example.

Sujet de l'Essai #1

La validité du bac est remise en question en France. Certains défendent cette « institution nationale » tandis que d'autres l'attaquent. Quelle est votre position ?

To prepare for listening to and reading the sources, draw three columns in which to take notes, one for the print selection, one for the graph or chart, and one for the audio selection (see page 132). Bear in mind that you do not need to understand every word in the sources presented. You simply need to gain some ideas and some understanding of what issues and perspectives may exist regarding your topic. As you practice reading and listening with the objective of writing a persuasive essay, you must learn to identify key concepts and key vocabulary for stating main ideas and perspectives.

While reading, note some essential ideas for your essay. You will later use these notes to formulate your ideas and restate them in your own words. Look at the suggested examples of notes in the graphic organizer on page 132.

While listening, you must catch one or two usable ideas in the audio selection. After you have heard the audio twice, it will no longer be accessible. If you do not take notes, you may forget entirely what ideas were presented in it. Look at the suggested examples of notes in the graphic organizer.

One of your sources is a graph or statistical data; use this factual evidence to support your opinion or main idea.

SOURCE #1

INTRODUCTION

Dans cette pétition, on demande au ministre de l'Éducation Nationale de reconsidérer sa décision de ne pas noter un exercice de l'examen de mathématiques du bac S de 2011.

Le 22 juin 2011

Monsieur le Ministre,

Nous avons pris connaissance de votre décision de ne pas noter le 1er exercice sur 4 points (soit de 24 à 36 points selon le coefficient pour le bac) de l'épreuve de mathématiques du Bac S qui s'est déroulé le 21 juin 2011 au motif de la divulgation à un tout petit nombre de personnes du sujet en amont.

Si cette décision est dans un premier temps compréhensible et aisée pour le Ministère (non obligation de refaire une épreuve avec toutes les conséquences matérielles, financières et logistiques), elle s'avère fortement préjudiciable pour les élèves qui, n'étaient à priori pas du tout au courant de la fuite dans leur immense majorité.

Cet exercice qui était le premier de l'épreuve a été logiquement traité par les élèves, au détriment parfois des derniers exercices. De plus, il était relativement aisé par rapport aux autres exercices et permettait à bon nombre d'élèves de récolter des points (de 6 à 36 selon les coefficients).

En retirant la notation de cet exercice, les élèves se trouvent pénalisés pour la réussite du BAC, l'obtention d'une mention pour certains et une inscription dans certaines filières supérieures pour d'autres (pas d'option, pas d'inscription).

Nous vous demandons, par la présente, de reconsidérer votre position, et de reprendre la notation de cet exercice ou bien d'accorder à l'ensemble des copies la note de 4.

Nous vous prions d'agréer, Monsieur le Ministre, nos salutations distinguées.

SOURCE #2

> Ce graphe est sur le site du Ministère de l'Éducation Nationale.
> *http://www.education.gouv.fr/cid143/le-baccalaureat.html*

Pourcentage d'une classe d'âge obtenant le baccalauréat

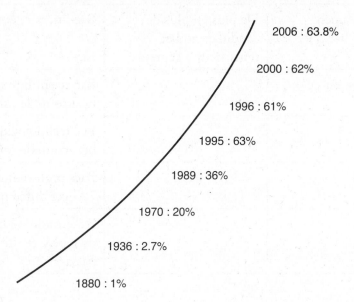

2006 : 63.8%

2000 : 62%

1996 : 61%

1995 : 63%

1989 : 36%

1970 : 20%

1936 : 2.7%

1880 : 1%

SOURCE #3

CD 1
Track
31

(Audio) Vous avez 30 secondes pour lire l'introduction. Transcript of audio text is in Appendix B.

> ### INTRODUCTION
> **À quoi sert le baccalauréat ?**
> Une émission de Myriam Lemaire
> Dans cette émission, M. Legendre, président de la Commission des affaires culturelles du Sénat parle du baccalauréat à l'occasion des deux cents ans de ce « monument national ».
> *http://www.canalacademie.com/apprendre/fiche.php?id=36*

Look at the following example of notes that you might take while examining the three previous sources.

Document Écrit— Source #1 : Suggested Notes	Données—Source #2	Document Audio— Source #3 : Suggested Notes
Erreur à l'examen de math du bac S de 2011 :	De plus en plus de candidats au bac réussissent à l'épreuve	Bac littéraire en crise
4 pts perdus: est-ce juste ?		Bac scientifique : beaucoup de candidats
		Bac technologique : beaucoup de candidats
		Bacs professionnels : 72 bacs différents
		Bac : tradition et point de repère et rite de passage

Writing Essay # 1

You do not have time to write a first and second draft. That's why using the preparation strategies is essential. If you follow them, you will easily be able to make an outline and then proceed to the writing. We suggest you take 5 minutes to prepare an outline, 30 minutes to write your essay, and 5 minutes at the end to review and edit.

Use your notes to make an outline.

Intro : Je suis contre ce genre d'examen.

Premier paragraphe :

- Malgré les changements et l'évolution du bac, il y a encore des problèmes. Le bac L est en crise (source #3—audio) et il y a quelquefois des erreurs aux examens du bac (source #1).
- Le taux de réussite au bac a augmenté régulièrement. Si presque tout le monde réussit, est-ce encore l'examen rigoureux d'autrefois ? (source #2—statistiques)

Deuxième paragraphe :

- Il n'est pas raisonnable de juger toutes les compétences d'une personne à partir d'un seul examen.
- Les critères d'accès aux études supérieures devraient reposer sur toutes les années d'étude secondaire plutôt que sur quelques jours d'examens.
- Beaucoup de bacheliers choisissent le bac S (source #3) pour de bonnes ou mauvaises raisons ?
- Conclusion : Pourquoi l'examen du bac n'est plus valide aujourd'hui.

When you write your essay, use the following strategies.

1. Use a formal tone. Address the reader as *vous* as the essay is meant to be read by an adult and professional audience.
2. Do not hesitate to use the first person as you are expected to state a personal point of view (as in *Je pense que . . .*). However, make sure you support your point of view in a logical and reasonable manner.
3. Be convincing.
4. Quote sources. Use "source 1," "source 2," and "source 3" terminology. You may also state *dans l'article, dans l'interview, d'après le tableau/le graphe.*
5. Stay focused on your point of view even though you may cite differing points of view.
6. Support your arguments with facts and examples.
7. Summarize and then conclude your argument by referring to the thesis statement as well as the main points.
8. The number of paragraphs in your essay is less important than the fact that you organized your ideas into paragraphs. It is recommended that you develop 4–5 paragraphs.

   - One paragraph to introduce the topic and state your point of view
   - Two or three paragraphs to support your argument with facts and examples
   - One paragraph to conclude your essay

9. Read over your essay and improve it as necessary.

   - Check that you used a variety of structures.
   - Check your use of cohesive devices. Add some if necessary to make the essay flow.
   - Check your vocabulary. If you notice that some words have been overly repeated, try to substitute some synonyms. Use pronouns where necessary in order to avoid redundancy.

Exemplary Essay

An essay can be written in many ways. The viewpoint was arbitrarily chosen. The following essay demonstrates organizational skills and implementation of persuasive writing strategies.

D'après M. Legendre (source #3), le baccalauréat est un "monument national" en France, c'est-à-dire qu'il existe depuis des siècles. Bien qu'un monument national doive généralement être préservé pour les générations à venir, je suis personnellement tout à fait opposée à ce genre d'examen. Je pense que le fait que le bac existe depuis longtemps n'est pas un argument valide pour qu'il continue d'exister. Il faudrait d'abord me démontrer qu'il n'y a pas d'autre ou de meilleur moyen de prouver ce qu'on sait et ce qu'on est capable de faire avec ses connaissances.

La première question qu'on doit se poser est essentielle : est-ce qu'on peut effectivement juger de toutes les connaissances d'un étudiant avec un seul examen ? La réponse est clairement négative. Dans la source #1, des bacheliers se plaignent que leurs résultats à l'examen de mathématiques du bac 2011 n'ont pas été évalués justement. A cause d'une erreur dans l'énoncé d'un problème, on a décidé de ne pas noter cette partie de l'examen. Voilà la preuve qu'un seul examen ne suffit absolument pas à juger du niveau d'un bachelier.

Une autre question à se poser est la suivante : A quoi sert le bac ? Le bac général ne permet que l'accès à l'université; il ne prépare pas les étudiants à un métier ou à une profession. Un bac professionnel ou technologique, cependant, semble utile dans notre société actuelle. Le vingt et unième siècle est en effet le siècle de la technologie et de l'informatique. Dans une économie de plus en plus globale, la technologie permet à des entreprises d'employer des personnes aux quatre coins du monde. Il n'est donc pas étonnant que, comme le dit M. Legendre dans la source #3, le bac technologique attire beaucoup de candidats. Mais la grande question qui se pose est la suivante : Est-ce que ces candidats, s'ils sont reçus au bac, pourront trouver du travail ? On ne le sait pas.

Une troisième raison de douter de l'utilité et de la validité du bac est le fait qu'il y a des problèmes avec le baccalauréat actuel comme le dit M. Legendre (source #3). Il constate par exemple que beaucoup de candidats optent pour la voie scientifique à cause de sa réputation élitiste. On peut imaginer que certains de ces candidats ne seront pas reçus puisqu'ils ont choisi la voie scientifique à cause de son prestige et non pas parce qu'ils ont une aptitude et une passion pour les sciences. Cela démontre qu'un examen tel que le bac dont dépend l'avenir de tant de jeunes est loin d'être idéal.

Un autre problème associé au bac est évident dans la source #2. Depuis 1880, lors de la création de cet examen du bac, le taux de succès a augmenté chaque année. Cet examen qui autrefois séparait les étudiants brillants des étudiants médiocres remplit-il encore cette fonction si une grande majorité des candidats réussissent aujourd'hui au bac ? Il faut alors se demander à quoi attribuer cette hausse de réussite ? Est-ce que le bac est devenu plus facile au cours des années ? Est-ce que les étudiants sont devenus plus intelligents ? Est-ce que les étudiants se préparent mieux à passer l'examen ? De toute façon, quelle que soit la réponse à ces questions, je dirais qu'évaluer toutes les aptitudes d'une personne sur quelques jours d'examen me semble impossible. Est-ce que les résultats au bac affirment que le bachelier et la bachelière savent travailler d'une manière collaborative par exemple ? J'en doute.

Le fait qu'il y ait actuellement un débat sur la validité du bac témoigne que cette institution nationale mérite d'être mise en question. Dans une société globale qui évolue aussi rapidement, il faut absolument garder l'esprit ouvert vers l'avenir plutôt que vers les traditions du passé et transformer ce monument national.

PREPARATION FOR ESSAY #2

Thème du cours: La vie contemporaine

Vous avez 6 minutes pour lire le sujet de l'essai, la source numéro 1 et la source numéro 2.

> **Sujet de l'Essai #2**
> La propriété intellectuelle est le sujet de grands débats dans la société contemporaine. Certains disent que les lois qui la protègent sont injustes. D'autres les défendent ardemment. Justifiez votre position en vous inspirant des trois sources.

SOURCE #1

> **INTRODUCTION**
> Cet article de David Cronin a été publié le 2 février 2010 en Belgique pour l'association « Intellectual Property Watch ». Il s'agit de l'accès aux médicaments dans les pays pauvres et des accords de libre échange conclus par l'Union européenne
> *http://www.ip-watch.org/weblog/2010/02/02/acces-aux-medicaments-creation-d%E2%80%99un-groupe-de-travail-charge-de-controler-les-accords-de-libre-echange-conclus-par-l%E2%80%99union-europeenne/*

Strategy: remember to highlight key ideas while reading the print source.

BRUXELLES—Les accords de commerce ne doivent pas contenir de clauses relatives aux droits de propriété intellectuelle susceptibles de remettre en cause l'accès des pays pauvres aux médicaments à des prix abordables, a déclaré un député chevronné du Parlement européen.

David Martin, membre du parti travailliste écossais et député du Parlement européen depuis 1984, a exprimé son inquiétude vis-à-vis de l'accord de libre échange que l'Union européenne négocie actuellement avec l'Inde. Des projets de l'accord rendus publics par la Commission européenne, l'organe exécutif de l'Union européenne, montrent que celui-ci contient des dispositions concernant la propriété intellectuelle d'une portée considérable. Y figure notamment une clause d'exclusivité des données qui permettra aux principales entreprises pharmaceutiques d'empêcher pendant plusieurs années les industries indiennes de médicaments génériques d'utiliser les formules à partir desquelles les nouveaux médicaments sont fabriqués.

L'Inde étant l'un des principaux exportateurs de médicaments génériques à faible coût vers les pays en développement, ces clauses pourraient avoir des répercussions dans d'autres pays, selon David Martin. « Ce n'est pas seulement une mauvaise nouvelle pour l'Inde », a-t-il indiqué. « C'est une mauvaise nouvelle pour tous les pays que l'Inde fournit en médicaments génériques. »

SOURCE #2

INTRODUCTION

Le schéma suivant qui vous résume les deux grandes classifications de propriété intellectuelle se trouve sur le site suivant :
http://www.les-infostrateges.com/article/061038/schema-de-la-propriete-intellectuelle

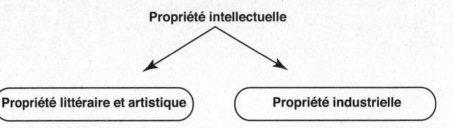

Propriété littéraire et artistique

Droit d'auteur

Droits voisins

Droit des artistes-interprètes

Droit des producteurs de phonogrammes

Droit des producteurs de vidéogrammes

Droit des producteurs de bases de données

Propriété industrielle

Brevets

Marques et signes distinctis

Dessins et modèles

Secrets de fabrique

CD 1
Track
33

SOURCE #3

Vous avez 30 secondes pour lire l'introduction.

INTRODUCTION

Dans ce document audio de YouTube (43 secondes), une jeune femme parle de la protection de la propriété intellectuelle en expliquant la fonction de l'Office du Bénélux de la propriété intellectuelle—idée, concept, création, prototype.
http://www.youtube.com/watch?v=Zk4x3cvh7a0

Sample Note Organizer

Source #1 (Écrite)	Source #2	Source #3 (Audio)
Il y a des clauses de commerce qui protègent les formules des médicaments comme propriété intellectuelle. Ces clauses menacent la possibilité d'offrir des médicaments génériques à bas prix.	Exemples de propriété intellectuelle : les chansons, la musique, les vidéos, les produits industriels.	Sortir des cadres-innover et créer.
Un député du parlement européen est inquiet à propos de l'accord de libre échange avec l'Inde.		Je prends soin de mes idées parce qu'elles peuvent mener à une affaire commerciale.
L'Inde fournit des médicaments génériques.		Je protège mes idées en les enregistrant avec l'Office Benelux.

Writing Essay #2

You do not have time to write a first and second draft. Remember to use the preparation strategies. Make either a chart or an outline based on the notes you recorded in your graphic organizer and then proceed to the writing.

Use your notes to make an outline. Look at this example:

Intro : Je suis convaincu(e) qu'il faut protéger la propriété intellectuelle. Une idée peut mener à une invention artistique ou commerciale de grande importance.

Premier paragraphe : Les idées que nous générons nous appartiennent et peuvent nous permettre de gagner notre vie (source #3). Prenons l'exemple de Bill Gates et de Microsoft (ou bien celui de Steve Jobs et d'Apple).

Deuxième paragraphe : Un commerce ou un pays ne peut pas s'approprier la propriété intellectuelle d'un individu, d'une corporation ou d'un pays (sources #2 et #3) sous prétexte de l'utiliser d'une manière plus « morale ».

Troisième paragraphe : Les médicaments contre le SIDA pourraient sauver toute une race ou toute une culture ethnique. Ces médicaments devraient être à la portée de tous. Voilà le conflit moral.

Conclusion : Develop a logical conclusion to the arguments in the body of the essay.

Exemplary Essay

An essay can be written in many ways. The viewpoint was arbitrarily chosen. The following essay demonstrates organizational skills and implementation of persuasive writing strategies.

La propriété intellectuelle vaut la peine d'être protégée. C'est une graine qui germe dans l'esprit. Elle peut éventuellement mener à une création artistique telle qu'une composition musicale, un tableau ou un chef d'œuvre littéraire. Elle peut aussi mener à une entreprise commerciale qui changera le style ou la qualité de vie de millions de personnes. Tout comme nous avons le droit de posséder des biens matériels (argent, maison, voitures etc.), nous devrions avoir le droit de posséder notre propriété intellectuelle.

Des exemples d'invention qui ont changé le monde actuel sont les produits Microsoft qui ont mis les applications de l'ordinateur à portée de tous, non seulement dans les bureaux, dans les commerces et dans les institutions éducatives, mais aussi dans les foyers de millions d'individus. Ces produits ont rendu le travail de recherche plus efficace ; presque tout le monde a accès à des données d'informations qui rendent la vie plus facile, plus organisée et plus riche. Il y a évidemment aussi la portée sociale de ces applications, les rencontres et les échanges en ligne facilitées par les réseaux sociaux. N'est-il pas juste que Bill Gates, le fondateur de Microsoft, soit récompensé pour une invention qui a eu des conséquences aussi énormes ? Comme nous le dit la jeune femme de la source #3, il faut encourager les individus qui ont des idées uniques à développer ces idées et à les mettre à la portée d'autres personnes.

Le conflit qui se présente est dans la manière dont des idées uniques peuvent se propager. Faut-il protéger le droit de l'individu ou de la corporation de faire ce qu'on veut avec son idée ou de profiter financièrement de cette idée unique qu'on appelle la propriété intellectuelle ? Revenons à l'exemple de Bill Gates. Est-ce que le gouvernement aurait dû disposer de son invention simplement parce qu'elle avait un potentiel aussi énorme? Bien sûr que non. On ne peut pas imaginer cela. Mais peut-on ignorer l'aspect moral de la question, me direz-vous ? En vendant cette invention, ne limitons-nous pas ses effets bénéfiques aux pays développés et n'encourageons-nous pas le fossé numérique dans les pays en voie de développement ? C'est exactement le problème qui cause du souci au député David Martin (source #1) car il prévient que les lois protégeant les formules pharmaceutiques comme propriété intellectuelle vont empêcher les pays pauvres de recevoir des médicaments génériques moins chers. Si l'Inde ne peut pas produire ni vendre des médicaments génériques parce qu'elle n'a pas le droit d'utiliser ou de modifier des formules protégées, les populations des pays pauvres vont souffrir.

Certaines idées mènent à des progrès pour l'humanité qu'on peut difficilement apprécier financièrement, par exemple les médicaments (source #1). Refuser l'accès aux médicaments qui attaquent le SIDA à des populations pauvres est immoral. Dans ce cas, il faudrait que les grandes compagnies pharmaceutiques qui possèdent les droits à ces médicaments trouvent une solution pour donner accès à ces médicaments aux malades. Cela devient une affaire de conscience morale. Tout comme la Fondation Bill Gates fait des œuvres éducatives dans des pays en voie de développement, les grandes compagnies pharmaceutiques devraient en faire de même.

En conclusion, dans des cas où il est question de vie ou de mort, les individus et les compagnies qui détiennent le droit à des idées susceptibles de sauver des vies, se trouvent moralement obligés de contribuer à l'aide à l'humanité. Mais en même temps il est impératif que les lois continuent de protéger la propriété intellectuelle dans les domaines des arts, de la technologie et même de la médecine.

PREPARATION FOR ESSAY #3

Thème du cours: La vie contemporaine

Vous aurez 6 minutes pour lire le sujet de l'essai, la source numéro 1 et la source numéro 2.

> **Sujet de l'Essai #3**
> Faut-il encourager le végétarisme ? Certains disent que c'est absolument nécessaire. D'autres disent qu'il suffit de modérer la consommation de la viande. Justifiez votre position en vous inspirant des trois sources.

SOURCE #1

> ### INTRODUCTION
> Cet article sur le végétarisme publié par Agence science.presse se trouve au site suivant :
> *http://www.sciencepresse.qc.ca/actualite/2008/05/06/vegetariens-ne-sauveront-suite-planete-0.*
> On y discute les chances du végétarisme d'augmenter le nombre de ses adhérents.

Les végétariens ne sauveront pas (tout de suite) la planète
Agence Science-Presse, le 6 mai 2008, 12h00

Le végétarisme est peut-être une des solutions pour sauver la planète. Mais on n'arrivera pas de sitôt à en convaincre ceux qui salivent à l'idée d'un gros morceau de bœuf bien saignant: parce que le rapport à la nourriture est quelque chose de trop émotif pour être modifié par des arguments froidement rationnels.

C'est la seule conclusion sur laquelle tout le monde a semblé s'entendre, au terme d'un Bar des sciences sur le végétarisme présenté au Cégep de Saint-Laurent la semaine dernière. Pour le reste, même les positions mitoyennes ont laissé froids une partie des cégépiens—comme celle voulant que le végétarisme ne soit pas « la » solution, mais « une » des solutions. Ce sont plutôt les positions « pro-viande » qui ont provoqué le plus d'applaudissements, comme lorsqu'un étudiant est venu proclamer au micro qu'il continuerait d'adorer son barbecue et ne voyait pas en quoi la planète s'en porterait plus mal. . . .

Mais si le végétarisme n'est qu'une solution parmi d'autres (il faudra tôt ou tard réduire la circulation automobile, abandonner l'eau embouteillée, etc.), par quoi commencer ? Faut-il se fixer des objectifs chiffrés, comme le FAO (Organisation des Nations Unies pour l'agriculture et l'alimentation), qui propose une réduction de moitié de notre consommation de viande ? Ou bien commencer par revoir notre « modèle agrochimique », c'est-à-dire réduire considérablement l'usage des pesticides, comme le réclame Greenpeace ? . . . Les éleveurs québécois de boeufs ou de poulets peuvent dormir tranquilles : pour l'instant, leur avenir n'est pas menacé. . . .

SOURCE #2

> ### INTRODUCTION
> Le site suivant liste les différentes raisons qui influencent les gens à devenir végétariens.
> *http://www.vegetarisme.fr/vegetarien.php*

Pourquoi ? Comment ?

Végétarien pour la santé
Végétarien pour le Tiers-Monde
Végétarien pour l'environnement
Végétarien pour les animaux

SOURCE #3

Vous avez 30 secondes pour lire l'introduction.

> ### INTRODUCTION
> Pierre Feillet est directeur de recherche émérite à l'Institut national de la recherche agronomique, membre de l'Académie des technologies et de l'Académie d'agriculture de France. Ses travaux portent sur le système « technologie, alimentation et société ». Le podcast suivant s'intitule : Votre assiette en 2013 : cinq scénarios possibles.
> *http://www.canalacademie.com/apprendre/fiche.php?id=23*

Sample Note Organizer

Source #1 (Écrite)	Source #2	Source #3 (Audio)
Il est très difficile de changer ses habitudes alimentaires.	Il y a beaucoup de raisons pour être végétarien.	Attention aux végétariens de manger un régime équilibré.
Certains aiment trop la viande pour pouvoir s'en passer.		Le système alimentaire du citadin est coûteux en énergie.
Il y a beaucoup de malentendus concernant les avantages de manger de la viande/concernant le végétarisme.		Le mouton qui mange de l'herbe ne consomme aucune énergie mais les poules qu'on élève pour les vendre en consomment beaucoup.

WRITING ESSAY #3

Use your notes to make an outline. Look at this example:

Intro : Le végétarisme a des effets bénéfiques pour tous.

Premier paragraphe : Il est vrai que les habitudes alimentaires sont difficiles à changer (source #1).

Deuxième paragraphe :

- Le combat pourrait commencer à l'école primaire avec l'éducation des jeunes enfants.
- Les écoles doivent être les précurseurs de bonnes habitudes alimentaires.

Troisième paragraphe : Il ya beaucoup de raisons pour être végétarien (source #2). Raisons de santé personnelles et autres raisons : l'environnement (source #3) et la protection des animaux

Conclusion : Develop a logical conclusion to the arguments in the body of the essay.

Exemplary Essay

An essay can be written in many ways. The viewpoint was arbitrarily chosen. The following essay demonstrates organizational skills and implementation of persuasive writing strategies.

Le végétarisme a des effets bénéfiques pour tous. Il semblerait donc logique de l'encourager, ne serait-ce que pour améliorer la santé de l'individu et de notre planète (source #2). Mais peut-on faire cela sans devenir fanatiquement opposé à tout ce qui provient de l'animal ?

Il est certain qu'il existe un problème de surpoids et même d'obésité dans le monde actuel. Le végétarisme semble avoir un effet positif dans ce sens-là. Cependant il est vrai que les habitudes alimentaires sont difficiles à changer et que certaines personnes restent très attachées aux habitudes alimentaires qui leur ont été inculquées pendant leur enfance. Dans la source #1, on parle de gens qui adorent leur barbecue et ne sont pas disposés à s'en passer. Il paraît que le goût à quelque chose commence très tôt dans la vie. Sinon, pourquoi les Français ne sont-ils absolument pas dégoûtés à l'idée de manger les escargots alors que beaucoup d'Américains le sont ?

S'il faut changer les habitudes alimentaires qui nuisent à la santé, il faut alors que le combat commence, sinon à la maison, à l'école primaire. Aux États-Unis, l'éducation des jeunes enfants à reconnaître les dangers du tabagisme ont commencé il y a longtemps et ont eu d'excellents résultats. On peut en faire de même pour l'alimentation. On peut servir davantage de légumes et de fruits frais dans les cantines des écoles. Ce sera un bon point de départ. Il est incontestable que nous avons un problème d'obésité qui est d'ailleurs à l'échelle mondiale. Ce problème est au moins en partie la cause de toutes sortes d'autres problèmes tels que le diabète et ses conséquences, le manque de productivité parmi les adultes, le manque d'énergie parmi les enfants etc.

En plus des problèmes qui affectent la santé des gens, le végétarisme est la solution à des problèmes de l'environnement. Dans la source audio, M. Feillet constate « que le système alimentaire du citadin des pays développés est très coûteux en énergie ». Il est certain que notre planète ne pourra pas continuer de nous alimenter de cette façon excessivement chère avec l'accroissement de la population mondiale. Il faut donc trouver des moyens de nous alimenter qui consomment moins d'énergie comme le mouton de M. Feillet qui se nourrit d'herbe.

Puisque, comme on le suggère dans l'article, beaucoup de gens ne sont pas prêts à laisser tomber la viande car ils l'aiment trop, peut-on alors envisager une population mondiale qui réduise sa consommation de viande ? Ce serait en effet *une* solution au problème de l'environnement aussi bien qu'un premier pas dans la direction d'une meilleure santé. En tout cas, il est nécessaire d'éduquer les gens sur le végétarisme et de les sensibiliser à ses effets bénéfiques. Il faut surtout commencer cette éducation dans les établissements scolaires.

PREPARATION FOR ESSAY #4

Thème du cours : Les défis mondiaux

Vous avez 6 minutes pour lire le sujet de l'essai, la source numéro 1 et la source numéro 2.

> **Sujet de l'Essai #4**
> La société multiculturelle est un sujet fort discuté dans la société contemporaine. Certains disent que les sociétés multiculturelles sont désirables. D'autres affirment qu'elles posent trop de problèmes et que les cultures homogènes fonctionnent mieux. Justifiez votre position en vous inspirant des trois sources.

SOURCE #1

> **INTRODUCTION**
> Ce texte est tiré du site du gouvernement canadien sur le multiculturalisme. Le multiculturalisme canadien : une citoyenneté ouverte à tous et à toutes.
> *http://www.cic.gc.ca/francais/multiculturalisme/citoyennete.asp*

Bien avant la Deuxième Guerre mondiale le Canada avait reçu des immigrants d'origines culturelles très diverses. Mais tous n'étaient pas accueillis de la même façon : la population nord-américaine étant surtout de culture et de tradition européennes, les nouveaux venus étaient souvent traités d'« étrangers » parce que leur race, leur couleur, leur religion ou leurs coutumes différaient de celles de la majorité. . . .

Après la guerre, certains Canadiens préconisèrent l'assimilation des immigrants, estimant que ces derniers et leurs enfants posaient un problème culturel. On fit pression sur les immigrés et surtout sur leurs enfants, afin qu'ils s'intègrent dans la culture du Canada anglais. Les gouvernements, les écoles, les églises, les médias et les organismes de bien-être social se rallièrent à ces efforts en faveur de l'assimilation, avec un certain succès. La grande majorité des immigrés et de leurs enfants apprirent l'anglais ou le français. La plupart réussirent à se tailler une place dans le système socio-économique de la communauté. Leurs enfants fréquentèrent l'école publique et malgré le racisme et la discrimination, bon nombre d'entre eux finirent par s'intégrer à la société canadienne tout en conservant des liens familiaux, ethniques, religieux et culturels avec leurs parents et grands-parents.

SOURCE #2

INTRODUCTION

Le graphe suivant montre le recensement du Canada de 1991.
http://www.mta.ca/faculty/arts/canadian_studies/francais/realites/multi/

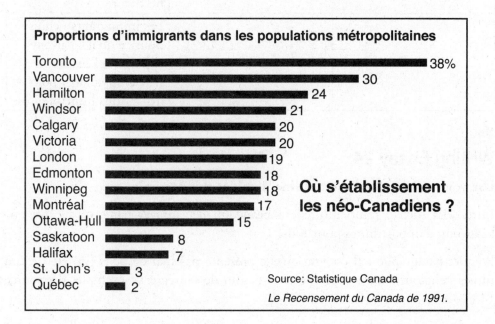

Proportions d'immigrants dans les populations métropolitaines

Ville	%
Toronto	38%
Vancouver	30
Hamilton	24
Windsor	21
Calgary	20
Victoria	20
London	19
Edmonton	18
Winnipeg	18
Montréal	17
Ottawa-Hull	15
Saskatoon	8
Halifax	7
St. John's	3
Québec	2

Où s'établissement les néo-Canadiens ?

Source: Statistique Canada
Le Recensement du Canada de 1991.

SOURCE #3

Vous avez 30 secondes pour lire l'introduction.

CD 1
Track
37

INTRODUCTION

Le passage audio suivant est tiré d'un exposé audio-visuel sur L'immigration au Canada (les 3 premières minutes).
http://www.youtube.com/watch?annotation_id=annotation_455318&src_vid=acRnY_GhLt8&v=sDQG9uLaVD0&feature=iv

The transcript of the audio document found on the following site was modified to include only the text of an MP3 document.
http://www.cic.gc.ca/francais/ministere/media/multimedia/video/immcan/immcan.asp

Sample Note Organizer

Source #1 (Écrite)	Source #2	Source #3 (Audio)
Avant la deuxième guerre, les immigrants qui ne viennent pas d'Europe sont des « étrangers ».	Les néo-canadiens s'établissent dans une variété de régions canadiennes.	Quelles occupations exige l'économie ?
Après la guerre, ils doivent s'intégrer et s'assimiler.		Comment intégrer les nouveaux immigrants ?
Malgré le racisme, les immigrants s'intègrent.		Tenir compte de la croissance de la population et vieillissement de la population-immigration nécessaire.
		Les immigrants : choisis pour ce qu'ils peuvent apporter à l'économie. Ils viennent aussi pour des raisons humanitaires.

Writing Essay #4

Use your notes to make an outline. Look at this example:

Intro : La société multiculturelle a beaucoup d'avantages parce qu'elle présente beaucoup d'opportunités pour tous.

Premier paragraphe : Il est vrai qu'elle présente pas mal de défis (variété de coutumes, religions, langues, perspectives-besoin de s'intégrer)—exemples des sources #1 et #2.

Deuxième paragraphe : Les avantages de la société multiculturelle—exemple Canada—certaines sociétés sont vieillissantes (source #3) alors que d'autres populations doivent quitter leur pays pour des raisons humanitaires ou économiques.

Conclusion: Develop a logical conclusion to the arguments in the body of the essay.

Exemplary Essay

An essay can be written in many ways. The viewpoint was arbitrarily chosen. The following essay demonstrates organizational skills and implementation of persuasive writing strategies.

Dans un monde global tel que celui où nous vivons, les populations immigrent davantage d'un endroit à l'autre selon les flux économiques et sociaux dans leurs pays d'origine. Avec beaucoup d'effort et un peu de bonne volonté, cette situation peut mener les sociétés à s'enrichir les unes les autres pour le bien de tous.

Il est évident que la société multiculturelle présente bien des défis. Le tableau (source #2) montre que la grande majorité des nouveaux immigrés au Canada s'établissent dans les grandes villes anglophones du Canada. On peut estimer qu'il est plus facile d'apprendre l'anglais comme langue étrangère plutôt que les deux langues requises au Québec. On peut aussi constater que l'immigration au Canada n'a pas toujours été sans problème. Ceci est clair dans la source #1. Une population homogène qui a des origines et donc des coutumes, des langues et des religions communes peut paraître plus stable. On penserait que dans une société mono culturelle, les gens se comprendraient et s'entendraient mieux. Pourtant il y a des problèmes sociaux comme les préjugés et les crimes même dans ce genre de société. Dans la source #1, on parle des problèmes d'assimilation des immigrants au Canada qui ne correspondaient pas au profile ethnique nord-américain ou européen. Mais n'y avait-il pas de préjugés contre les habitants autochtones du Canada bien avant les vagues d'immigration d'avant la deuxième guerre mondiale ?

La vraie solution aux problèmes posés par l'immigration est justement dans la propagation des sociétés multiculturelles. Il y a tant de richesses culturelles qu'une société peut apporter à une autre dans les domaines des beaux arts, de la musique, et de la cuisine par exemple. Il y a aussi le fait que la société vieillissante du Canada qui est mentionnée dans la source #3 peut trouver son avantage dans une main d'œuvre immigrée plus jeune. Ajoutons à cela le fait que des immigrés qui ont échappé à des crises humanitaires feront probablement d'excellents citoyens dans un nouveau pays ne serait-ce que par fierté et gratitude d'avoir trouvé un foyer.

Malgré leurs différences qui comprennent souvent une langue différente, la société culturelle est la voie vers l'avenir dans un monde global. Il suffit que les gens veuillent se connaître et se comprendre pour mieux vivre ensemble.

Conversation

The interpersonal speaking portion of the French AP exam gives you the opportunity to participate in a simulated conversation.

STRATEGIES AND TIPS

You will have five opportunities to speak during this conversation, each for 20 seconds, which is a total of 1 minute and 40 seconds of recorded time. Two valuable resources will assist you in completing this task.

1. You will be provided with a helpful introduction to the conversation that gives a synopsis of this exchange.
2. You will see a line by line outline/description of each part of the conversation that tells you both what your partner is saying/asking and what you need to say.

You need to read both the introduction and the outline to prepare yourself for this task. You will be given only 1 minute to read the general instructions for this section of the exam and one additional minute to read the introduction and outline of the conversation. So it is in your best interest to be completely familiar with the general instructions to this part of the exam so you can spend more time concentrating on the conversation.

What Will Actually Happen?

- You will hear and see the general instructions in both English and French. You will be given 1 minute to listen to and read these instructions.
- You will have 1 minute to examine the introduction and outline.
- Your partner will begin the conversation—you will hear a beep that signals you to begin your response and a second beep that signifies that your 20 seconds are over and you must stop speaking.
- You will have the outline of the conversation in front of you.
- You will be speaking into some type of microphone.
- You will be expected to maintain and initiate interaction using appropriate vocabulary and idiomatic French.
- You will have just one last section of the test remaining after you have completed this conversation.

Tips for Success

- Immerse yourself in this simulated conversation by playing the role described.
- Refer to the outline that tells you what each part of the conversation needs to be. Take advantage of this great asset.
- Answer each part of the conversation as thoroughly as possible.
- Don't panic if you are cut off by the second beep at the end of the 20 seconds. You are being evaluated on the quality of your response, not on your ability to speak for exactly 20 seconds.
- Whenever possible, practice on the same equipment/software that you will use on exam day. You may be recording your voice on a cassette recorder, a computer, language lab, or other device.
- Speak clearly and loudly enough to be heard and understood.
- Pay attention to time frames/tenses.
- Always give a response, even if you do not completely comprehend the questions being posed. You have the script outline to give you a generic idea of what your response should be.
- Should you catch yourself making a mistake (for example, *j'ai allé* versus *je suis allé*), correct yourself. The person evaluating your response will appreciate your effort.
- Lastly, and perhaps most importantly, this conversation will be conducted in the **informal register**. That means the person with whom you will be speaking will be someone who could be a friend, family member, or classmate. Using and staying in the informal register is critical. When you are addressing your partner, do not switch back and forth from *tu* to *vous*. Use *tu* consistently when addressing your conversation partner. Do not let yourself be distracted or confused by the fact that the instructions are given to you in the *vous* form.

Do the Following

In any conversation, you must synthesize and interpret the verbal message in order to produce an appropriate verbal response. Form a mental picture of the information conveyed or asked.

- What was the nature of the comment or narrative?
- What information was asked for in the question?
- What type of reaction, reply, or follow-up does the verbal message call for?
- What vocabulary from the original message (if any) can be used (recycled) or modified in order to produce a verbal response?

Answer each question completely. Provide as much information as possible (agree, disagree, ask for more details, react by showing surprise, disappointment, happiness, and so on).

USEFUL VOCABULARY

In order to agree, disagree, show emotion, and ask for clarification, you need to use a specific set of vocabulary. Look at the following lists.

1. To Agree

D'accord.	*OK.*
Je suis d'accord.	*I agree.*
C'est vrai.	*It is true.*
C'est certain.	*It is certain.*
Bien sûr.	*Of course.*
Je veux bien.	*I am ok with that (I am willing/I don't mind).*
Je le crois.	*I believe it.*
Je pense que oui.	*I think so.*
Moi aussi.	*Me too.*
Moi non plus.	*Me neither.*

2. To Disagree

Non, pas du tout.	*Not at all.*
Ah non, je ne suis pas d'accord.	*Oh no, I do not agree.*
Ce n'est pas vrai.	*It is not true.*
Ce n'est pas certain/sûr.	*It is not certain/sure.*
Absolument pas.	*Absolutely not.*
Je ne le crois pas.	*I do not believe it.*
Je ne pense pas.	*I do not think so.*

3. To Show Enthusiasm

Bravo !	*Bravo!*
Sensationnel !	*Sensational!*
Félicitations !	*Congratulations!*
C'est intéressant !	*That's interesting!*
Quelle chance !	*What luck!*
Raconte-moi !	*Tell me!*

4. To Show Empathy

Que c'est triste !	*How sad!*
Quelle horreur !	*How awful!*
Quel malheur !	*What misfortune!*
Quel dommage !	*Too bad!*
C'est dommage !	*Too bad!*
Dommage !	*Too bad!*
Je suis désolé(e).	*I am sorry.*
Je comprends.	*I understand.*

5. To Show Happiness

Je suis content(e).	*I am happy.*
Je suis heureux(-se).	*I am happy.*
Que c'est bien !	*That's cool!*
Que c'est cool !	*That's cool!*
Formidable !	*Fantastic!*
Sensationnel !	*Sensational!*
Super !	*Super!*
Vas-y !	*Go for it!*

6. To Show Surprise

Quoi ?	*What?*
Comment ?	*What?*
Tu plaisantes ! ? Tu blagues ? !	*Are you kidding/joking?*
Ce n'est pas possible !	*That's not possible!*
Jamais de la vie !	*Never! It can't be!*

7. To Confirm

Ah ! Tu veux dire que . . .	*Oh! You mean that . . .*
Tu dis que . . .	*You are saying that . . .*
Si je comprends bien, . . .	*If I understand you well, . . .*
Je pense que tu veux dire que . . .	*I think you are saying . . .*
Mais oui, c'est bien ça.	*Yes, that's it.*
Parfait.	*Perfect.*

EXEMPLARY CONVERSATIONS

NOTE

In the exemplary conversations recorded on CD2, you will be exposed to accents from France, Africa, and Québec.

Thème du cours : La vie contemporaine

INTRODUCTION

Une de vos meilleures amies, Marie Leclair, a été récemment élue vice-présidente du conseil de classe à votre lycée. Elle est en train de chercher d'autres élèves qui voudraient faire partie de ce comité dont le but principal est de lever des fonds pour des causes humanitaires dans votre région. Elle voudrait vous inscrire à ces activités.

Conversation Preview

Marie : Elle parle de son nouveau poste et vous demande si cela vous intéresse de faire partie de son comité.

Vous : Exprimez votre intérêt et indiquez une raison de votre intérêt.

Marie : Elle vous pose des questions sur votre temps libre.

Vous : Répondez à ces questions.

Marie : Elle pose une question au sujet de la nature de votre participation.

Vous : Indiquez votre choix avec une explication.

Marie : Elle vous demande de rendre un service à cette organisation.

Vous : Acceptez ou refusez avec une explication.

Marie : Elle vous invite à une réunion et dit au revoir.

Vous : Acceptez cette invitation et terminez votre conversation avec Marie.

Conversation

Marie : Salut ! Dis, maintenant, que je suis présidente de notre conseil de classe, j'aimerais bien que tu contribues à notre service communautaire qui consiste à nourrir les pauvres du quartier.

1. Vous : _____

Marie : Formidable ! C'est un effort qui exige pas mal d'heures de travail. Quand es-tu libre et combien de temps peux-tu y consacrer chaque semaine ?

2. Vous : _____

Marie : Bien ! Quant au travail, préfères-tu préparer la nourriture à la cantine ici à l'école ou aller en ville pour aider à distribuer les repas ?

3. Vous : _____

Marie : Alors, je me demande si tu as du temps libre après l'école aujourd'hui pour nous aider à créer quelques affiches pour ce projet ?

4. Vous : _____

Marie : Je comprends. Nous aurons une réunion très importante jeudi prochain à 15 heures. Peux-tu y assister ?

5. Vous : _____

SUGGESTED RESPONSES

1. Vous : Félicitations, chère amie ! Tu vas bien nous représenter ! Oui, je m'intéresse beaucoup à cet effort car, comme tu sais, aider ceux qui sont sans ressources est quelque chose qui me tient à coeur. J'ai toujours pensé qu'il faut faire tout ce qu'on peut pour les autres.

This response satisfies the demand to indicate your interest and state why you are interested. It also includes a congratulations on your friend's election.

2. Vous : Généralement, je suis libre juste après l'école pour quelques heures sauf quand il y a un examen le lendemain. De plus, le vendredi, j'ai l'habitude de passer quelques heures chez ma grand-mère pour l'aider avec le ménage. J'ai un peu de temps samedi matin aussi.

You clearly state your availability with some details.

3. Vous : Je pense que je voudrais travailler à la cantine parce que, depuis mon enfance, j'ai toujours aimé faire la cuisine. Tu le sais bien ! Combien de repas incroyables est-ce que je t'ai préparés ? Je connais énormément de bonnes recettes de toutes sortes. Donc je peux être le plus utile à la cuisine.

You state your preference with supporting information.

4. Vous : Je serais ravi(e) de t'aider après l'école aujourd'hui. Même si je ne suis pas un(e) grand(e) artiste, je ferai de mon mieux pour aider à créer des affiches. Tu te souviens de nos jours à l'école primaire où je ne réussissais jamais à faire de dessins que les gens comprenaient.

You accept this invitation and maintain the exchange by adding details to substantiate your response.

5. Vous : Eh bien, Marie, j'y serai ! Je me réjouis de faire la connaissance des autres membres de ce groupe. J'espère faire une bonne impression et contribuer activement. Bon, à tout à l'heure !

You agree to attend the meeting, supply additional information, and bid your friend farewell.

Instructions

Take 2 minutes to read the introduction and the preview of the conversation. Once the conversation is initiated by the speaker on the CD, give a reply to the recorded voice as fully as possible using as much of the 20 seconds provided as possible, and following the instructions from the preview.

Passez 2 minutes à lire l'introduction et le plan de la conversation. Une fois que la conversation est commencée par l'interlocuteur du CD, répondez aussi complètement que possible en utilisant autant que possible les 20 secondes qu'on vous donne et en suivant les instructions du plan.

Sélection 1

Thème du cours : Famille et Communauté / Vie contemporaine : Visite en famille

---

INTRODUCTION

Vous téléphonez à votre copain Mark et vous lui demandez de venir dîner chez vous demain soir et de rencontrer votre correspondant canadien Jean-Luc.

Conversation Preview

Mark :   Il dit qu'il aimerait bien accepter l'invitation mais il a quelque chose qu'il doit faire l'après-midi.

Vous :   Dites-lui à quelle heure vous comptez sur lui et insistez.

Mark :   Il vous pose deux questions sur le correspondant.

Vous :   Donnez quelques détails sur Jean-Luc pour rendre Mark curieux et le motiver à venir.

Mark :   Il se montre effectivement intéressé et vous laisse entendre qu'il va venir.

Vous :   Vous exprimez votre satisfaction et vous lui dites pourquoi vous voulez tellement qu'il vienne.

Mark :   Il vous demande si Jean-Luc préfère parler anglais ou français.

Vous :   Dites qu'il parle très bien les deux langues et expliquez pourquoi.

Mark :   Il dit qu'il est curieux de le rencontrer, qu'il a certaines questions à lui poser.

Vous :   Vous exprimez votre opinion sur ce que Mark vient de dire et vous dites au revoir.

Conversation

The following script shows a model conversation.
Exemple de coversation : script et réponse.

Mark :   Tu sais, j'aimerais bien venir dîner chez toi demain soir. D'autant plus que ta mère fait une cuisine exquise. Mais demain après-midi, j'ai un match de foot avec les copains à 15 heures.

Vous :   Écoute, Mark, du moment que tu arrives avant 18 heures, ça va. Je compte vraiment sur toi. J'ai beaucoup parlé de toi à Jean-Luc et vous avez un tas de choses en commun.

Mark :   Bon, d'abord, dis-moi, est-ce qu'il a notre âge et est-ce qu'il aime les sports ?

Vous :   Oui, il a notre âge, à peu près. Il habite Ottawa et il fait du hockey depuis l'âge de quatre ans. Il a gagné pas mal de championnats. De plus, il fait partie d'un club très spécial. Mais tu n'as qu'à venir et tu verras.

Mark :   D'accord, tu as réussi à me rendre curieux. Bon, c'est entendu. J'essaierai d'être là un peu avant 18 heures. Ça va comme ça ?

Vous :   Oui, tu vas voir, tu ne le regretteras pas. Ça va être super cool; entre nous trois, on va faire des projets pour le weekend prochain.

Mark :   Dis-moi, il préfère parler anglais ou français ? Je parie que tu veux que je vienne parce que tu sais que je parle bien anglais.

Vous :   Ne t'en fais pas ! Il parle les deux langues puisqu'il est dans un lycée bilingue. Et puis, tu sais bien, au Canada, il vaut mieux apprendre le français. C'est la langue officielle du Québec !

Mark :   Bon, écoute, j'ai hâte de le rencontrer. Je veux lui parler de hockey bien sûr. Mais je veux savoir aussi comment fonctionnent les universités canadiennes. Il pourra peut-être me renseigner.

Vous :   Il sera ravi de parler de son sport favori. Et puis, les universités, il doit savoir pas mal de choses là-dessus. Tu vois, je savais que c'était une bonne idée. Bon, à demain, Mark et bonne chance à ton match demain !

Sélection 2

Follow instructions on page 153.

Thème du cours : Famille et Communauté / Vie contemporaine : Les sorties

> ### INTRODUCTION
> Vous parlez à votre copain Pascal qui vous invite à venir dîner chez lui demain soir.

Conversation Preview

Pascal : Il vous salue et vous dit que ses parents lui permettent d'inviter quelques amis à fêter son anniversaire chez lui.

Vous : Dites que vous aimeriez bien mais que vous devez d'abord savoir la date et l'heure exactes.

Pascal : Il dit quand et à quelle heure ce sera.

Vous : Dites que vous devez parler à vos parents et expliquez pourquoi.

Pascal : Il parle de qui sera là en plus de sa famille.

Vous : Exprimez votre surprise !

Pascal : Il explique comment il envisage sa soirée et demande si ça vous plaît.

Vous : Donnez votre opinion et ajoutez quelques idées originales.

Pascal : Il dit qu'il aime beaucoup vos idées et qu'il va y réfléchir. Il ajoute que vous recevrez une invitation par e-mail.

Vous : Vous lui rappelez que vous adorez aider à organiser des fêtes et vous lui dites au revoir.

First come up with your own replies (within 20 seconds), and then look at some possible replies in Appendix C. You can also listen to an exemplary conversation on CD 2 track 18.

Conversation

CD 2 Track 3

Sélection 3

Follow instructions on page 153.

Thème du cours : Famille et Communauté / Vie contemporaine : Rencontres

> ### INTRODUCTION
>
> C'est une conversation avec Chloé, une fille de votre âge avec qui vous avez correspondu et que vous rencontrez pour la première fois dans une famille d'accueil belge.

Conversation Preview

Chloé : Elle vous salue et vous accueille chaleureusement.

Vous : Dites que vous aussi êtes content(e) de la rencontrer en personne.

Chloé : Elle vous demande en quelle langue vous préférez commencer la conversation.

Vous : Donnez votre préférence et expliquez pourquoi.

Chloé : Elle dit qu'elle comprend et demande si vous avez besoin de vous reposer.

Vous : Dites que vous avez hâte de sortir et dites pourquoi !

Chloé : Elle vous propose de sortir avec elle et de faire un tour du quartier.

Vous : Consentez et dites que vous allez vite vous laver et vous changer.

Chloé : Elle dit qu'elle vous attendra avec des vélos devant la maison.

Vous : Vous lui faites un compliment et dites que vous serez de retour tout de suite.

First come up with your own replies (within 20 seconds), and then look at some possible replies in Appendix C. You can also listen to an exemplary conversation on CD 2 track 19.

Conversation

Sélection 4

Follow instructions on page 153.

Thème du cours : Famille et Communauté / Vie contemporaine : Ecole et amitié

> **INTRODUCTION**
>
> C'est une conversation avec Jonathan, un camarade de classe qui a souvent besoin de votre aide quand il fait ses devoirs.

Conversation Preview

Jonathan :   Il est tout paniqué car il n'a pas encore commencé un essai qu'il doit rendre le lendemain.

Vous :   Dites-lui de se calmer et demandez-lui s'il a fait des recherches.

Jonathan :   Il répond qu'il n'a absolument rien fait.

Vous :   Offrez-lui de l'aider à organiser ses ressources quand il les aura.

Jonathan :   Il parle de combien de temps il va passer à ce projet ce soir.

Vous :   Vous l'encouragez à se mettre au travail et vous lui montrez qu'il est possible de finir ce soir.

Jonathan :   Il parle du stress que cela lui cause de travailler comme cela en dernière minute.

Vous :   Vous parlez de différentes approches au travail.

Jonathan :   Il décide qu'il va changer d'approche et essayer de faire comme vous.

Vous :   Vous lui rappelez qu'il a du travail à faire tout de suite et vous l'encouragez encore une fois à vous rappeler une fois qu'il aura fini ses recherches.

First come up with your own replies (within 20 seconds), and then look at some possible replies in Appendix C. You can also listen to an exemplary conversation on CD 2 track 20.

Conversation

Sélection 5

Follow instructions on page 153.

Thème du cours : Famille et Communauté / Vie contemporaine : Projets d'avenir

---

INTRODUCTION

C'est une conversation avec Valérie, une ancienne copine qui habite maintenant au Canada.

Conversation Preview

Valérie :	Elle vous salue et se présente.
Vous :	Vous vous rendez compte qui elle est et vous exprimez votre surprise.
Valérie :	Elle s'excuse de ne pas avoir donné de ses nouvelles avant et explique pourquoi.
Vous :	Donnez-lui des nouvelles de vous et de votre famille et posez-lui des questions sur la sienne.
Valérie :	Elle répond brièvement à votre question et dit qu'elle compte venir faire ses études d'université aux Etats-Unis et si possible près de chez vous.
Vous :	Dites-lui que si vous êtes admis(es) à la même université, vous pourriez vous aider comme autrefois.
Valérie :	Elle pense que ce serait une bonne idée.
Vous :	Dites-lui qu'il y a un très bon cours de cinématographie française à cette université. Posez-lui une question.
Valérie :	Elle répond et elle donne quelques détails.
Vous :	Vous exprimez encore votre bonheur et votre enthousiasme pour les projets que vous êtes en train de faire.

First come up with your own replies (within 20 seconds), and then look at some possible replies in Appendix C. You can also listen to an exemplary conversation on CD 2 track 21.

Conversation

CD 2
Track
6

Sélection 6

Follow instructions on page 153.

Thème du cours : Famille et Communauté / Vie contemporaine : Les voyages

> **INTRODUCTION**
>
> C'est une conversation au téléphone avec Didier, un correspondant belge qui compte venir vous rendre visite bientôt.

Conversation Preview

Didier :	Il vous salue et se présente. Ensuite il vous explique pourquoi il téléphone.
Vous :	Vous le saluez aussi et vous confirmez les détails de son arrivée à l'aéroport et vous expliquez que vous allez venir chercher Didier à l'aéroport.
Didier :	Il est d'abord soulagé. Puis il exprime une inquiétude.
Vous :	Vous comprenez son inquiétude mais vous le rassurez.
Didier :	Il a un autre souci.
Vous :	Vous vous moquez gentiment de lui et lui rappelez que les voitures américaines sont souvent assez grandes.
Didier :	Il explique pourquoi il a tellement de bagages.
Vous :	Vous lui faites un compliment sur sa mère et vous affirmez que votre famille sera également généreuse envers lui.
Didier :	Il prend une attitude modeste et dit au revoir.
Vous :	Vous lui souhaitez bon voyage et lui donnez quelques conseils pour son vol.

First come up with your own replies (within 20 seconds), and then look at some possible replies in Appendix C. You can also listen to an exemplary conversation on CD 2 track 22.

Conversation

Sélection 7

Follow instructions on page 153.

Thème du cours : Famille et Communauté /
Vie contemporaine : L'école et les professeurs

> ### INTRODUCTION
> C'est une conversation avec Jodie, une très bonne copine du lycée. Elle se plaint de monsieur Pouce, votre professeur de mathématiques.

Conversation Preview

Jodie :   Elle vous salue brièvement et vous demande comment vous avez réussi à la dernière épreuve de maths. Elle se plaint de ne pas avoir bien réussi.

Vous :   Vous dites que vous avez réussi mais pas avec les résultats habituels. Vous constatez aussi le degré de difficulté de cette épreuve.

Jodie :   Elle suggère que c'est la faute du professeur que vos notes ne soient pas brillantes.

Vous :   Vous êtes raisonnable et vous faites quelques suggestions.

Jodie :   Elle se défend contre vos allusions.

Vous :   Vous continuez de raisonner avec elle et vous faites des compliments à M. Pouce ainsi qu'à Jodie.

Jodie :   Elle continue d'exprimer sa frustration.

Vous :   Vous lui demandez si elle a fait attention à la correction de l'épreuve et si le procédé de la correction a servi à quelque chose.

Jodie :   Elle admet que la correction a été utile mais se plaint encore de sa note.

Vous :   Vous l'encouragez à avoir une attitude positive.

First come up with your own replies (within 20 seconds), and then look at some possible replies in Appendix C. You can also listen to an exemplary conversation on CD 2 track 23.

Conversation

Sélection 8

Follow instructions on page 153.

Thème du cours : Famille et Communauté / Vie contemporaine : Les fêtes avec les copains

> ### INTRODUCTION
> C'est une conversation au téléphone avec Stéphane, votre meilleur ami et un camarade de classe sur qui vous pouvez toujours compter.

Conversation Preview

Stéphane :	Il vous salue, vous dit qu'il a bien reçu votre texto et vous demande ce qui se passe ?
Vous :	Vous lui dites que vous avez failli oublier votre promesse d'organiser la fête d'anniversaire de votre copain Marc.
Stéphane :	Il demande quelle est la date de son anniversaire.
Vous :	Vous répondez que c'est vendredi prochain. Vous insistez que vous devez tenir parole.
Stéphane :	Il a une idée et vous l'explique.
Vous :	Vous le félicitez de sa bonne idée mais vous lui dites que la date pourrait poser un problème pour les copains.
Stéphane :	Il propose de vous aider à appeler tous les copains.
Vous :	Vous proposez de faires les préparatifs nécessaires à la patinoire.
Stéphane :	Il prend rendez-vous au téléphone avec vous demain et vous rappelle quelques autres préparatifs à faire.
Vous :	Vous promettez de mettre le point final aux détails. Vous remerciez vivement Stéphane.

First come up with your own replies (within 20 seconds), and then look at some possible replies in Appendix C. You can also listen to an exemplary conversation on CD 2 track 24.

Conversation

Sélection 9

Follow instructions on page 153.

Thème du cours : Famille et Communauté / Vie contemporaine : Les programmes d'échange

> **INTRODUCTION**
>
> C'est une conversation avec Jacques, un Canadien qui passe une année dans votre lycée américain.

Conversation Preview

Jacques :	Il vous salue et vous demande si vous faites partie d'une équipe de sports pour le lycée.
Vous :	Vous dites que oui et vous précisez quel sport et pourquoi vous aimez ce sport.
Jacques :	Il dit qu'au Canada il faisait partie d'une équipe de sport.
Vous :	Vous lui expliquez ce que vous avez fait pendant l'été avec votre équipe et vous parlez de l'année à venir.
Jacques :	Il vous parle de son sport avec beaucoup d'enthousiasme.
Vous :	Vous lui dites que tous les sports d'équipe sont excellents pour beaucoup de raisons.
Jacques :	Il est d'accord avec vous et exprime l'espoir que son sport sera un atout plus tard.
Vous :	Vous lui demandez s'il jouait quelquefois pendant les jours d'école et s'il manquait des cours.
Jacques :	Il répond en parlant de ses profs.
Vous :	Vous parlez de l'attitude de vos propres profs envers les élèves qui font du sport.

First come up with your own replies (within 20 seconds), and then look at some possible replies in Appendix C. You can also listen to an exemplary conversation on CD 2 track 25.

Conversation

Sélection 10

Follow instructions on page 153.

Thème du cours : Famille et Communauté / Vie contemporaine : Le journal de l'école

> ### INTRODUCTION
>
> C'est une conversation avec Robert, un camarade de classe et un ami qui est récemment devenu rédacteur du journal de votre lycée. Il essaie de vous convaincre de vous joindre à son équipe de journalistes.

Conversation Preview

Robert :	Il vous parle de son nouveau poste et du travail nécessaire pour publier un journal.
Vous :	Vous exprimez votre intérêt; demandez-lui une question au sujet du nombre et du contenu des articles désirés.
Robert :	Il vous demande vos préférences au sujet des articles à écrire.
Vous :	Parlez de vos préférences.
Robert :	Il voudrait aussi connaître vos intérêts en dehors de l'école.
Vous :	Parlez de vos intérêts et élaborez.
Robert :	Il discute le temps qu'il faut consacrer à cette activité et il vous pose une question au sujet de votre temps libre pour ce projet.
Vous :	Parlez de votre emploi de temps.
Robert :	Il exprime son appréciation pour les renseignements que vous avez donnés et il dit qu'il va vous contacter avec plus de détails.
Vous :	Saluez votre ami et dites que vous aimeriez bien lui parler davantage.

First come up with your own replies (within 20 seconds), and then look at some possible replies in Appendix C. You can also listen to an exemplary conversation on CD 2 track 26.

Conversation

Sélection 11

Follow instructions on page 153.

Thème du cours : Famille et Communauté / Vie contemporaine : Projets de vacances

> ### INTRODUCTION
> C'est une conversation avec votre cousin Roger, qui a votre âge, et il propose un voyage au Québec pendant les vacances d'été.

Conversation Preview

Roger : Il propose le voyage et il vous y invite.

Vous : Acceptez et demandez s'il a pensé aux destinations.

Roger : Il donne ses idées et il vous demande de faire un choix.

Vous : Donnez votre préférence et expliquez pourquoi.

Roger : Il désire votre opinion quant à la durée et au moyen de transport que vous allez utiliser et pourquoi.

Vous : Vous répondez à ses questions.

Roger : Il propose des logements possibles et demande votre réaction.

Vous : Proposez des endroits où vous devriez rester.

Roger : Il vous félicite d'avoir commencé à faire des projets et il dit que vous vous reparlerez.

Vous : Exprimez votre satisfaction concernant ces projets et dites-lui que vous parlerez bientôt à votre cousin.

First come up with your own replies (within 20 seconds), and then look at some possible replies in Appendix C. You can also listen to an exemplary conversation on CD 2 track 27.

Conversation

CD 2
Track
12

Sélection 12

Follow instructions on page 153.

Thème du cours : Défis mondiaux / Vie contemporaine : Voyage au Sénégal

> **INTRODUCTION**
>
> C'est une conversation au téléphone avec Jean-Louis, un copain français qui revient d'un voyage au Sénégal.

Conversation Preview

Jean-Louis :	Il dit qu'il revient de voyage.
Vous :	Vous lui posez des questions et lui demandez des détails sur son voyage.
Jean-Louis :	Il parle de la famille où il était hébergé et d'une excursion.
Vous :	Vous pensez avoir entendu parler de cet endroit. Vous demandez des précisions.
Jean-Louis :	Il confirme que vous en aviez discuté et il vous explique l'importance historique du lieu.
Vous :	Vous demandez à Jean-Louis de parler de ses sentiments et de ses réactions lors de son excursion.
Jean-Louis :	Il utilise une analogie pour expliquer ses sentiments.
Vous :	Vous lui dites que ca vous intéresserait aussi d'aller visiter le Sénégal et vous citez des raisons.
Jean-Louis :	Il confirme ce qui rend le Sénégal intéressant et vous conseille de vous inscrire à son organisation.
Vous :	Vous lui dévoilez votre propre projet. Vous insistez qu'un jour vous réaliserez ce projet.

First come up with your own replies (within 20 seconds), and then look at some possible replies in Appendix C. You can also listen to an exemplary conversation on CD 2 track 28.

Conversation

Sélection 13

Follow instructions on page 153.

Thème du cours : Famille et Communauté /
Vie contemporaine : Les réunions

> ### INTRODUCTION
>
> C'est une conversation avec Grégoire Dufer, un ancien camarade de classe du programme d'échange auquel vous avez participé l'année passée à Genève. Il voudrait savoir si vous avez envie d'assister à une "journée des anciens" où les élèves de ce programme se réunissent.

Conversation Preview

Grégoire :	Il veut savoir si vous vous intéressez à une réunion de participants au programme d'échange de Genève.
Vous :	Acceptez son invitation et exprimez vos sentiments à cet égard.
Grégoire :	Il propose que vous alliez ensemble à cette réunion mais avoue qu'il ne peut pas conduire.
Vous :	Indiquez comment vous voulez y aller et demande vos idées concernant le logement.
Grégoire :	Il vous demande de raconter une anecdote du programme.
Vous :	Mentionnez quelle anecdote vous vient à l'esprit et pourquoi.
Grégoire :	Il décrit une anecdote dont il se souvient bien.
Vous :	Réagissez et élaborez.
Grégoire :	Il exprime ses émotions au sujet de la réunion et dit au revoir.
Vous :	Exprimez votre anticipation et saluez votre ami.

First come up with your own replies (within 20 seconds), and then look at some possible replies in Appendix C. You can also listen to an exemplary conversation on CD 2 track 29.

Conversation

CD 2
Track
14

Sélection 14

Follow instructions on page 153.

Thème du cours : Quête de soi / Vie contemporaine : Le moral

INTRODUCTION

C'est une conversation avec Fatima, une lycéenne parisienne. Elle dit que le moral est bas parmi les lycéens à son école.

Conversation Preview

Fatima :	Elle vous salue brièvement et vous confie qu'elle est plutôt déprimée.
Vous :	Vous sympathisez.
Fatima :	Elle continue de parler de ses inquiétudes.
Vous :	Vous lui donnez quelques idées d'activités qui la feraient sortir de chez elle.
Fatima :	Elle n'apprécie pas trop vos idées.
Vous :	Vous lui donnez une autre idée mais de façon un peu moquante ou taquinante.
Fatima :	Elle dit qu'elle n'a pas d'argent et demande ce que vous faites pour en gagner.
Vous :	Vous donnez des exemples.
Fatima :	Elle admet qu'elle ne fait aucune des choses que vous faites.
Vous :	Vous vous moquez encore un peu d'elle mais plutôt gentiment.

First come up with your own replies (within 20 seconds), and then look at some possible replies in Appendix C. You can also listen to an exemplary conversation on CD 2 track 30.

Conversation

Sélection 15

Follow instructions on page 153.

Thème du cours : Vie contemporaine / Science et Technologie : La technologie des jeunes

---

INTRODUCTION

C'est une conversation avec votre voisine Monique, qui est aussi une camarade de classe au lycée. Elle a remarqué que vous voulez vendre votre lecteur MP3 et elle a des questions pour vous.

Conversation Preview

Monique :   Elle vous demande si vous l'avez déjà vendu et pourquoi vous vouliez le vendre.

Vous :   Répondez à ses questions en disant qu'il est toujours à vendre et pourquoi.

Monique :   Elle vous demande la condition et l'âge du lecteur.

Vous :   Donnez les renseignements désirés.

Monique :   Elle voudrait savoir quels sont la capacité et le contenu du lecteur.

Vous :   Répondez aux questions qu'elle vous pose.

Monique :   Elle voudrait discuter le prix du lecteur.

Vous :   Indiquez-lui votre préférence de prix.

Monique :   Elle dit qu'elle voudrait réfléchir au sujet de cet achat et qu'elle vous en parlera.

Vous :   Remerciez-la pour son intérêt et dites-lui que vous en rediscuterez bientôt.

First come up with your own replies (within 20 seconds), and then look at some possible replies in Appendix C. You can also listen to an exemplary conversation on CD 2 track 31.

Conversation

Sélection 16

Follow instructions on page 153.

Thème du cours : Vie contemporaine / Esthétique : Les compétitions

> ### INTRODUCTION
> C'est une conversation avec votre amie Marie qui a envie de vous inscrire dans une compétition locale de cuisine internationale.

Conversation Preview

Marie :   Elle vous annonce cette nouvelle compétition et vous encourage à y participer.

Vous :   Indiquez que vous vous intéressez à la compétition et à la cuisine elle-même.

Marie :   Elle vous demande quels plats vous comptez préparer.

Vous :   Répondez à cette question en donnant suffisamment de détails.

Marie :   Elle vous demande comment vous allez vous préparer pour la compétition.

Vous :   Répondez à la question et élaborez.

Marie :   Elle vous demande ce que vous feriez avec l'argent si vous gagniez.

Vous :   Décrivez vos projets et vos idées au cas où vous gagneriez le grand prix.

Marie :   Elle continue à vous encourager et dit qu'elle aimerait rediscuter vos projets et vos préparatifs plus tard.

Vous :   Dites au revoir et communiquez votre enthousiasme pour cette compétition.

First come up with your own replies (within 20 seconds), and then look at some possible replies in Appendix C. You can also listen to an exemplary conversation on CD 2 track 32.

Conversation

Cultural Comparisons

The presentational speaking portion of the AP French Language and Culture examination consists of an oral presentation on a specific topic to your class. For this task, you will have 4 minutes to read the question, organize your thoughts, and prepare your presentation. Then you will have 2 minutes to record your presentation. The presentational speaking task will test your ability to speak about a specific topic. You need to show what you know about French and francophone cultures.

As for any presentation, you must illustrate your points by using precise examples. The prompts are generically designed so that they are subject to interpretation in order for you to pull examples from personal experience or from a variety of sources, including literature, current events, media, movies, and so on.

Remember to use the appropriate forms of address (*vous* forms). Also use effective stylistic devices as you are speaking to your class.

As the task requires you to make a comparison, be sure to include the following in your presentation:

- Your own community (as narrow as your family or as wide as your country)
- A francophone culture you know well and include examples and detailed support
- Differences and similarities between your community as you have defined it and the francophone culture you have chosen to discuss

STRATEGIES AND TIPS

During your 4 minutes of preparation, you should jot down some ideas that will assist you when it is time to speak. Do not attempt to write a script. Instead, prepare a short outline or a list of key terms that will serve as reminders as you speak. Using a small graphic organizer is another strategy that we will demonstrate later in this section.

When it is time to speak, your first task is to describe and explain the cultural point of the prompt as it applies to you and your region or country. Use your own personal experiences as reference points. When you have spoken about your area, then it is time to make comparisons to the francophone world. You will want to use appropriate comparison expressions. (See the list of terms that follows.)

Your second task is to make a comparison between what occurs where you live and similar events in the French-speaking world. You may refer to what you have studied in class, what you have read, what you have viewed in documentaries and movies, and/or in cases where this applies, what you have personally experienced.

Remember the Following Strategies and Tips

PLANNING PHASE

There is **no source material** for this task—**only a prompt**.

- Read the prompt carefully. Underline key words.
- Do not confuse the *general directions* for this task (comparing cultures) with the specific *prompt for this task* (focusing on a precise aspect of culture such as people's attitude toward cultural diversity).
- Relate the topic to your own experience and knowledge of cultures.
- Take notes to organize your oral presentation during the four minutes before you record your voice. Use a graphic organizer such as a Venn diagram to identify similarities and differences.
- You do not need numerous examples. One well-developed example on each side might be sufficient as long as you elaborate and show insight into the reasons for the differences.
- Write a *thesis statement* that clearly demonstrates an understanding of the topic and task and that will introduce your presentation.
- Your first goal in speaking French is to make yourself clearly understood. A more varied and precise vocabulary (including idiomatic expressions and transitional words) and a more varied use of grammatical structures will enhance your performance and your score.
- Map out your oral presentation using key words and phrases to provide *significant and specific examples* (products, perspectives, practices) in your own culture as well as in a francophone culture to support the thesis statement.
- Do a significant number of practice items to be comfortable using the 2-minute time allotment fully and efficiently.
- If you answer the prompt fully, it is likely that you will be stopped midsentence by the beep that signals the end of the 2-minute session. The beep does not mean that your score is penalized.

PRESENTATIONAL PHASE

You have two minutes to make an oral presentation on a specific topic related to one of the six course themes.

- You are making this presentation to your class; in addressing your audience, use the plural *vous* and the formal register required in an academic setting (no slang).
- Use your *thesis statement* to introduce the topic and give *a concise outline* of your presentation.
- Present your ideas in an organized manner, using your outline.
- *Describe and narrate* precise observations and experiences you have had in your own community (*family, school, neighborhood, town, region, state, or country*) within the context of the task (which requires you to focus on a *specific aspect* of culture).
- Try to accurately reference materials you have studied as well as personal observations and life experiences that are relevant to the topic and to the French-speaking world.
- Compare and contrast products, perspectives, and practices in your own community and the francophone region of your choice, avoiding generalizations and stereotypes as much as possible.

USEFUL VOCABULARY

Memorize some of the expressions below. Use them to introduce, connect ideas, make smooth transitions, and conclude your presentation.

To Start Your Conversation

Tout d'abord	*First of all*
En premier lieu	*First of all*
Pour commencer	*To start off with*
Premièrement	*Firstly*

To State Your Opinion/Point of View

À mon avis	*In my opinion*
Selon moi	*In my opinion*
Pour ma part	*As far as I'm concerned*
En ce qui me concerne	*As far as I'm concerned*
A mon sens	*As I see it*
Il me semble que	*It seems to me that (+ indicative mood)*
J'estime que	*I consider that*
Je soutiens que	*I maintain that*

To Add/Connect Ideas

Ensuite	*Next*
De plus	*In addition*
En outre	*Furthermore*
En deuxième lieu	*Secondly*

To Show a Difference in Opinion or a Contrast

Mais	*But*
En fait	*In fact*
Cependant	*However*
Toutefois	*However*
Au contraire	*On the contrary*
Par contre	*By contrast*
Néanmoins	*Nevertheless*
Quand même	*Nevertheless*
Pourtant	*Yet*

To Conclude

En dernier lieu	*Lastly*
Enfin	*Finally*
Pour terminer	*To finish up with*
Pour finir	*To finish up with*
Tout bien réfléchi	*All in all*
Tout bien considéré	*All in all*
Tout compte fait	*When all is said and done*
Toute réflexion faite	*When all is said and done*

En somme	*In short, all in all*
En fin de compte	*When all is said and done, at the end of the day*
En conclusion	*To conclude/in conclusion*
Pour conclure	*To conclude/in conclusion*

INSTRUCTIONS AND EXAMPLES

Below are the types of instructions you may receive on the exam.

You will make an oral presentation to your class on a specific topic. Take 4 minutes to read the prompt and prepare your oral presentation. Then take 2 minutes to record it. In your presentation, compare your own area of the French-speaking world with which you are familiar. Present your ideas in a clear and organized manner.	Vous allez faire un exposé oral à votre classe sur un sujet précis. Passez 4 minutes à lire le sujet et préparer votre exposé oral. Passez alors 2 minutes à l'enregistrer. Dans votre exposé, comparez votre propre communauté à une région du monde francophone que vous connaissez. Présentez vos idées d'une manière claire et organisée.

Prompt #1

Thème de cours : Esthétique

Quelle est l'attitude des gens que vous connaissez bien chez vous concernant l'importance de la nourriture et des repas ? Comparez-la avec ce qui se passe dans un endroit du monde francophone.

This question asks you to compare the role played by food and meals in the area where you live as compared with an area in the French-speaking world. Below is a simple graphic organizer that will help you organize your speech. It will also provide you with notes you should refer to during those 2 minutes.

Chez Nous	En France	Au Canada
Un petit déjeuner rapide	Seulement du pain-beurre-confiture et du jus ou du café	Des plats copieux
Un déjeuner qui dure moins d'une heure		Une cuisine nord-américaine
Un dîner qui a lieu assez tôt	Un déjeuner qui peut durer deux heures et qui est souvent en famille	La bière accompagne souvent les repas
Une cuisine influencée par les immigrés du 20ième siècle	Un dîner assez tard le soir	
Une grande quantité de fast food ou de restauration rapide	Une cuisine variée accompagnée de fromages et de vins	
	La cuisine est considérée comme un art	

PRESENTATION #1 (TRANSCRIPT)

This is the text of a 2-minute verbal presentation that responds to the example question.

Chez moi, dans ma famille et chez mes amis, la nourriture joue un rôle important surtout lors des fêtes. Mais, à mon avis, elle joue un rôle plus essentiel dans le monde francophone, surtout en France. Ici aux États-Unis, il semble que le travail et l'école gouvernent la façon dont nous vivons et mangeons. Chaque jour il y a tant de choses à faire : il y a mes études, mes activités et le travail de mes parents. Généralement, à cause des différences entre nos horaires et nos emplois du temps, nous ne prenons pas le petit déjeuner ensemble. D'habitude chacun de nous mange ses céréales pendant la semaine et peut-être des gaufres ou des œufs le week-end avec la famille. Quant au déjeuner, on n'a que vingt-cinq minutes à l'école pour manger et malheureusement, ce n'est pas le meilleur des repas : un sandwich ou une part de pizza. Ce n'est pas beaucoup mieux au dîner. Un dîner typique américain se compose trop souvent de restauration rapide comme un plat surgelé qui n'est pas très bon pour la santé mais qui convient mieux à nos vies actives.

Par contre, en France, il existe un certain respect pour les repas et pour la cuisine. Quand mon frère aîné était en France il y a deux ans, il avait toujours un petit déjeuner avec sa famille d'accueil. Ils avaient du pain frais chaque jour—un repas simple mais délicieux. Deux autres grandes différences en France sont le déjeuner relaxant et un dîner léger tard le soir—moins élaboré que le déjeuner. En France, il y a une certaine appréciation pour le fromage qu'on mange souvent après le plat principal. Ici, on le mange avant le repas. Il me semble que les repas en France représentent plus un événement social et gastronomique. Avec leurs pâtisseries, leurs pains et leur amour pour la cuisine, l'expérience de manger en France est celle qui fête la vie et le plaisir d'être ensemble avec ceux qu'on aime.

Prompt #2

Thème du cours : Quête de soi

L'histoire d'une région peut influencer les habitudes et la mentalité des gens. Parlez du rôle de l'histoire dans la région où vous habitez et comparez-le au rôle de l'histoire dans une région du monde francophone que vous connaissez. Dans votre réponse, vous pouvez faire référence à ce que vous avez étudié, lu, observé, etc.

Chez Nous	En France	Au Mali
Toujours encore un assez jeune pays	Une longue histoire pleine de moments mémorables	Une longue histoire avec des empires datant de l'antiquité
Une société basée sur la liberté et l'indépendance	Des rois célèbres	Une période de colonisation française
Une fête nationale glorieuse	Une révolution bien connue et étudiée partout	Une indépendance assez récente
Une histoire connue partout dans le monde		Des griots pour raconter leur histoire et leurs traditions

PRESENTATION #2 (TRANSCRIPT)

This is the text of a 2-minute verbal presentation that responds to the example question.

Il y a bien sûr partout dans le monde des gens importants qui ont changé l'histoire ou la culture de leur pays. Quand je pense aux États-Unis, Ben Franklin représente pour moi quelqu'un qui a effectué un grand nombre de changements significatifs pour un pays en train de naître. C'était un homme avec des qualités qui nous font penser à la Renaissance car il était à la fois inventeur, politicien et diplomate. Même s'il est né à Boston, Franklin est devenu nettement lié à la ville de Philadelphie où il a publié un des premiers journaux américains. C'est aussi dans cette ville qu'il a exercé une grande influence sur les représentants des treize colonies dans leur lutte contre le règne britannique. Franklin a convaincu les politiciens de rester unis pendant ces temps orageux de l'histoire américaine. Il a aussi joué un rôle diplomatique quand il est allé en France pour représenter son jeune pays en essayant de convaincre les Français d'aider les colons à former un nouveau pays indépendant. Grâce à ses astuces et à son originalité, les Français ont décidé de soutenir les Américains dans la guerre contre les Anglais. De plus, Benjamin Franklin avait l'esprit créatif; il a créé le premier corps de pompiers, un four efficace pour chauffer les domiciles et c'est lui qui a dévoilé les premières vérités au sujet de l'électricité. On peut donc dire que Ben Franklin était un des individus les plus influents dans l'histoire des États-Unis.

Quant au monde francophone, je pense que Victor Hugo a joué un rôle important pendant tout un siècle. Pendant une des époques les plus turbulentes de l'histoire française, Victor Hugo a réfléchi aux besoins et aux espoirs de la majorité des Français. A travers des romans, des poèmes et des essais, Victor Hugo était le porte-parole des pauvres pour le public français. C'est pourquoi on lui a donné le sobriquet "la voix du siècle" et aussi pourquoi plus d'un million de gens ont assisté à ses funérailles. Non seulement était-il auteur, mais il jouait aussi le rôle de politicien en soutenant la création d'une vraie démocratie en France.

Donc, ces deux hommes représentent l'esprit et l'âme de leur peuple en jouant plusieurs rôles essentiels pour leur pays.

FACTS YOU SHOULD KNOW

Here are some suggestions for tackling the oral presentation on the exam.

First look at each prompt and ask yourself what specific examples come to mind regarding the aspect of culture described in the prompt. If you cannot think of any, look at the entries in the graphic organizers. These will give you some ideas to be further researched, explored, and developed. To save you precious time and trigger recall of cultural features you may have been exposed to, we supply ideas for how to compare an aspect of culture in the United States with the same aspect of culture in two different francophone cultures. However, you only need to deepen your understanding of the cultural aspect to be discussed in *one* of these francophone cultures. Also remember that your examples may come from personal experience but may also be based on articles, novels, newscasts, and so on.

Note that since many topics can be linked to several of the 6 themes in the French AP Language and Culture course and exam (see overview), we are assigning a primary and a secondary theme to each prompt or topic. You are thus being exposed to all themes in this review and practice section. Remember, however, that the prompt for the oral presentation on your AP exam will be linked to a single theme.

Sélection 1

Thème du cours : Famille et Communauté/ Vie contemporaine

Les sports jouent un rôle important dans beaucoup de sociétés. Faire partie d'une équipe ou suivre les progrès d'une équipe favorite peut jouer un grand rôle dans la vie des gens. Décrivez le rôle des sports dans la vie des gens de votre communauté et comparez-le au rôle des sports dans une région du monde francophone que vous connaissez. Dans votre exposé, vous pouvez faire référence à ce que vous avez étudié, vécu, observé, etc.

Space for Your Notes

Sample Notes

Chez Nous	En France	Au Canada
Le baseball	Le foot : La Coupe du Monde	Sport national : le hockey
Le football américain		
Les fanas qui paient des milliers de dollars pour des billets	Le cyclisme : Le Tour de France	Identité nationale
	Les fanas des « bleus »	Des joueurs Québécois célèbres : Henri Richard et Jean Beliveau
Chaque match est suivi par des millions des spectateurs à la télé	Le stade de France	
	Une passion depuis l'enfance	Conte de Roch Carrier : « L'abominable Feuille d'Érable »
Les athlètes sont traités comme des idoles de la société	La gloire (1998) et la misère (2010)	
Les sports font partie de la vie sociale au lycéen et à l'université		

Sélection 2

Thème du cours : Famille et Communauté/ Vie contemporaine

Le rôle et la structure de la famille varient beaucoup aujourd'hui. La définition d'une famille semble changer fréquemment. Comparez l'attitude des gens de votre milieu envers la famille à celle des gens dans une région du monde francophone que vous connaissez.

Space for Your Notes

Sample Notes

Chez Nous	En France	Au Maroc
La structure familiale change	Même aujourd'hui la famille joue un grand rôle dans la vie	La famille est au centre de la vie
Beaucoup de familles monoparentales	Le dimanche est un jour consacré à la famille	Les grandes familles sont typiques
Moins de temps à passer en famille à cause du travail	Un grand respect pour les personnes âgées	Plusieurs générations de familles habitent ensemble
Un taux croissant de divorces		Il y a des mariages entre certains membres de la famille

Sélection 3

Thème du cours : Famille et Communauté/ Vie contemporaine

Avec tout le stress de notre monde moderne, les vacances jouent un plus grand rôle pour ceux qui travaillent. Décrivez comment on passe ses vacances dans votre pays et comparez cela à ce qu'on fait dans une région du monde francophone que vous connaissez.

Space for Your Notes

Sample Notes

Chez Nous	En France	A Tahiti
Les vacances de deux semaines sont typiques	Cinq semaines de vacances payées en moyenne pour les salariés	La région francophone avec le moins de stress
Elles se passent tout au cours de l'année		60% de son économie est basée sur le tourisme
Le jour de Thanksgiving est quand on voyage le plus	Les vacances représentent un droit pour les Français	C'est une grande desti- nation pour des vacances de détente
Les Américains tra- vaillent sans cesse	Les montagnes, la mer et les terrains de camping sont populaires	

Sélection 4

Thème du cours : Famille et Communauté/ Vie contemporaine

Les fêtes peuvent être des célébrations religieuses ou des célébrations laïques comme les fêtes nationales. Celles-ci varient selon les évènements historiques qui ont formé ce pays. Comparez une fête laïque de chez vous à celle d'un pays ou d'une région francophone que vous connaissez.

Space for Your Notes

Sample Notes

Chez Nous	En France	Au Québec
La fête de l'indépendance	Le 14 juillet	Le 24 juin
Origine : indépendance de la Grande Bretagne	Origine : la prise de la Bastille	Origine : déclaration de la fête par un acte de la législature en 1977—le but est de reconnaître la culture franco-québécoise
Jour férié	Jour férié	
	Feux d'artifice	
Feux d'artifice	Pique-nique	Jour férié
Barbecue	Défilés militaires	Saint Jean
	Hymne : la Marseillaise	Feux d'artifice
Parades		On danse autour d'un grand feu
Hymne : Star-Spangled Banner		Concerts gratuits en plein-air

Sélection 5

Thème du cours : Famille et Communauté/ Vie contemporaine

Pour certains, la musique est un simple divertissement. Pour d'autres, elle permet de refléter des attitudes et des opinions sur des sujets variés comme la politique, la société, l'environnement, etc. Comparez les styles de musique de votre pays et ceux d'une région du monde francophone que vous connaissez.

Space for Your Notes

Sample Notes

Chez Nous	En France	Au Sénégal
Le rock Le jazz Les artistes comme Presley, Sinatra, et Ellington Une tradition assez récente qui influence le monde entier	La musique qui rend hommage à la France Les artistes comme Piaf et Montand La musique classique avec les compositeurs comme Bizet et Ravel	Une musique née en même temps que l'indépendance du pays Elle reflète la négritude Des artistes connus comme Youssu N'dour et M.C. Solaar Des instruments de musique typiquement africains (le tambour)

Sélection 6

Thème du cours : Famille et Communauté/ Vie contemporaine

Regarder la télé est une activité quotidienne, normale ou typique dans certaines sociétés. Le temps passé devant l'écran semble avoir augmenté dans certains pays. Décrivez les habitudes vis-à-vis de la télé dans votre milieu et comparez-les à celles d'une région du monde francophone que vous connaissez.

Space for Your Notes

Sample Notes

Chez Nous	En France	En Belgique
Un nombre illimité de chaînes de télé	Des chaînes de télé subventionnées et gérées par l'état	Des programmes qui sont en français et en flamand
Plusieurs téléviseurs dans chaque domicile	Bon nombre de programmes américains	RTBF est la chaîne française en Belgique
Les Américains regardent en moyenne trois heures de télé par jour	Une influence américaine (les émissions-jeux)	Les traditions et la culture belges se manifestent à la télé (par exemple des émissions basées sur les personnages de BD Tintin et Astérix)
	Un rôle moins important dans la vie quotidienne	

Sélection 7

Thème du cours : Défis mondiaux/Vie contemporaine

L'époque moderne se distingue par une diversité culturelle où les gens de descendances différentes cohabitent en société. Cette situation peut créer des tensions. Décrivez votre société et comparez-la à celle d'une région du monde francophone que vous connaissez.

Space for Your Notes

Sample Notes

Chez Nous	En France	Au Sénégal
La lutte continuelle des Afro-Américains pour l'égalité	Un pays qui devient de plus en plus multiethnique	Société avec des langues dialectiques et des ethnies diverses—environ 22 ethnies (Peuhls, Toucouleurs)
La Guerre Civile américaine	La plus grande population musulmane en Europe	La religion musulmane domine mais le concept de la polygamie est rejeté par les femmes
Les organisations comme NAACP et KKK	Les émeutes récentes	Les communautés religieuses ont une entente cordiale : nombreux mariages inter-religieux
Une population hispanique de plus de 34 million d'habitants	Les organisations comme SOS-Racisme	L'esprit de Senghor est toujours présent (fierté de la négritude)
	Les préjugés dans la société	

Sélection 8

Thème du cours : Défis mondiaux/Vie contemporaine

Nous vivons dans un monde où la politique est un sujet de plus en plus souvent discuté grâce aux médias et grâce à l'internet. Comparez l'importance de la politique dans la région où vous vivez à l'importance de la politique dans une région du monde francophone que vous connaissez.

Space for Your Notes

Sample Notes

Chez Nous	En France	En Haïti
Les élections présidentielles créent beaucoup d'intérêt	Une grande diversité de philosophies vis-à-vis de la politique et de nombreux partis politiques	Un gouvernement basé sur des principes de gouvernement français et américains
Une énorme présence à la télévision américaine	L'histoire d'un peuple qui est traditionnellement engagé	Une instabilité politique
Une grande différence philosophique entre les deux partis politiques (démocrate et républicain)	Une grande différence entre les partis de droite et ceux de gauche	La corruption d'Aristide
		L'intérêt de Wyclef Jean à la politique d'aujourd'hui

Sélection 9

Thème du cours : Défis mondiaux/Vie contemporaine

La structure et les institutions d'un gouvernement contribuent à définir un peuple. Par exemple, les citoyens d'un pays sont-ils libres de choisir les membres de leur gouvernement ? Comparez le rôle du gouvernement dans votre pays à celui du gouvernement d'un pays que vous connaissez dans le monde francophone.

Space for Your Notes

Sample Notes

Chez Nous	En France	Au Sénégal
Des élections populaires La sécurité sociale Les subventions alimentaires FEMA La philosophie « nous le peuple »	Les services de santé pour tous et pour la vie Le rôle du gouvernement dans les transports, dans l'assurance médicale, dans le système bancaire Une révolution historique La cinquième république et le gouvernement constitutionnel	Une démocratie réussie (avec un nombre de femmes dans des postes importants) Senghor—le président modèle Un rôle présidentiel très fort Un gouvernement considéré parmi les plus honnêtes et les plus stables d'Afrique

Sélection 10

Thème du cours : Défis mondiaux/Vie contemporaine

Parler plus d'une seule langue semble devenir de plus en plus important dans un monde global. Discutez l'importance donnée à l'instruction des langues dans votre système scolaire et dans votre milieu et dans une région du monde francophone que vous connaissez.

Space for Your Notes

Sample Notes

Chez Nous	En France	A Madagascar
Aux États-Unis, une grande majorité de gens est monolingue	L'enseignement des langues commence à l'école primaire	Une propre langue polynésienne
Un besoin croissant de parler et de comprendre l'espagnol	Une majorité de Français parlent une deuxième langue	Le français accepté comme langue officielle
Deux langues qui deviennent de plus en plus importantes—le chinois et l'arabe	Importance de la proximité des pays voisins où on parle d'autres langues	L'anglais est de plus en important parce que c'est la langue des affaires, de l'économie et de l'Internet

Sélection 11

Thème du cours : Défis mondiaux/Vie contemporaine

Dans le monde actuel, les gens se déplacent facilement et fréquemment d'un lieu à l'autre. Les transports en commun sont plus développés dans certaines sociétés que dans d'autres. Comparez les transports en commun dans votre ville ou région à ceux d'une région du monde francophone que vous connaissez.

Space for Your Notes

Sample Notes

Chez Nous	En France	En Suisse
La voiture règne comme moyen de transport malgré les frais d'essence	Le rôle clé du métro dans les grandes villes (celui de Paris connu pour son efficacité), du bus dans les villages et des trains pour les grands déplacements	La ponctualité bien connue des trains suisses
On se sert de la voiture pour le travail et les loisirs		Un des meilleurs réseaux de transports en commun
D'importantes publicités pour les voitures	Les frais exorbitants d'essence	Très peu de voitures—moins de pollution
L'industrie automobile à Détroit	Une tradition de transport en commun pour le travail et les loisirs	

Sélection 12

Thème du cours : Défis mondiaux/Vie contemporaine

Les sociétés multiculturelles sont un produit concret des flux d'immigration à partir de régions en voie de développement ou en proie à des guerres civiles vers des terres d'accueil qui offrent des opportunités de paix et de prospérité. Comparez l'effet de l'immigration dans votre région ou pays à celui dans une région francophone que vous connaissez.

Space for Your Notes

Sample Notes

Chez Nous	En France	Au Canada/Au Québec
Beaucoup de grandes villes multiculturelles : immigration d'Amérique latine et centrale en prévalence, mais beaucoup d'autres origines aussi-tout dépend où on habite	Beaucoup de grandes villes multiculturelles : immigration d'Afrique du nord et de l'ouest en prévalence	Beaucoup de grandes villes multiculturelles : immigration d'Asie, d'Afrique et d'Europe
L'espagnol, le français et le créole sont par exemple parlés à Miami	Une seule langue officielle : le français	Le Canada est bilingue, le produit de deux cultures européennes (anglophone et francophone) avec de nouveaux immigrés du monde entier
Problème d'immigration illégale surtout d'Amérique centrale et d'Amérique latine : grand débat	Des tensions entre les cultures africaines ou arabes et la culture traditionnelle française	Bon nombre de lois pour permettre aux nouveaux immigrés de s'intégrer
		Le Canada choisit ses immigrés selon les besoins économiques du pays et par souci d'offrir de l'aide humanitaire

Sélection 13

Thème du cours : Défis mondiaux/Vie contemporaine

Le monde du travail varie selon les pays et les gouvernements. Le nombre d'heures de travail par semaine, les congés payés, et d'autres bénéfices peuvent être très différents dans le monde global. Comparez le monde du travail de votre pays à celui dans une région francophone que vous connaissez.

Space for Your Notes

Sample Notes

Chez Nous	En France	Au Tchad
Congés payés de 2 à 3 semaines	Les congés payés de 3 à 7 semaines par an	Pays pauvre au gouvernement instable
La semaine de 40 heures	La semaine de 35 heures (débat—pour et contre)	Ressources agriculturelles: travail dans les champs
Beaucoup d'entreprises privées qui établissent leur propre normes	Beaucoup de fonctionnaires	Chômage et problème du travail des enfants

Sélection 14

Thème du cours : Défis mondiaux/Vie contemporaine

L'enseignement secondaire diffère d'un pays à l'autre et quelquefois d'une région à l'autre. Comparez votre expérience des études secondaires à celle d'un lycéen dans une région francophone que vous connaissez.

Space for Your Notes

Sample Notes

Chez Nous	En France	Au Tchad
Presque tout le monde finit ses études secondaires dans un lycée	Beaucoup de jeunes vont au lycée, mais il y a aussi des écoles professionnelles	A cause du niveau socioéconomique bas parmi beaucoup de familles, seuls les jeunes dont les parents peuvent et veulent investir dans l'éducation, pourront finir leurs études secondaires
Il faut obtenir un certain nombre de crédits et avoir réussi dans un certain nombre de cours pour obtenir son diplôme	Il faut réussir au baccalauréat pour obtenir son diplôme	
Le diplôme de fin d'études et un dossier d'amission sont nécessaires pour se faire admettre à l'université	Le diplôme du bac est nécessaire pour se faire admettre à l'université	Une fois les études secondaires terminées, les jeunes doivent souvent se déplacer et déménager pour aller faire des études supérieures
L'accès à l'Internet joue un rôle essentiel dans les études	L'accès à l'Internet est fortement encouragé dans les lycées	Accès à l'Internet souvent insuffisant

Sélection 15

Thème du cours : Défis mondiaux/Vie contemporaine

La communication moderne se fait principalement par Internet. Les réseaux sociaux ont des millions d'abonnés et jouent des rôles de plus en plus variés. Comparez votre expérience et votre connaissance du rôle des réseaux sociaux à celles d'une personne d'une région francophone que vous connaissez.

Space for Your Notes

Sample Notes

Chez Nous	En France	En Afrique
Facebook Craig's List Twitter Les États-Unis sont le premier pays du monde pour le nombre d'abonnés Les Américains ont créé les plus grands réseaux sociaux	La France est le cinquième pays du monde pour sa participation Le site web « Copains d'avant » est extrêmement populaire Presque 80% des Français utilisent les réseaux sociaux	Depuis 2008 ForgetMeNot Africa, en utilisant des portables, a lié des millions d'Africains à Facebook Facebook a remplacé d'autres ressources pour la diffusion d'actualités Les évènements en Afrique du nord (le printemps arabe)

Sélection 16

Thème du cours : Esthétique/Quête de soi

Le patrimoine culturel d'un pays ou d'une région peut comprendre des productions littéraires et artistiques, des productions symboliques, rituelles, orales et sociales. Comparez ce que vous considérez comme une partie importante de votre patrimoine à celui d'une région francophone que vous connaissez.

Space for Your Notes

Sample Notes

Chez Nous	En France	Au Sénégal
Les grands écrivains et poètes américains (Maya Angelou)	Les grands penseurs français (Rousseau)	Les grands écrivains (Mariama Bâ), les poètes et les griots
Les peintres	Les peintres (Monet)	
La tradition de la comédie musicale (Gershwin)	Le théâtre (Molière)	Le peintre Abdoulaye Armin Kane
Monuments historiques et musées (le Smithsonian etc.)	Monuments historiques et musées (le Louvre)	La musique mbalax
		Musée des civilisations noires

Sélection 17

Thème du cours : Esthétique/Quête de soi

Chaque société et chaque culture comprend des moments qui marquent le passage d'une phase de la vie à une autre. Comparez les rites de passage dans votre culture à ceux que vous connaissez dans une culture francophone.

Space for Your Notes

Sample Notes

Chez Nous	En France	En Côte d'Ivoire
Le baptême ou le Bar/Bat Mitzvah	La Communion	Les masques ou les maquillages rituels dans des cérémonies ancestrales où on s'adresse à des esprits
Le mariage	Le permis de conduire	
Sweet sixteen	Le mariage	Initiation aux classes d'âge
Remise des diplôme—fin des études secondaires	Le bac	« awade » préparation pour le mariage, un échange de cadeaux
Un premier job		Les célébrations au son des tams-tams
Un premier enfant		

Sélection 18
Thème du cours : Esthétique/Quête de soi

Les conditions dans lesquelles on obtient son permis de conduire varient d'un pays à l'autre. Décrivez votre propre expérience de ce moment important et comparez-la à l'expérience d'une personne dans une région francophone.

Space for Your Notes

Sample Notes

Chez Nous	En France	Au Canada
L'âge—moins de 18 ans	L'âge—18 ans	L'âge varie de province en province
L'assurance automobile est très chère	Il faut suivre des cours à une auto-école	Généralement, l'âge de l'apprentissage à conduire est de 16 ans, l'âge de conduire est de 17 ans
Un symbole d'indépendance et d'autonomie	D'importance relative pour les jeunes Français	
Un certain danger posé par des conducteurs inexpérimentés sur la route	L'âge pour le permis de conduire de la mobylette—14 ans	Interdiction absolue de l'utilisation de portables en conduisant
Un rite de passage américain		

Sélection 19

Thème du cours : Esthétique/Quête de soi

Le cinéma joue un grand rôle dans la vie des gens dans le monde entier. Décrivez le rôle du cinéma chez vous et comparez-le au rôle du cinéma dans un pays du monde francophone.

Space for Your Notes

Sample Notes

Chez Nous	En France	En Afrique
Le cinéma est un grand divertissement pour tous	Le berceau du cinéma (les frères Lumière)	Des films avec un message culturel et historique
Les États-Unis sont le plus grand distributeur de films du monde	Troisième pays du monde (premier en Europe) pour la vente de billets de cinéma	« Kirikou la sorcière » (Afrique de l'ouest), « La Fille de Keltoum » (Algérie), « Chocolat » (Cameroun)
L'industrie cinémato-graphique est énorme et continue de grandir	Grands noms : François Truffaut, Gérard Depardieu, Audrey Tautou, Jean Dujardin	Le sujet de beaucoup de films est l'identité africaine
Célébrités : Spielberg, Lucas, Eastwood, Brad Pitt, Meryl Streep		

Sélection 20

Thème du cours : Esthétique/Quête de soi

Est-ce que la qualité de la vie peut être définie dans une certaine mesure par ce qu'on mange ? Comment est-ce que les habitudes alimentaires influencent votre vie quotidienne ? Comparez vos habitudes et vos attitudes à celles d'une personne dans une région francophone.

Space for Your Notes

Sample Notes

Chez Nous	En France	En Belgique
La mode de la restauration rapide	Une cuisine classique	Une cuisine abondante « la cuisine française en grandes portions »
Une cuisine avec beaucoup d'aliments congelés	Une réputation mondiale	Les friteries, les gaufres, les moules, les bières
Des plats à emporter	Cuisine saisonnière avec des ingrédients et des aliments frais	
Des problèmes de surpoids	Le pain, le fromage, les pâtisseries, les cafés	
Des problèmes de santé en raison d'un régime mal équilibré (diabète)	Un déjeuner long et copieux	
	Campagnes publicitaires pour de bonnes habitudes alimentaires	

Sélection 21

Thème du cours : Science et Technologie/ Vie contemporaine

A l'heure actuelle, le monde semble être inondé de toutes sortes de médias. Avec la télévision, la radio et l'Internet, on est toujours à proximité des ressources médiatiques. Décrivez l'effet des médias dans votre milieu et comparez-le à celui d'une région du monde francophone.

Space for Your Notes

Sample Notes

Chez Nous	En France	Au Canada
24 heures sur 24	Un pays avec une tradition de médias	TV5monde est un des plus grands réseaux télévisés du monde—disponible au Canada
Un énorme nombre de chaînes de télévision et de journaux	Une énorme présence et un grand contrôle de l'état dans le domaine de la radio et de la télévision	Télé-Québec offre des programmes en français
La culture de l'information instantanée	De moins et moins de gens lisent les journaux	Avec leur proximité des États-Unis, le Canada n'a pas besoin de produire autant de programmes originaux
Il y a deux fois plus de portables que de téléphones fixes	Il y a deux fois plus de portables que de téléphones fixes	

Sélection 22

Thème du cours : Science et Technologie/ Vie contemporaine

Les mesures pour la protection de l'environnement diffèrent d'un pays à l'autre. Comparez ce qu'on fait dans votre pays ou dans votre communauté pour protéger l'environnement et comparez cela à ce qu'on fait dans une région francophone.

Space for Your Notes

Sample Notes

Chez Nous	En France	Au Canada
La création de l'EPA (Environmental Protection Agency)	Depuis 1990 il y a des lois de protection pour l'air, l'eau et le bruit	Le premier pays dans la protection de l'environnement
Les régulations concernant l'émission de CO_2	L'Union européenne prépare un ensemble de stratégies pour protéger les espèces et les habitats menacés ainsi que l'utilisation plus efficace des ressources naturelles	Une série de lois protégeant les eaux, les parcs et les océans
Des efforts communautaires et locaux pour le recyclage		Le soutien du gouvernement
L'Air Pur		Un public conscient de la conservation
Les désastres comme Katrina et Exxon Valdez	L'accord Grenelle 2 va mettre en œuvre des réformes pour la protection de l'environnement français (écologie, transport, logement)	

PART 3
PRACTICE EXAMS

Answer Sheet
PRACTICE EXAM 1

SECTION I: MULTIPLE-CHOICE

PART A

Interpretive Communication: Print Texts

1 Ⓐ Ⓑ Ⓒ Ⓓ	9 Ⓐ Ⓑ Ⓒ Ⓓ	17 Ⓐ Ⓑ Ⓒ Ⓓ	25 Ⓐ Ⓑ Ⓒ Ⓓ
2 Ⓐ Ⓑ Ⓒ Ⓓ	10 Ⓐ Ⓑ Ⓒ Ⓓ	18 Ⓐ Ⓑ Ⓒ Ⓓ	26 Ⓐ Ⓑ Ⓒ Ⓓ
3 Ⓐ Ⓑ Ⓒ Ⓓ	11 Ⓐ Ⓑ Ⓒ Ⓓ	19 Ⓐ Ⓑ Ⓒ Ⓓ	27 Ⓐ Ⓑ Ⓒ Ⓓ
4 Ⓐ Ⓑ Ⓒ Ⓓ	12 Ⓐ Ⓑ Ⓒ Ⓓ	20 Ⓐ Ⓑ Ⓒ Ⓓ	28 Ⓐ Ⓑ Ⓒ Ⓓ
5 Ⓐ Ⓑ Ⓒ Ⓓ	13 Ⓐ Ⓑ Ⓒ Ⓓ	21 Ⓐ Ⓑ Ⓒ Ⓓ	29 Ⓐ Ⓑ Ⓒ Ⓓ
6 Ⓐ Ⓑ Ⓒ Ⓓ	14 Ⓐ Ⓑ Ⓒ Ⓓ	22 Ⓐ Ⓑ Ⓒ Ⓓ	30 Ⓐ Ⓑ Ⓒ Ⓓ
7 Ⓐ Ⓑ Ⓒ Ⓓ	15 Ⓐ Ⓑ Ⓒ Ⓓ	23 Ⓐ Ⓑ Ⓒ Ⓓ	
8 Ⓐ Ⓑ Ⓒ Ⓓ	16 Ⓐ Ⓑ Ⓒ Ⓓ	24 Ⓐ Ⓑ Ⓒ Ⓓ	

PART B

Interpretive Communication: Print and Audio Texts (Combined)

31 Ⓐ Ⓑ Ⓒ Ⓓ	36 Ⓐ Ⓑ Ⓒ Ⓓ	41 Ⓐ Ⓑ Ⓒ Ⓓ	46 Ⓐ Ⓑ Ⓒ Ⓓ
32 Ⓐ Ⓑ Ⓒ Ⓓ	37 Ⓐ Ⓑ Ⓒ Ⓓ	42 Ⓐ Ⓑ Ⓒ Ⓓ	47 Ⓐ Ⓑ Ⓒ Ⓓ
33 Ⓐ Ⓑ Ⓒ Ⓓ	38 Ⓐ Ⓑ Ⓒ Ⓓ	43 Ⓐ Ⓑ Ⓒ Ⓓ	48 Ⓐ Ⓑ Ⓒ Ⓓ
34 Ⓐ Ⓑ Ⓒ Ⓓ	39 Ⓐ Ⓑ Ⓒ Ⓓ	44 Ⓐ Ⓑ Ⓒ Ⓓ	49 Ⓐ Ⓑ Ⓒ Ⓓ
35 Ⓐ Ⓑ Ⓒ Ⓓ	40 Ⓐ Ⓑ Ⓒ Ⓓ	45 Ⓐ Ⓑ Ⓒ Ⓓ	

Interpretive Communication: Audio Texts

50 Ⓐ Ⓑ Ⓒ Ⓓ	54 Ⓐ Ⓑ Ⓒ Ⓓ	58 Ⓐ Ⓑ Ⓒ Ⓓ	62 Ⓐ Ⓑ Ⓒ Ⓓ
51 Ⓐ Ⓑ Ⓒ Ⓓ	55 Ⓐ Ⓑ Ⓒ Ⓓ	59 Ⓐ Ⓑ Ⓒ Ⓓ	63 Ⓐ Ⓑ Ⓒ Ⓓ
52 Ⓐ Ⓑ Ⓒ Ⓓ	56 Ⓐ Ⓑ Ⓒ Ⓓ	60 Ⓐ Ⓑ Ⓒ Ⓓ	64 Ⓐ Ⓑ Ⓒ Ⓓ
53 Ⓐ Ⓑ Ⓒ Ⓓ	57 Ⓐ Ⓑ Ⓒ Ⓓ	61 Ⓐ Ⓑ Ⓒ Ⓓ	65 Ⓐ Ⓑ Ⓒ Ⓓ

Practice Exam 1

Section I: Multiple-Choice

PART A

TIME: 40 MINUTES

INTERPRETIVE COMMUNICATION: PRINT TEXTS

In this part of the exam, you will read several selections accompanied by a number of questions. For each question, choose the most appropriate response.

Dans cette partie de l'examen, vous allez lire plusieurs sélections accompagnées de questions. Pour chaque question, choisissez la réponse la plus appropriée.

Sélection 1

Thème du cours : Vie contemporaine

> **INTRODUCTION**
>
> Dans cet extrait d'article qui provient du site de *La Tribune de l'Art* (publié vendredi 4 mars 2011), Didier Rykner discute la taxe qu'on appelle ISF (Impôt de Solidarité sur la Fortune).
> *http://www.latribunedelart.com/laeur-tm-isf-et-les-a-uvres-daeur-tm-art-un-serpent-de-mer-venimeux-article003018.html*

L'ISF et les œuvres d'art : un serpent de mer (venimeux)

    Un peu comme le débat sur l'inaliénabilité des collections des musées, celui sur l'inclusion des œuvres d'art dans l'assiette de l'impôt sur la for-
tune revient périodiquement sur le devant de la scène. Cela prouve, une

Ligne nouvelle fois, l'incompétence absolue de certains de nos dirigeants dans

(5) le domaine de l'art et/ou leur désintérêt total pour le patrimoine national.

    Que certains lecteurs du *Monde* récriminent à ce propos (numéro daté du vendredi 4 mars 2011) passe encore, même si l'on s'étonne que ce journal choisisse de les publier sans, au moins, replacer ces courriers dans leur contexte et rappeler les conséquences désastreuses qu'aurait une telle

(10) mesure. Mais que des hommes politiques de la trempe supposée d'un Jean-Louis Borloo (dont on parlait encore récemment comme d'un pre-

mier ministrable) ressortent une nouvelle fois cette proposition (alors que la question est justement celle d'une éventuelle suppression de cet impôt) est totalement désolant.

(15)   Quand bien même—ce qui reste à prouver—certains gros contribuables décideraient d'investir dans des œuvres d'art pour échapper en partie à ce prélèvement obligatoire, il faudrait s'en féliciter. Car le développement des collections privées en France est un élément essentiel pour la croissance du marché de l'art, lui-même directement lié à l'enri-
(20) chissement du patrimoine national. . . . Les collectionneurs donnent et lèguent aux musées, ils peuvent faire des dations (parfois d'ailleurs pour payer l'ISF). A terme, une œuvre d'art a beaucoup plus de chances de terminer son parcours dans nos collections publiques lorsqu'elle se trouve dans notre pays qu'après l'avoir quitté. . . .

1. Quelle question supporte le titre et l'idée principale de cet article ?

    (A) La propriété artistique devrait-elle être taxée ?
    (B) L'art peut-il être mauvais pour la santé ?
    (C) L'art est-il pour tous ?
    (D) Les mouvements artistiques sont-ils fluides ?

2. Quel est le ton de l'auteur de l'article dans le premier paragraphe ?

    (A) Il est nationaliste.
    (B) Il est accusateur.
    (C) Il est mélancolique.
    (D) Il est triste.

3. Dans le contexte du passage, qu'est-ce que c'est que *Le Monde* ?

    (A) Le titre d'un article
    (B) Le nom d'un blogueur
    (C) Le nom d'un journal
    (D) Le nom d'une organisation

4. De quoi est-ce que l'auteur du passage accuse *Le Monde* ?

    (A) Il ne présente pas tous les faits.
    (B) Il est archaïque.
    (C) Il est juste.
    (D) Il a fermé ses portes.

5. Qui sont les « dirigeants » dans ce passage (ligne 4) ?

    (A) Des éditeurs
    (B) Des experts académiques
    (C) Des leaders politiques
    (D) Des directeurs de musée

6. Dans le contexte du deuxième paragraphe de ce passage, qu'est-ce que l'expression « premier ministrable » nous dit sur Jean-Louis Borloo ?

   (A) Il était une fois premier ministre.
   (B) Il a perdu sa place de premier ministre.
   (C) On pensait qu'il pouvait un jour devenir premier ministre.
   (D) On vient de le nommer premier ministre.

7. Qu'est-ce qui désole surtout l'auteur de ce passage ?

   (A) Que les dirigeants politiques français soient résolument pour une taxe sur l'art
   (B) Que les Français ne se préoccupent pas de leur patrimoine artistique
   (C) Que les médias s'opposent à la taxe sur l'art
   (D) Que la question d'une taxe sur l'art se pose encore une fois

8. Dans le contexte du dernier paragraphe de ce passage, que font peut-être « certains gros contribuables » ?

   (A) Ils contribuent à des œuvres charitables.
   (B) Ils achètent des œuvres d'art pour payer moins de taxes.
   (C) Ils dépensent toute leur fortune pour des collections d'art.
   (D) Ils vendent leurs objets d'art à des pays étrangers.

9. Que peut-on dire de ce passage ?

   (A) C'est un éditorial.
   (B) C'est un rapport.
   (C) C'est une publicité.
   (D) C'est une pétition.

Sélection 2

Thème du cours : Défis mondiaux

> **INTRODUCTION**
>
> Cet extrait provient du site de Radio Nations Unies. L'auteur de l'article (publié le 4 novembre 2011) est Jean-Pierre Amisi Ramazani. Il s'agit de la crise humanitaire au Tchad.
>
> http://www.unmultimedia.org/radio/french/2011/11/crise-humanitaire-ne-pas-oublier-les-populations-vulnerables-au-tchad/

Crise humanitaire : Ne pas oublier les populations vulnérables au Tchad

Les Nations Unies attirent l'attention de la Communauté internationale sur la crise humanitaire oubliée au Tchad. Selon le Bureau de la coordination des affaires humanitaires des Nations Unies (OCHA), l'appel humani-

Ligne taire lancé par l'ONU pour venir en aide aux populations vulnérables dans

(5) ce pays n'a jusqu'à présent été financé qu'à hauteur de 56%. Il manque encore 233 millions de dollars sur un total de 535 millions.

Le mois de septembre a connu un nombre important de cas de choléra, avoisinant plus de 1000 cas par semaine. C'est ainsi que le cap de 15 000 cas a été atteint pour l'année 2011, faisant de cette épidémie la pire que (10) le Tchad ait jamais connue. Un regard rétrospectif permet de constater que le record du nombre de cas était battu en 1971 avec environ 14 000 cas. Grâce aux efforts conjugués des agences des Nations Unies et des ONG œuvrant dans le secteur de la Santé, en appui au gouvernement du Tchad, une baisse de l'incidence de la maladie est constatée à la fin du (15) mois de septembre. Les rencontres mensuelles de haut niveau, présidées par le chef de l'Etat ont également contribué à faire baisser le nombre des cas. Depuis janvier 2011, 15 426 malades ont été enregistrés dont 418 décès. L'épidémie de poliomyélite s'est accentuée au Tchad en 2011 au point de susciter le déplacement du philanthrope américain Bill Gates (20) pour booster la lutte pour l'éradication de la maladie….

Les cas de choléra ont connu une flambée inquiétante à travers le pays pendant la dernière semaine d'août et les deux premières semaines de septembre. Les districts sanitaires avaient enregistré plus de 1000 cas par semaine en cette période. Fort heureusement vers la fin du mois, une (25) baisse de cas a été notifiée. Ainsi à la semaine 38 (19–25 septembre), 763 cas dont 15 décès ont été répertoriés à travers le pays. La létalité est également en train de baisser. Cette baisse du nombre des cas résulte des efforts fournis par le gouvernement et ses partenaires au rang desquels l'UNICEF, l'OMS et les ONG internationales. Ces efforts vont de la (30) prise en charge des cas au soutien logistique (fourniture des produits pharmaceutiques, installation des centres de traitement du choléra) en passant par la sensibilisation. Au 28 septembre le nombre total des cas s'élèvent à 15 426 dont 418 décès.

10. Que peut-on dire du titre de l'article ?

   (A) C'est un appel à l'action pour la communauté internationale.
   (B) C'est une dénonciation des gouvernements tyranniques d'Afrique.
   (C) C'est une annonce publicitaire.
   (D) C'est un appel aux armes.

11. Qu'apprend-on sur l'organisation des Nations Unies dans le premier paragraphe ?

   (A) Elle va faire des levées de fond pour aider les Tchadiens.
   (B) Elle a demandé à la communauté internationale de financer l'aide aux Tchadiens.
   (C) Elle est satisfaite de l'aide que la population vulnérable du Tchad a reçue.
   (D) Elle est subventionnée par l'état du Tchad.

12. Que veut dire « avoisinant » (ligne 8) dans le contexte du texte ?

    (A) ralentissant
    (B) empêchant
    (C) guérissant
    (D) s'approchant de

13. Quelle est l'idée principale du deuxième paragraphe ?
    (A) Le secteur privé a beaucoup aidé à éliminer les maladies du vingtième siècle.
    (B) Les incidences de choléra et la poliomyélite ont augmenté au Tchad en 2011.
    (C) Bill Gates a contribué à des œuvres charitables au Tchad.
    (D) Le gouvernement du Tchad ne fait rien pour empêcher les épidémies.

14. Dans le contexte, quelle est la signification du mot « flambée » dans le troisième paragraphe (ligne 21) ?

    (A) Une petite augmentation
    (B) Une montée rapide
    (C) Une prolongation
    (D) Une éradication

15. Que dit-on des organisations comme UNICEF, OMS et ONG ?

    (A) Elles sont paralysées par la politique.
    (B) Elles font des efforts considérables.
    (C) Elles vendent des produits pharmaceutiques.
    (D) Elles ont de plus en plus de membres.

16. Quelle action a pris le chef de l'état tchadien ?

    (A) Il a fait ouvrir des cliniques.
    (B) Il a fait enregistrer tous les décès.
    (C) Il a assisté à des réunions.
    (D) Il a procuré de l'assistance financière.

17. Quelle question poseriez-vous à M. Amisi qui a fait ce rapport pour les Nations Unies ?

    (A) Êtes-vous satisfait des contributions financières au niveau international ?
    (B) Pouvez-vous me confirmer qu'il n'y a pas eu de morts attribuées au choléra au Tchad ?
    (C) La poliomyélite pose-t-elle encore un danger au Tchad ?
    (D) Pourquoi le chef d'état tchadien n'est-il pas engagé dans cette lutte ?

Sélection 3

Thème du cours : Esthétique

> **INTRODUCTION**
>
> Dans cet extrait de l'œuvre classique de Victor Hugo « Les Misérables », vous découvrez le portrait de l'un des personnages principaux, Jean Valjean. L'extrait provient du site suivant : *http://www.gutenberg.org/ files/17489/17489-h/17489-h.htm#Chapitre_VIb.*

Jean Valjean

Jean Valjean était d'un caractère pensif sans être triste, ce qui est le propre des natures affectueuses. Somme toute, pourtant, c'était quelque chose d'assez endormi et d'assez insignifiant, en apparence du moins, que
Ligne Jean Valjean. Il avait perdu en très bas âge son père et sa mère. Sa mère
(5) était morte d'une fièvre de lait mal soignée. Son père, émondeur comme lui, s'était tué en tombant d'un arbre. Il n'était resté à Jean Valjean qu'une sœur plus âgée que lui, veuve, avec sept enfants, filles et garçons. Cette sœur avait élevé Jean Valjean, et tant qu'elle eut son mari elle logea et nourrit son jeune frère. Le mari mourut. L'aîné des sept enfants avait huit
(10) ans, le dernier un an. Jean Valjean venait d'atteindre, lui, sa vingt-cinquième année. Il remplaça le père, et soutint à son tour sa sœur qui l'avait élevé. . . . Il faisait ce qu'il pouvait. Sa sœur travaillait de son côté, mais que faire avec sept petits enfants ? C'était un triste groupe que la misère enveloppa et étreignit peu à peu. Il arriva qu'un hiver fut rude. Jean n'eut
(15) pas d'ouvrage. La famille n'eut pas de pain. Pas de pain. À la lettre. Sept enfants ! Un dimanche soir, Maubert Isabeau, boulanger sur la place de l'Église, à Faverolles, se disposait à se coucher, lorsqu'il entendit un coup violent dans la devanture grillée et vitrée de sa boutique. Il arriva à temps pour voir un bras passé à travers un trou fait d'un coup de poing dans la
(20) grille et dans la vitre. Le bras saisit un pain et l'emporta. Isabeau sortit en hâte ; le voleur s'enfuyait à toutes jambes ; Isabeau courut après lui et l'arrêta. Le voleur avait jeté le pain, mais il avait encore le bras ensanglanté. C'était Jean Valjean. . . .

Jean Valjean fut déclaré coupable. Les termes du code étaient formels.
(25) Il y a dans notre civilisation des heures redoutables ; ce sont les moments où la pénalité prononce un naufrage. . . . Il partit pour Toulon. Il y arriva après un voyage de vingt-sept jours, sur une charrette, la chaîne au cou. À Toulon, il fut revêtu de la casaque rouge. Tout s'effaça de ce qui avait été sa vie, jusqu'à son nom ; il ne fut même plus Jean Valjean; il fut le
(30) numéro 24601. Que devint la sœur ? Que devinrent les sept enfants ? Qui est-ce qui s'occupe de cela ? Que devient la poignée de feuilles du jeune arbre scié par le pied ?

18. D'après le début du passage, lequel des adjectifs suivants décrirait Jean Valjean le mieux ?

    (A) Rebelle
    (B) Bien intentionné
    (C) Belligérant
    (D) Optimiste

19. Comment la mère de Jean Valjean est-elle morte ?

    (A) D'un accident de travail
    (B) D'une maladie contagieuse
    (C) De chagrin à la suite de la mort du père
    (D) D'un manque de soin pour une indisposition

20. Laquelle des expressions suivantes remplacerait le mieux le verbe « étreignit » (ligne 14) ?

    (A) Caressa gentiment
    (B) Entoura doucement
    (C) Tua d'un seul coup
    (D) Écrasa impitoyablement

21. Comment est-ce que Jean Valjean a obtenu du pain dans ce passage ?

    (A) Il a cassé la fenêtre d'une boulangerie.
    (B) Il a travaillé.
    (C) Il a attaqué un homme.
    (D) Il a volé le pain d'un passant.

22. Dans le contexte du passage, laquelle des expressions suivantes remplacerait le mieux « à toutes jambes » (ligne 21) ?

    (A) À pied
    (B) Aussi vite que possible
    (C) En bondissant
    (D) Avec grande peur

23. Comment l'auteur décrit-il la sœur et les sept enfants à la fin du passage (lignes 30–32) ?

    (A) Un poids trop lourd à porter
    (B) De futurs délinquants
    (C) Des victimes
    (D) La cause des problèmes de Jean Valjean

Sélection 4

Thème du cours : Famille et Communauté

SOURCE #1

Vous aurez d'abord 4 minutes pour lire la source numéro 1 et parcourir les questions.

INTRODUCTION

Dans cette lettre, Yvette Saunier écrit à la Société Protectrice des Animaux et expose un problème personnel.

Monsieur, madame,

En premier lieu, je veux vous exprimer mon admiration profonde pour le travail que vous faites au profit des animaux abandonnés. J'ai trouvé vos coordonnées et beaucoup de renseignements très utiles—y compris la carte des régions où il y a des refuges pour les animaux—sur le site internet de la Société Protectrice des Animaux.

En deuxième lieu, je vous expose mon problème. J'habite encore actuellement dans les Vosges. Mais ma famille va déménager dans quelques mois à Caen. Nous ne pourrons malheureusement pas emmener notre chienne Greta avec nous parce que mes parents vont emménager dans un petit appartement et parce que moi, je serai dans un dortoir à l'université.

Or il se trouve que Greta est une grosse chienne des Pyrénées qui a besoin de beaucoup d'espace et de longues randonnées. De plus, elle est jeune et plutôt enjouée. Il lui faudrait un foyer avec des enfants et des adolescents qui puissent s'amuser avec elle et lui procurer de l'exercice.

Comme nous adorons Greta, nous avons naturellement cherché une nouvelle famille pour elle parmi nos connaissances et nos amis, mais en vain. Greta exige pas mal de soins non seulement à cause de sa taille mais surtout, parce qu'il faut constamment la brosser et passer l'aspirateur partout où elle va. Alors voilà, j'ai pensé que la SPA qui a un réseau national de centres d'accueil pourrait m'aider. Peut-être pourriez-vous faire une demande à tous vos adhérents ? C'est avec plaisir que je procurerais une fiche de renseignements et des photos de Greta.

Je me mets à votre disposition pour vous aider à l'avenir. Que ce soit un don monétaire ou du travail bénévole, vous pourrez compter sur moi.

Pouvez-vous accuser réception de ce message et confirmer que vous serez en mesure de faire de la publicité pour Greta?

Je vous en remercie d'avance et vous prie d'accepter mes sentiments distingués.

Yvette Saunier

SOURCE #2

Vous aurez 2 minutes pour lire la source numéro 2 et parcourir les questions.

> **INTRODUCTION**
>
> La carte suivante indique où se trouvent les refuges et les dispensaires SPA pour animaux abandonnés en France.
> *http://www.spa.asso.fr/7-magazines-animaux-spa.htm*

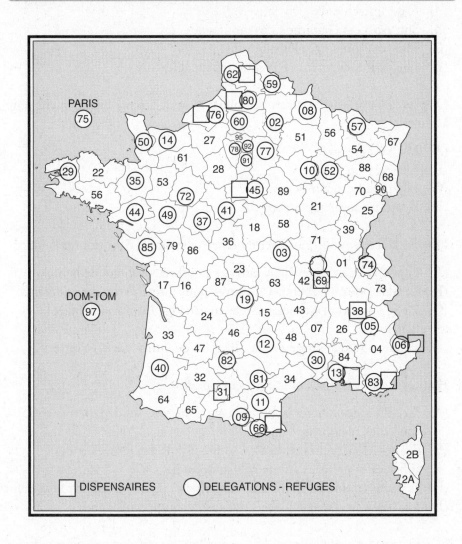

24. Que peut-on dire de la façon dont Yvette commence sa lettre ?

    (A) Elle va droit à son problème.
    (B) Elle montre un certain tact.
    (C) Elle n'utilise pas la bonne formule de politesse.
    (D) Elle se presse d'affirmer qu'elle est membre de la SPA.

25. D'après la lettre, que peut-on dire du problème de Greta ?

    (A) Yvette ne l'explique pas clairement.
    (B) Il est insurmontable.
    (C) Il paraît causer beaucoup de peine à Yvette.
    (D) Yvette s'occupe d'une affaire qui ne la concerne pas.

26. D'après la lettre, quelle sorte de chienne est Greta ?

    (A) C'est une chienne peu active.
    (B) Son espèce a l'habitude des montagnes.
    (C) Elle veut jouer avec les moutons.
    (D) Elle peut facilement vivre à l'intérieur d'une niche.

27. D'après la lettre, quelle caractéristique de Greta la rend spécialement dure à placer ?

    (A) Elle est agressive.
    (B) Elle est trop vieille.
    (C) Elle perd beaucoup de poils.
    (D) Il faut toujours jouer avec elle.

28. D'après la lettre, pourquoi Yvette pense-t-elle que la SPA pourra l'aider ?

    (A) Greta pourrait rester dans l'un des nombreux refuges de la SPA.
    (B) La SPA pourrait chercher un foyer pour Greta parmi ses adhérents.
    (C) La SPA pourrait héberger Greta en échange du travail bénévole d'Yvette.
    (D) Il y a un refuge dirigé par la SPA près de l'université d'Yvette.

29. D'après la carte (source #2), que peut-on affirmer ?

    (A) La SPA a des refuges pour animaux dans tous les départements et toutes les régions de France.
    (B) Toutes les branches de la SPA sont à la fois des refuges et des infirmeries pour les animaux abandonnés.
    (C) Il y une grande prédominance de refuges SPA au nord-est de la France.
    (D) La SPA a des refuges à Paris et dans la région parisienne.

30. Si vous receviez cette lettre d'Yvette, quelle réponse pourriez-vous logiquement lui donner ?

    (A) Nous sommes désolés mais nous ne gardons pas d'animaux pour plus de deux semaines.
    (B) Nous serons heureux de diffuser votre requête sur notre site internet dès que vous nous fournirez les renseignements requis.
    (C) Nous sommes malheureusement au maximum de notre capacité actuellement.
    (D) Contactez-nous l'année prochaine quand vous déménagerez.

End of Part A

PART B

TIME: 55 MINUTES

INTERPRETIVE COMMUNICATION: PRINT AND AUDIO TEXTS (COMBINED)

CD 3 Track 1

You have 1 minute to read the directions for this section.

Vous avez 1 minute pour lire les instructions pour cette section.

In this multiple-choice section, you will answer questions based on reading and listening. Two of the tasks consist of reading a text and of listening to an audio selection, which will follow the reading of the text. You will have a precise time to read the written text, and you will hear each respective audio selection twice.

After listening to each selection the first time, take 1 minute to begin answering the questions; then take 15 seconds per question to finish answering them. There are questions about the written passage, others about the audio document, and some questions about both the written and the audio documents. For each question, choose the best answer.

After the two combined tasks, you will listen to four audio documents and answer questions after each audio selection.

Dans cette section de choix multiples, vous allez d'abord répondre à des questions basées sur la lecture et l'écoute. Deux épreuves consistent à lire un texte et à écouter un document audio qui suivra la lecture du texte. Vous aurez un temps précis pour faire la lecture du texte écrit et vous entendrez la sélection audio deux fois de suite.

Après la première écoute de chaque sélection, vous aurez 1 minute avant de commencer à répondre aux questions; vous aurez alors 15 secondes par question pour finir d'y répondre. Il y a des questions sur le texte écrit, d'autres sur la sélection audio et il y a des questions sur le texte écrit et la sélection audio.

Pour chaque question, choisissez la meilleure réponse.

Sélection 1

Thème du cours : Esthétique

CD 3 Track 2

SOURCE #1

Vous aurez d'abord 4 minutes pour lire la source numéro 1.

INTRODUCTION

Dans ce Focus (2/3) dédié à Léopold Sédar Senghor, Lilyan Kesteloot évoque sa bi-culturalité.
http://www.canalacademie.com/ida741-Negritude-et-Francophonie-2-3.html?var_recherche=negritude

---

Mouvement culturel et politique, la négritude est un courant né dans les années 1930 avec Aimé Césaire et L. S. Senghor. Ce terme permet de s'affirmer comme étant noir et de s'accepter en tant que tel. Le suffixe
Ligne « itude » traduit une forme de nostalgie, car être noir peut être ressenti
(5) comme une « malédiction ». C'est en quelque sorte la négritude « subie ». La partie senghorienne de la négritude revêt un aspect beaucoup plus positif. Elle est chargée des valeurs des civilisations de l'Afrique noire.

Un de leurs détracteurs était Jean-Paul Sartre. Il pensait que la négritude était le « racisme de l'antiracisme » ; une formule malheureuse
(10) puisque s'est substituée à cette formule la vision d'un néoracisme. Or, elle est tout son contraire et Léopold Sédar Senghor l'écrit lui-même : « La négritude n'est pas racisme, elle est culture. . . . La négritude telle que nous la concevions en 1930 était une arme de refuge, plus qu'un élément de construction ».

(15) Aujourd'hui, on préfère le terme d' « **africanité** » à celui de la négritude.

Mais Léopold Sédar Senghor, c'est aussi le grand créateur de **la Francophonie**. Dans les années 1960, il lance ce mouvement avec le tunisien Habib Bourguiba et le nigérien Hamani Diori. Mais quelles sont les raisons de ce mouvement ? La Francophonie tout d'abord permet de
(20) garder un lien structurel avec la France, après l'indépendance du Sénégal. C'est également une manière de donner un statut égal entre les pays d'Afrique noire et les autres pays francophones tels que la Belgique ou le Québec. Et puis enfin, le professeur et amoureux de langue française que Léopold Sédar Senghor était, souhaitait que le Français soit la langue
(25) fédératrice des ethnies sénégalaises.

SOURCE #2

Vous aurez 1 minute pour lire l'introduction et parcourir les questions.

> **INTRODUCTION**
>
> Dans cette interview, Élodie Courtejoie demande à Lylian Kesteloot, professeur à l'université de Dakar en littérature comparée, de parler du mouvement de la négritude lié aux noms des écrivains Senghor et Césaire.
> http://www.canalacademie.com/apprendre/fiche.php?id=20

31. Dans l'article, quel est le focus sur l'aspect suivant de Senghor et de Césaire ?

   (A) Leurs origines africaines et sénégalaises
   (B) Leur extraordinaire talent artistique
   (C) Leur besoin de réconcilier deux cultures auxquelles ils s'identifient
   (D) Leurs œuvres artistiques et littéraires

32. Dans le contexte de l'article, lequel des adjectifs suivants est synonyme du mot « subie » dans le premier paragraphe (ligne 5) ?

    (A) Détestée
    (B) Réservée
    (C) Endurée
    (D) Bien accueillie

33. D'après l'article, en quoi Senghor et Jean-Paul Sartre s'opposaient-ils ?

    (A) Dans leur attitude envers les Africains
    (B) Dans leur respect des cultures
    (C) Dans leur interprétation du mouvement de la négritude
    (D) Dans leur philosophie existentialiste

34. D'après l'article, qu'est-ce qui a conduit à la naissance de la négritude ?

    (A) Le besoin de construire une nouvelle race africaine
    (B) Le besoin de se défendre contre les préjugés des blancs
    (C) La nécessité d'assimiler de nouvelles croyances religieuses
    (D) La nécessité d'échapper aux nationalismes

35. D'après l'article, quelle était l'attitude de Senghor envers la langue française ?

    (A) Il la voyait comme moyen d'unifier des peuples de cultures et d'ethnies différentes.
    (B) Il pensait qu'elle valait la peine d'être étudiée à cause de la richesse de sa littérature.
    (C) Il voulait en faire une langue universelle sur plusieurs continents.
    (D) Il voulait fortement lier le Niger, la Tunisie et le Sénégal grâce à une langue commune.

36. Dans l'interview, comment Lylian Kesteloot définit-elle d'abord la négritude ?

    (A) C'est la couleur d'une personne.
    (B) C'est une philosophie de la vie.
    (C) C'est la tradition orale africaine.
    (D) C'est le titre d'une œuvre de Senghor.

37. Dans l'interview, quel aspect important est-ce que Lylian Kesteloot ajoute ensuite à sa définition de la négritude ?

    (A) Il faut s'accepter comme on est.
    (B) Il faut persuader les autres de changer.
    (C) Il faut se rebeller.
    (D) Il faut respecter tout le monde.

38. Selon Lylian Kesteloot, et d'après les deux sources, qu'est-ce que Senghor voyait surtout dans la négritude ?

    (A) Un mouvement anti-raciste
    (B) Une idéologie démodée
    (C) Un mouvement d'action politique
    (D) Une affirmation de la civilisation africaine

39. D'après les deux sources, quand se sent-on noir ?

    (A) Quand on est en Afrique de l'ouest
    (B) Quand on est dans les pays du Maghreb
    (C) Quand on est parmi les peuples européens
    (D) Quand on est sous le regard des blancs

40. D'après les deux sources, comment certaines personnes perçoivent-elles leur naissance en tant que noires ?

    (A) C'est un pur hasard.
    (B) Ce n'est pas important.
    (C) C'est un mauvais sort.
    (D) C'est un aspect minime de leur identité.

Sélection 2

Thème du cours : Quête de soi

SOURCE #1

Vous aurez d'abord 4 minutes pour lire la source numéro 1.

> **INTRODUCTION**
>
> Dans l'extrait suivant, Edgardo Carosella, immunologiste, et Thomas Pradeu, philosophe, nous présentent leurs réflexions qui ont donné le livre *L'identité, la part de l'autre.*
> http://www.canalacademie.com/ida5575-L-identite-la-part-de-l-autre.html?var_recherche=identite

Vous pensiez être unique grâce à votre codage génétique, votre ADN ? Pourtant, depuis les années 2000, les biologistes ne soutiennent pratiquement plus cette conception de l'identité humaine. En d'autres termes, la
Ligne génétique ne suffit plus à définir un individu. Ils défendent désormais
(5) une forme « d'interactionnisme » : à la dimension génétique, il faut associer l'environnement de l'individu et les rapports qu'il entretient avec les autres.

Nous savons de plus en plus en biologie que l'identité de l'individu est le produit d'une double influence : celle des gènes et celle de l'environne-
(10) ment. Pour Edgardo Carosella, *« se satisfaire de l'unicité génétique pour se déclarer unique n'est qu'égotisme et n'apporte qu'autosatisfaction ».*

En ce sens, le philosophe Thomas Pradeu ajoute qu' « *il ne faut pas confondre identité et unicité* ». Longtemps, la seule manière de définir un individu a été de le départager de l'autre, de montrer en quoi il était

(15) unique. « *On a exagéré cette importance de différence individuelle, mais l'identité ce n'est pas seulement se proclamer unique, c'est aussi comprendre comment on se construit au fil du temps* ».

Nous sommes uniques mais nous sommes tous semblables ! « *Votre ADN est identique à 99,9% à celui de votre voisin* » précise Edgardo

(20) Carosella. « *Une toute petite différence vous sépare, mais ce 0,1 % permet à chaque individu d'être propre, de ne pas se fondre dans une masse, de garder sa liberté. Tout dépend de ce que nous allons considérer comme important : les 99,9 % ou les 0,1 %* ».

L'importance de l'environnement sur la génétique

(25) La famille est toujours cruciale dans la définition de l'identité, même quand on est rejeté. Les valeurs inculquées à l'enfance restent très ancrées dans l'identité de chacun. Il y a un rôle décisif de l'entourage. C'est en ce sens que Thomas Pradeu et Edgardo Carosella parlent d'« interaction-nisme » : il faut associer à la génétique l'importance de l'environnement

(30) social. L'identité est de ce fait évolutive : elle se construit au gré des rencontres, des événements de notre vie, socialement, mais biologiquement aussi. « Dès la naissance, les enfants sont différents biologiquement, y compris les vrais jumeaux » explique Edgardo. . . .

SOURCE #2

CD 3 Track 5

Vous aurez d'abord 1 minute pour lire l'introduction et parcourir les questions.

> ### INTRODUCTION
> Jean-Claude Kaufmann est sociologue, directeur de recherches au CNRS. Il est l'auteur de nombreux livres sur la vie quotidienne. Dans cette interview par Élodie Courtejoie, il définit ce qu'est l'identité pour le sociologue.
> *http://www.canalacademie.com/apprendre/fiche.php?id=6*

41. Qu'est-ce que M. Carosella affirme dans le premier paragraphe de l'article ?

    (A) Tous les hommes sont nés très différents à cause de leurs gènes.
    (B) Les êtres humains se ressemblent de plus en plus au fur et à mesure des siècles.
    (C) L'ADN n'est pas suffisant pour expliquer ce qui rend l'individu unique.
    (D) Les êtres humains ne sont pas aussi génétiquement uniques qu'on le pense.

42. Dans l'article, que veut dire le mot « propre » dans le contexte de l'expression « ce 0,1 % permet à chaque individu d'être propre » (ligne 21) ?

    (A) Respectueux
    (B) Supérieur
    (C) Égocentrique
    (D) Différent

43. Dans l'article, qu'est-ce que Carosella dit de *l'être humain* dans la phrase suivante : « Tout dépend . . . les 99,9 % ou les 0,1 % » (lignes 22–23) ?

    (A) Sa marge d'unicité est très petite.
    (B) Il est scientifiquement identique à tout autre être humain.
    (C) Sa liberté individuelle n'existe pas.
    (D) Son ADN doit être modifié à l'avenir.

44. Dans l'article, que disent Carosella et Pradeu de l'identité ?

    (A) Elle est entièrement ancrée dans l'ADN.
    (B) Elle est créée par l'action réciproque de la génétique et de l'environnement.
    (C) Elle est fixée dès le très jeune âge d'une personne.
    (D) Elle change avec la mutation de l'ADN.

45. Dans l'interview, que dit le sociologue Kaufmann à propos du mot identité ?

    (A) C'est un mot qui ne veut rien dire.
    (B) C'est un mot facile à expliquer.
    (C) C'est un mot très à la mode.
    (D) C'est un mot mal utilisé.

46. Dans l'interview, selon M. Kaufmann, où a-t-on vu paraître les premiers papiers d'identité ?

    (A) Dans les archives paroissiales
    (B) Dans les journaux
    (C) Dans les aéroports
    (D) Dans les institutions scolaires

47. Dans l'interview, selon M. Kaufmann, à quoi doit-on les premiers papiers d'identité ?

    (A) L'émergence de l'état comme corps administratif
    (B) L'établissement de préfectures régionales
    (C) Les grandes vagues d'immigration
    (D) L'administration des départements français

48. Dans l'interview, selon M. Kaufmann, qu'est-ce que les Français ont depuis 1940 ?

    (A) Le droit de changer de nom et d'identité
    (B) Une carte d'identité avec quelques faits personnels
    (C) L'illusion d'être uniques
    (D) Le sentiment qu'ils doivent être uniques

49. Quelle idée trouve-t-on dans les deux sources sur l'identité ?

    (A) L'identité peut seulement se définir biologiquement.
    (B) La notion d'identité est compliquée et complexe.
    (C) Seuls les sociologues comprennent que l'identité a plus d'une facette.
    (D) La notion d'identité change à chaque époque.

INTERPRETIVE COMMUNICATION: AUDIO TEXTS

You have 1 minute to read the directions for this section.	Vous avez 1 minute pour lire les instructions pour cette section.
You will answer multiple-choice questions based on only audio selections. Listen to each selection twice. Then choose the best answer for each question.	Vous allez répondre aux questions à choix multiples basées sur des sélections audio. Vous allez écouter chaque sélection deux fois. Ensuite choisissez la meilleure réponse pour chaque question.

Sélection 1

Thème du cours : Vie contemporaine

Vous aurez d'abord 2 minutes pour lire l'introduction et parcourir les questions.

INTRODUCTION

Dans cet extrait, Elodie Courtejoie fait l'interview d'André Aurengo, membre de l'Académie nationale de médecine, chef du service de médecine nucléaire à l'hôpital Pitié-Salpêtrière à Paris et membre du Haut conseil de la santé publique. Elle lui parle des risques à la santé qu'on attribue au téléphone portable.

http://www.canalacademie.com/apprendre/fiche.php?id=65

USEFUL TERMS FOR THIS PRACTICE TEST ONLY.
The actual exam will not include them.

Bouygues Telecom: opérateur de téléphonie mobile
AFSSET (f): Agence française de Sécurité sanitaire de l'Environnement et du Travail
OMS (f): Organisation mondiale de la santé
SCENIHR: Scientific Committee on Emerging and Newly Identified Health Risk
Innocuité (f): qui ne fait pas de mal

50. Dans sa question au début de l'interview, quel problème suivant lié au téléphone portable est-ce que la journaliste Élodie Courtejoie évoque ?

    (A) L'émission de sons forts
    (B) Un effet de chaleur
    (C) Les distractions qu'il cause
    (D) La nécessité de le tenir en main

51. Pourquoi M. Aurengo se sent-il obligé de dire qu'il fait du travail bénévole pour France Telecom ?

    (A) Il veut rassurer les auditeurs que ses conseils sont objectifs.
    (B) Il veut montrer qu'il connaît bien les téléphones.
    (C) Il est fier de faire partie de cette grande compagnie.
    (D) Il ne veut pas qu'on lui reproche de gagner trop d'argent.

52. Lequel des avis suivants est-ce que M. Aurengo exprime concernant une crise sanitaire causée par le téléphone portable ?

    (A) Il y a des raisons de craindre des conséquences néfastes à la santé.
    (B) Il pense que les portables causent des tumeurs chez les jeunes.
    (C) Il dit que les femmes qui attendent des enfants sont vulnérables.
    (D) Il n'y a pas d'évidence scientifique que les portables soient à craindre.

53. De quoi est-ce que M. Aurengo se rend parfaitement bien compte ?

    (A) Il y a des problèmes de santé pas très graves qui sont dûs au portable.
    (B) Il y a des gens qui craignent que le portable cause des problèmes de santé graves.
    (C) Le problème d'échauffement de l'oreille est effectivement sérieux.
    (D) Certaines recherches prouvent que le cancer est un effet prouvé de l'utilisation prolongée du portable.

54. A la fin de l'extrait, que dit M. Aurengo au sujet des incertitudes concernant les risques de santé associés au portable ?

    (A) Il faut faire attention et ne pas excessivement utiliser les portables.
    (B) Une étude en cours va révéler qu'il y a beaucoup de risques associés au portable.
    (C) Il n'y pas de risques pendant la première année d'utilisation du portable.
    (D) Il n'y a probablement pas de risques les dix premières années.

55. Quelle question est-ce que la journaliste pourrait logiquement poser à la fin de cet extrait ?

   (A) Vous dites donc que les dangers du téléphone portable ont été sous-estimés ?
   (B) Pourriez-vous nous résumer les dangers de l'utilisation excessive du téléphone portable ?
   (C) Je ne devrais donc pas m'inquiéter du fait que j'utilise un portable tous les jours ?
   (D) Il faudrait donc que je tienne mon portable à une certaine distance de l'oreille ?

Sélection 2

Thème du cours : Défis mondiaux

Vous aurez d'abord 1 minute pour lire l'introduction et parcourir les questions.

> ### INTRODUCTION
> Dans cet extrait sonore diffusé par Radio Nations Unies en mai 2010, les propos de M. Frank Hageman, chef de la section « Politique et Recherche » du Programme international pour l'élimination du travail des enfants au BIT (Bureau International du Travail) sont recueillis par M. Alpha Diallo.
> *http://www.canalacademie.com/apprendre/fiche.php?id=65*

56. D'après ce rapport, où s'est passée la conférence du BIT au mois de mai 2010 ?

   (A) En France
   (B) Au Canada
   (C) En Afrique du nord
   (D) En Europe

57. D'après ce rapport, quel but principal s'est donné le BIT à la conférence ?

   (A) De faire des études concernant le travail des enfants
   (B) De publier les résultats de leurs recherches
   (C) De stimuler la campagne contre le travail des enfants
   (D) De tonifier l'économie

58. Qu'est-ce que le BIT voudrait surtout faire avant 2016 ?

   (A) Améliorer les conditions de travail pour tous
   (B) Faire monter l'âge de travail des mineurs
   (C) Ralentir le rythme du travail globalement
   (D) Éliminer certaines formes de travail pour les enfants

59. Laquelle des raisons suivantes est invoquée comme raison majeure du travail des enfants en Afrique subsaharienne ?

(A) La scolarité n'y est pas valorisée.
(B) Leurs pères les forcent à travailler.
(C) Le sida y a des proportions épidémiques.
(D) L'infrastructure sociale n'y existe pas.

60. D'après ce rapport, pourquoi les enfants africains travaillent-ils surtout dans l'agriculture ?

(A) Ils habitent dans des pays pauvres où il y a peu de ressources en dehors de l'agriculture.
(B) Ils habitent dans des endroits désertiques en dehors des agglomérations.
(C) Ils ne peuvent rien faire d'autre car ils sont très jeunes.
(D) Ils apprennent à cultiver très tôt car ils ne vont pas à l'école.

Sélection 3

Thème du cours : Science et Technologie

Vous aurez d'abord 1 minute pour lire l'introduction et parcourir les questions.

INTRODUCTION

Cet entretien avec Vincent Jacques le Seigneur, le secrétaire général de l'INES (Institut national de l'énergie solaire) concerne les performances actuelles et attendues de l'énergie solaire en France. Ce document vient du site suivant :
http://www.ddmagazine.com/757-Energie-solaire-versus-combustible-fossile-et-nucleaire.html

---

61. Dans ses propos, que dit M. le Seigneur du coût de l'énergie fossile ?

(A) Il a atteint un point excessivement élevé à l'heure actuelle.
(B) Il descendra quand l'économie sera meilleure.
(C) A l'avenir, il continuera nécessairement de monter.
(D) Il est plus bas que celui de l'énergie nucléaire.

62. Que pense M. le Seigneur de l'énergie solaire en France ?

(A) Dans dix ans, elle coûtera environ la même chose que l'énergie fossile.
(B) Elle coûte déjà moins cher que l'énergie fossile.
(C) La France ne s'y investit pas assez.
(D) L'Espagne est la rivale de la France dans la production d'énergie solaire.

63. Qu'est-ce que M. le Seigneur pense du rôle de l'état dans la production d'énergie solaire ?

    (A) Il croit que l'état ne doit jamais intercéder dans les marchés économiques.
    (B) Il est persuadé que l'état ne peut pas diriger de grandes compagnies.
    (C) Il pense que l'état peut aider à faire démarrer une nouvelle industrie.
    (D) Il pense que l'état peut contrôler le coût de l'énergie.

64. D'après M. le Seigneur, que peut-on dire des consommateurs d'énergie solaire en France ?

    (A) Ils préfèreraient l'énergie fossile traditionnelle.
    (B) Ils ont de l'énergie gratuite.
    (C) Ils ont un contrat avec l'Electricité nationale.
    (D) Ils paient double à la compagnie d'Electricité.

65. Avec quelle garantie M. le Seigneur finit-il ses propos ?

    (A) Son matériel d'énergie solaire aura encore 100% de sa puissance dans vingt ans.
    (B) Son matériel d'énergie solaire peut être revendu plus tard à un prix un peu plus bas.
    (C) Le consommateur d'énergie solaire ne paiera rien pour son électricité pendant les dix ans qui viennent.
    (D) Le consommateur d'énergie solaire fera un profit de son matériel d'énergie solaire dans dix ans.

End of Section I

Section II: Free Response

INTERPERSONAL WRITING: E-MAIL REPLY

TIME: 15 MINUTES

You are likely to encounter the following instructions on your exam. Be sure to check the College Board website for possible changes and updates to these instructions.

Your task is to reply to an e-mail message. Take 15 minutes to read your message and write your reply.

Be sure to include a greeting and a closing and to respond to all the questions and requests in the message. In addition, ask for more details about something mentioned in the message. Use a formal form of address in your reply.

Votre tâche est de répondre à un courriel. Vous avez 15 minutes pour lire le message et rédiger votre réponse.

N'oubliez pas d'inclure une salutation au début et une formule de politesse à la fin ainsi que de répondre à toutes les questions et requêtes du message. De plus, demandez des détails sur une chose mentionnée dans le message. Ecrivez dans un registre de langue soutenu.

Thème du cours : La vie contemporaine

> **INTRODUCTION**
>
> You have requested information from the *Office du Tourisme* regarding a guided tour of the town. This is the e-mail you received.

De	
Objet	

Monsieur, madame,

L'Office de Tourisme d'Aix en Provence vous remercie de votre intérêt à visiter les sites et découvrir l'héritage culturel et artistique du pays d'Aix. Sur notre site internet, vous avez coché les sujets suivants :

✔ Visite guidée de la ville

✔ Studio de Cézanne

✔ Hôtel

Veuillez nous donner quelques renseignements supplémentaires pour que nous puissions mieux vous servir.

     Dates exactes de votre séjour.
     Nombre de personnes pour la visite guidée.
     Nombre de chambres d'hôtel à réserver.

Veuillez aussi nous dire si vous comptez rester dans la ville d'Aix ou si vous vous intéressez à faire des excursions en dehors de la ville.

Une fois que nous aurons reçu votre réponse, nous vous ferons un plaisir de vous proposer des hôtels, des sites et des activités dans le beau pays d'Aix.

Bien à vous,

Marius Reis
Marius.reis @aix

PRESENTATIONAL WRITING: PERSUASIVE ESSAY

TIME: APPROXIMATELY 55 MINUTES

CD 3
Track
9

You have 1 minute to read the directions for this section.	Vous avez 1 minute pour lire les instructions pour cette section.

In this part of the exam, you will write a persuasive essay based on three accompanying sources that present different viewpoints on the topic and include both print and audio material.

First take 6 minutes to read the essay topic and the printed material. Next listen twice to the audio selection. Then take 40 minutes to write your essay. In the essay, present the sources' various viewpoints on the topic, and clearly indicate your own viewpoint. Defend it thoroughly! Use information from all the sources, and identify them. Organize your essay into paragraphs.

Dans cette partie de l'examen, vous allez écrire un essai argumentatif basé sur trois sources qui présentent des points de vue différents sur le sujet et qui comprennent des sources écrites et audio.

Passez d'abord 6 minutes à lire le sujet de l'essai et le matériel imprimé. Ensuite écoutez deux fois la sélection audio. Vous aurez alors 40 minutes pour écrire votre essai. Dans l'essai, présentez les points de vue différents trouvés dans les sources et indiquez clairement votre propre point de vue. Défendez-le vigoureusement ! Servez-vous de renseignements fournis par toutes les sources en les identifiant. Organisez votre essai en paragraphes.

Thème du cours : Vie contemporaine/Science et Technologie

Vous aurez 6 minutes pour lire le sujet de l'essai, la source numéro 1 et la source numéro 2.

Sujet de l'essai :

Toute technologie nouvelle semble être accompagnée de l'émergence d'une diversité d'utilisations. Certaines semblent plus susceptibles que d'autres d'améliorer et d'enrichir l'expérience humaine. Justifiez votre point de vue tout en citant les trois sources.

SOURCE #1

> **INTRODUCTION**
>
> Les propos suivants de M. Francis Balle, professeur à l'Université Paris 2, ont été recueillis par Myriam Lemaire pour le site Canalacadémie. Il s'agit de la façon dont les réseaux sociaux comme Twitter et Facebook sont devenus des moyens d'information.
>
> *http://www.canalacademie.com/ida7297-Internet-et-les-reseaux-sociaux-nouveaux-medias-d-information.html?var_recherche=Reseaux%20sociaux*

Un nouveau basculement

Francis Balle rappelle qu'il y a 30 ans, la télévision a mis fin au règne absolu de la presse imprimée. Mais c'est l'arrivée d'Internet qui a bouleversé le paysage des médias au milieu des années 1990–2000, marquant une véritable rupture au tournant du 20ème siècle. En 2010–2011, l'essor des blogs et des réseaux sociaux, comme Facebook ou Twitter, a provoqué un basculement considérable. « Internet continue à faire ce que les autres médias faisaient avant mais il ajoute des services nouveaux interactifs en direct ».

« C'est un basculement qui nous oblige à revoir toutes les règles du jeu », explique Francis Balle. Il évoque le rôle joué par le site Twitter dans plusieurs événements d'actualité : révolutions dans le monde arabe, catastrophes au Japon, mise en accusation à New York du directeur général du FMI.

Qu'est-ce qu'un twit ? C'est un gazouillis, précise Francis Balle, un message très court qui ne dépasse pas 140 signes, espaces compris. Ces petits messages permettent d'apporter l'information en temps réel. Elle est ensuite relayée par la télévision à travers des images qui peuvent être « sidérantes », puis viennent les analyses et les commentaires de la presse écrite.

SOURCE #2

Graphique—De plus en plus d'entreprises possèdent un site web

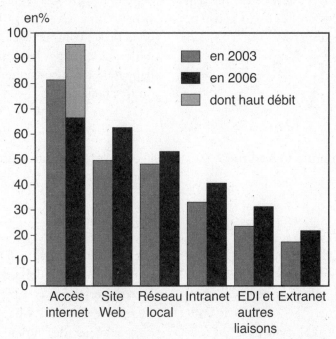

Source: *enquête statistique publique, COI-TIC 2006, Insee, CEE.*

SOURCE #3

Vous avez 30 secondes pour lire l'introduction.

INTERPERSONAL SPEAKING: CONVERSATION

TIME: 15 MINUTES

In this part of the exam, you will participate in a conversation. Always start or stop speaking at the tone. You will have to record your answers. Speak loudly enough and clearly. Follow instructions and start, pause, or stop your recorder when told to do so. The tone is a cue to start or stop speaking—it is not a cue to pause or stop the recorder.

Dans cette partie de l'examen, vous allez participer à une conversation. Commencez et arrêtez de parler à la tonalité. Il faudra enregistrer vos réponses. Parlez assez fort et claire-ment. Suivez les instructions et met-tez en marche, en pause, ou arrêtez l'appareil d'enregistrement quand on vous le dira. La tonalité indique que vous devez commencer ou arrêter de parler; ce n'est pas le signal de mettre l'appareil d'enregistrement en pause ou de l'éteindre.

You have 1 minute to read the directions.

(Vous avez 1 minute pour lire les instructions.)

First you will have 1 minute to read a preview of the conversation as well as an outline of the conversation. The conversation will then begin, follow-ing the outline. Each time it is your turn to speak, you will have 20 sec-onds to record your response.

D'abord vous aurez 1 minute pour lire une introduction à la conversa-tion et le schéma de la conversation. La conversation commencera alors suivant le schéma. Chaque fois que c'est à vous de parler, vous aurez 20 secondes pour enregistrer votre réponse.

Thème du cours : Famille et Communauté/ Vie contemporaine

Vous avez 1 minute pour lire l'introduction et le schéma de la conversation.

INTRODUCTION

Vous parlez à votre copine Hélène qui a un grand service à vous demander.

Hélène :	Elle voudrait organiser une fête d'anniversaire pour sa correspondante française Sylvie.
Vous :	Demandez la date de l'anniversaire de Sylvie en expliquant pourquoi c'est important.
Hélène :	Elle explique que ce sera juste avant la rentée des classes et elle donne quelques détails.
Vous :	Dites que vous voulez bien donner un coup de main et élaborez !
Hélène :	Elle explique comment elle envisage la fête.
Vous :	Exprimez votre enthousiasme pour ses idées.
Hélène :	Elle demande si vous voulez l'aider dans le choix de la musique.
Vous :	Assurez Hélène que vous allez l'aider en donnant des détails.
Hélène :	Elle vous remercie et dit qu'elle veut vraiment une fête super pour Sylvie.
Vous :	Montrez-vous prêt(e) à tout faire pour que la fête soit réussie. Finissez la conversation.

PRESENTATIONAL SPEAKING: CULTURAL COMPARISON

TIME: 5 MINUTES

You have 1 minute to read the directions for this task.	Vous avez 1 minute pour lire les instructions pour cet exercice.
On this part of the exam, your task is to make an oral presentation to your class on a specific topic. You have 3 minutes to read the topic and prepare your presentation. Then you have 2 minutes to record your presentation. In your presentation, compare your own community to an area of the French-speaking world with which you are familiar. Organize your presentation clearly.	Dans cette partie de l'examen, vous devez présenter un exposé oral à votre classe sur un sujet donné. Vous avez 3 minutes pour lire le sujet et préparer votre présentation. Ensuite vous avez 2 minutes pour enregistrer votre exposé. Dans votre exposé, comparez votre communauté à une région de monde francophone que vous connaissez. Organisez bien votre présentation.

Thème du cours : La vie contemporaine

Chaque culture a des célébrations très spécifiques à cette culture. Comparez une célébration traditionnelle dans votre culture à une célébration qui a lieu dans une région francophone que vous connaissez.

Answer Key
PRACTICE EXAM 1

SECTION I: MULTIPLE-CHOICE

PART A

Interpretive Communication: Print Texts

1. A	9. A	17. C	25. C
2. B	10. A	18. B	26. B
3. C	11. B	19. D	27. C
4. A	12. D	20. D	28. B
5. C	13. B	21. A	29. D
6. C	14. B	22. B	30. B
7. D	15. B	23. C	
8. B	16. C	24. B	

PART B

Interpretive Communication: Print and Audio Texts (Combined)

31. C	36. A	41. C	46. A
32. C	37. A	42. D	47. A
33. C	38. D	43. A	48. B
34. B	39. D	44. B	49. B
35. A	40. C	45. C	

Interpretive Communication: Audio Texts

50. B	54. D	58. D	62. A
51. A	55. C	59. C	63. C
52. D	56. D	60. A	64. C
53. A	57. C	61. C	65. D

SECTION II: FREE RESPONSE

See Appendix D for transcripts of audio documents.

Answers Explained

Section I: Multiple-Choice

PART A

Interpretive Communication: Print Texts

Sélection 1

1. **(A)** The case is made that a tax on artistic property would adversely impact the appreciation of art: *"conséquences désastreuses."*

2. **(B)** He accuses political and government leaders of being incompetent, *"L'incompétence absolue."*

3. **(C)** *Le Monde* is a newspaper, *"Ce journal."*

4. **(A)** The author of this article clearly thinks that the newspaper should have presented both sides of the argument, for and against the tax.

5. **(C)** *"Nos dirigeants"* is followed by *"Mais que des hommes politiques...."*

6. **(C)** The suffix -able connotes doable and a context clue is: *"dont on parlait encore récemment. . . ."*

7. **(D)** The passage states that this tax was supposed to be eliminated but here it is again being debated, *"Ressortent une nouvelle fois cette proposition."*

8. **(B)** It is alleged that some taxpayers would invest their money in art because they would not pay tax on that investment.

9. **(A)** The article is an editorial where a person states and defends a point of view on an issue.

Sélection 2

10. **(A)** *"Ne pas oublier"* is an instruction or a call not to forget the population in Tchad.

11. **(B)** The United Nations has asked the international community to help Tchad financially, *"L'appel . . . n'a jusqu'à présent été financé qu'à hauteur de 56 %."*

12. **(D)** This adjectif related to the noun *voisin* (neighbor) means "approximating/in the neighborhood of." The context confirms this definition as we read that there were many cases of cholera in September. Therefore answer A (slowing down) is to be eliminated, as well as answer B (preventing) and answer C (healing).

13. **(B)** Both diseases reached catastrophic proportions in 2011 according to the information in this paragraph.

14. **(B)** The word *flambée* comes from *flamme* (a flame), suggesting a quick rise. The information also mentions that there were more than 1,000 cases.

15. **(B)** Thanks to the partnership of government with these organizations, progress has been made, "*efforts fournis par. . . .*"

16. **(C)** It is stated that the head of state presided over meetings with his government: "*Les rencontres mensuelles de haut niveau, présidées par le chef de l'État on également contribué. . . .*"

17. **(C)** The three other questions have already been answered or addressed in the report.

Sélection 3

18. **(B)** He is pensive and affectionate, not sad or optimistic, or rebellious.
19. **(D)** The mother died of an illness that was not treated properly, "*Fièvre de lait mal soignée.*"
20. **(D)** Misery enveloped the family little by little.
21. **(A)** The baker saw his arm through the window, "*Un bras passé . . . dans la vitre.*"
22. **(B)** The word *jambe* suggests on foot and the phrase *à toutes* suggests with all your legs or with maximum speed.
23. **(C)** Valjean represents the cut-off tree when he was arrested, and the family members are the leaves that inevitably fall off. Therefore, they are victims.

Sélection 4

24. **(B)** She first compliments the person to whom she is writing on the good work of the program.
25. **(C)** Yvette expresses her sorrow at having to place her dog elsewhere, "*Nous ne pourrons malheureusement pas emmener. . . .*"
26. **(B)** Yvette mentions that she is a dog from the *Pyrénées* (the Pyrenees Mountains).
27. **(C)** Yvette mentions that the dog has a lot of hair, which makes her high maintenance, "*Brosser et passer l'aspirateur. . . .*"
28. **(B)** Yvette wants the SPA to advertise her dog's need for a home to its many members.
29. **(D)** The map shows a number of shelters in the Paris area.
30. **(B)** It is the only logical answer in the context of the information provided. The association might reasonably approve the request once the required information is provided.

PART B

Interpretive Communication: Print and Audio Texts (Combined)

Sélection 1

31. **(C)** The focus is on cultural identity, "*Mouvement culturel.*"

32. **(C)** The context suggests that one's "blackness" was not reserved, hated, or welcomed. Rather, it was endured.

33. **(C)** Sartre interpreted the movement as racism against racism, whereas Senghor saw it as a cultural movement.

34. **(B)** Senghor saw the movement as a means to protect oneself against preju-dice based on color of the skin, "*Arme de refuge.*"

35. **(A)** Senghor saw French as a language capable of unifying people of different cultures. The last paragraph contains many clues.

36. **(A)** She defines it by quoting Césaire as saying "*le fait d'être noir.*"

37. **(A)** This answer is justified by the expression "*tel qu'on est.*"

38. **(D)** Both documents focus on the cultural dimension and intent of the *négritude* movement as a validation of African culture.

39. **(D)** Black people are only seen as black by white people. Lylian Kesteloot uses the following quote, "*C'est le blanc qui crée le nègre.*"

40. **(C)** This answer is suggested by the use of the word "*malédiction*" in the print article and "*ce côté subi . . . par le regard de l'autre*" in the interview.

Sélection 2

41. **(C)** Genetics alone no longer suffices to explain human identity, "*la génétique ne suffit plus à définir un individu.*"

42. **(D)** The context suggests uniqueness, not superiority, respect, or egocentri-city. "*L'identité de l'individu est le produit d'une double influence : celles des gènes et celle de l'environnement.*"

43. **(A)** By stating that only 1% of human DNA is different from one person to another, Carosella confirms that the margin of "uniqueness" is very small among human beings. He previously said, "*Nous sommes uniques mais nous sommes tous semblables.*" (We are unique but we are all similar.)

44. **(B)** Genetics interact with the environment to create an identity.

45. **(C)** The word is used a lot in contemporary society and in many contexts, "*Le mot est employé de manière banale, je dirais ordinaire, dans la presse, par tout le monde.*"

46. **(A)** Identity papers first emerged in parishes, "*Ça date de l'époque des registres paroissiaux.*"

47. **(A)** This answer is a consequence of states taking on administrative functions over citizens, which made identity papers necessary, "*Avant l'État, la commu-nauté se connaît elle-même.*"

48. **(B)** Since 1940, French citizens have been expected to carry the *carte d'iden-tité*, which states their name, their birth date, and so on.

49. **(B)** Both sources mention the complexity of defining identity.

Interpretive Communication: Audio Texts

Sélection 1

50. **(B)** She mentions the "*échauffement*" caused by cell phones.

51. **(A)** The context suggests that his advice not to worry about health problems due to cell phones might be perceived as a conflict of interest since he is on the board of a big phone company, *"Je fais partie du conseil scientifique de Bouygues Telecom mais que je ne suis pas rémunéré."*

52. **(D)** He says no evidence indicates that there are health risks in spite of many studies, *"On n'a pas mis en evidence."*

53. **(A)** He suggests that ailments such as a little heat emanating from the cell phone are minor, *"Petits désagréments du genre échauffement."*

54. **(D)** Studies that are being done should reveal that there is no danger, *"Il y a une certitude d'inocuité jusqu'à dix ans."*

55. **(C)** Mr. Aurengo has made the case that even frequent use of cell phones has not proven to be a health risk.

Sélection 2

56. **(D)** This answer is correct because *Les Pays Bas* (The Netherlands) are mentioned.

57. **(C)** The campaign against the worst forms of child labor was successful for a while but is slowing down, *"Ralentissement du rythme de réduction à l'échelle globale."*

58. **(D)** The organization seeks to eliminate *"les pires formes du travail des enfants."*

59. **(C)** Due to the AIDS epidemic (*sida qui fait ravage*), many children are orphaned and have to work.

60. **(A)** The problem of child labor is worst mostly in developing countries where agriculture is the only resource, *"Des pays à faibles revenus où on voit une pré-dominance de l'agriculture."*

Sélection 3

61. **(C)** Mr. le Seigneur states that the cost of fossil energy will necessarily go up in the future, *"Il ne peut qu'augmenter."*

62. **(A)** Mr. le Seigneur states that ten years from now, the cost of solar energy will be about the same as the cost of fossil energy, *"On va rattraper le coût du kilowater fossile . . . dans les dix ans."*

63. **(C)** Mr. le Seigneur states that a state must often help a new industry get started but must eventually let the market forces take over, *"L'état il est là pour lancer une filière, il est pas là pour la porter."*

64. **(C)** Mr. le Seigneur states that every consumer of solar energy has a contract with *L'électricité nationale.*

65. **(D)** Mr. le Seigneur states that in ten years, a consumer is sure to start making a profit from his or her investment, *"Au bout de 10 ans, il ne peut que vous rapporter."*

Section II: Free Reponse

INTERPERSONAL WRITING: EXEMPLARY E-MAIL REPLY

De	
Objet	

Monsieur,

Je m'empresse de vous répondre car j'ai hâte d'organiser et de planifier mon séjour à Aix en Provence.

Je serai accompagné par mes parents. Donc, pour l'hôtel, il nous faudrait deux chambres, une grande chambre avec toilettes et bain pour mes parents et une petite chambre pour moi. Je vois d'ailleurs qu'il y a des hôtels près de l'université. Comme je compte y faire des études éventuellement, je voudrais y aller pour me donner une idée de l'ambiance. Alors un hôtel près du campus, ce serait idéal. Ceci dit, ce n'est pas absolument nécessaire puisque la ville n'est pas très grande et presque tout semble être à proximité.

Pour la visite guidée de la ville, nous serons 3 personnes adultes. Moi, j'ai ma carte internationale d'étudiant qui me donne des rabais, n'est-ce pas ?

Nous n'avons pas encore acheté nos billets d'avion mais je peux vous dire que notre séjour sera pendant la période du 1er au 15 juillet.

Pour ce qui est des excursions en dehors de la ville, nous nous intéressons à voir les villages environnants. Comme j'étudie l'architecture, je m'intéresse spécialement aux sites d'intérêt artistique.

Je vous remercie vivement et j'attends de vos nouvelles.

Sincères salutations,

Phillip Marsh

PRESENTATIONAL WRITING: EXEMPLARY PERSUASIVE ESSAY

Personne ne peut nier qu'il y a énormément d'avantages à utiliser l'internet tant dans sa vie privée que dans le monde du travail et de l'entreprise. Si l'internet peut malheureusement être utilisé à des fins nuisibles, il faut trouver des moyens de décourager et d'éliminer cela en passant des lois qui contrôlent les actions malhonnêtes des usagers de l'internet.

Un premier avantage d'utiliser l'internet est l'acquisition immédiate de toutes sortes de renseignements. Si ma mère cherche une recette, elle consulte l'internet et trouve un grand choix de toutes sortes de recettes. Si je cherche la définition d'une expression, j'ai des dictionnaires en ligne parmi lesquels je n'ai que l'embarras du choix. Sur une plus grande échelle, on peut en temps réel, voir ce qui se passe dans le monde. Dans la source 1, M. Francis Balle évoque « le rôle joué par le site Twitter dans plusieurs événements d'actualité : révolutions dans le monde arabe, … ». Qui peut contester que le « printemps arabe » ait jamais pu avoir lieu sans les communications internet qui montraient au monde ce qui se passait dans le monde arabe, sans les contacts que les manifestants maintenaient les uns avec les autres ? Dans la source 1, M. Balle évoque aussi les grandes catastrophes comme les tremblements de terre. Là encore, la mobilisation des tous les pays du monde pour venir en aide aux victimes serait-elle aussi efficace sans les images et les informations instantanées qui nous parviennent lors d'une catastrophe ? J'en doute !

Un autre avantage d'utiliser l'internet est son rôle dans notre enrichissement culturel. Quand on a accès à l'internet, on peut suivre ce qui se passe dans son quartier, sa ville, sa région, son pays et dans le monde entier. On a accès instantanément aux divertissements (théâtre, cinéma, expositions d'art etc.). On peut même s'inscrire immédiatement à des activités ou acheter des billets pour des spectacles. On peut aussi trouver sa musique préférée et la télécharger à un prix modeste ou gratuitement.

D'autre part il est vrai que l'internet est devenu un instrument extrêmement utile et efficace pour le commerce et pour les entreprises privées dont le but est de vendre à gros volume. Le graphique de la source 2 nous prouve que le nombre d'entreprises qui se servent de l'internet et qui ont des sites web ne fait que monter. Les entreprises peuvent non seulement faire de la publicité en ligne mais aussi, comme dit M. Balle dans la source 3, « espionner » le consommateur en suivant les remarques faites par les gens sur les réseaux sociaux ou sur les blogs. Mais est-ce si grave que cela ? Si les entreprises apprennent que leurs produits ne sont pas appréciés pour une raison quelconque, ne voudront-elles pas modifier et améliorer leurs produits ? On peut le souhaiter !

Bien qu'il y ait certainement des utilisations égoïstes et désagréables de l'internet, je dirais que les avantages de l'internet sont si importants qu'il faut permettre à autant de gens que possible d'en profiter. Il faut cependant aussi mettre en place des contrôles et des lois pour protéger les utilisateurs de l'internet contre des actions malhonnêtes.

INTERPERSONAL SPEAKING: EXEMPLARY CONVERSATION

See Appendix D for transcripts of audio documents.

PRESENTATIONAL SPEAKING: EXEMPLARY CULTURAL COMPARISON

See Appendix D for transcripts of audio documents.

Answer Sheet
PRACTICE EXAM 2

SECTION I: MULTIPLE-CHOICE

PART A

Interpretive Communication: Print Texts

1 Ⓐ Ⓑ Ⓒ Ⓓ   9 Ⓐ Ⓑ Ⓒ Ⓓ   17 Ⓐ Ⓑ Ⓒ Ⓓ   25 Ⓐ Ⓑ Ⓒ Ⓓ
2 Ⓐ Ⓑ Ⓒ Ⓓ   10 Ⓐ Ⓑ Ⓒ Ⓓ   18 Ⓐ Ⓑ Ⓒ Ⓓ   26 Ⓐ Ⓑ Ⓒ Ⓓ
3 Ⓐ Ⓑ Ⓒ Ⓓ   11 Ⓐ Ⓑ Ⓒ Ⓓ   19 Ⓐ Ⓑ Ⓒ Ⓓ   27 Ⓐ Ⓑ Ⓒ Ⓓ
4 Ⓐ Ⓑ Ⓒ Ⓓ   12 Ⓐ Ⓑ Ⓒ Ⓓ   20 Ⓐ Ⓑ Ⓒ Ⓓ   28 Ⓐ Ⓑ Ⓒ Ⓓ
5 Ⓐ Ⓑ Ⓒ Ⓓ   13 Ⓐ Ⓑ Ⓒ Ⓓ   21 Ⓐ Ⓑ Ⓒ Ⓓ   29 Ⓐ Ⓑ Ⓒ Ⓓ
6 Ⓐ Ⓑ Ⓒ Ⓓ   14 Ⓐ Ⓑ Ⓒ Ⓓ   22 Ⓐ Ⓑ Ⓒ Ⓓ   30 Ⓐ Ⓑ Ⓒ Ⓓ
7 Ⓐ Ⓑ Ⓒ Ⓓ   15 Ⓐ Ⓑ Ⓒ Ⓓ   23 Ⓐ Ⓑ Ⓒ Ⓓ
8 Ⓐ Ⓑ Ⓒ Ⓓ   16 Ⓐ Ⓑ Ⓒ Ⓓ   24 Ⓐ Ⓑ Ⓒ Ⓓ

PART B

Interpretive Communication: Print and Audio Texts (Combined)

31 Ⓐ Ⓑ Ⓒ Ⓓ   36 Ⓐ Ⓑ Ⓒ Ⓓ   41 Ⓐ Ⓑ Ⓒ Ⓓ   46 Ⓐ Ⓑ Ⓒ Ⓓ
32 Ⓐ Ⓑ Ⓒ Ⓓ   37 Ⓐ Ⓑ Ⓒ Ⓓ   42 Ⓐ Ⓑ Ⓒ Ⓓ   47 Ⓐ Ⓑ Ⓒ Ⓓ
33 Ⓐ Ⓑ Ⓒ Ⓓ   38 Ⓐ Ⓑ Ⓒ Ⓓ   43 Ⓐ Ⓑ Ⓒ Ⓓ   48 Ⓐ Ⓑ Ⓒ Ⓓ
34 Ⓐ Ⓑ Ⓒ Ⓓ   39 Ⓐ Ⓑ Ⓒ Ⓓ   44 Ⓐ Ⓑ Ⓒ Ⓓ   49 Ⓐ Ⓑ Ⓒ Ⓓ
35 Ⓐ Ⓑ Ⓒ Ⓓ   40 Ⓐ Ⓑ Ⓒ Ⓓ   45 Ⓐ Ⓑ Ⓒ Ⓓ

Interpretive Communication: Audio Texts

50 Ⓐ Ⓑ Ⓒ Ⓓ   54 Ⓐ Ⓑ Ⓒ Ⓓ   58 Ⓐ Ⓑ Ⓒ Ⓓ   62 Ⓐ Ⓑ Ⓒ Ⓓ
51 Ⓐ Ⓑ Ⓒ Ⓓ   55 Ⓐ Ⓑ Ⓒ Ⓓ   59 Ⓐ Ⓑ Ⓒ Ⓓ   63 Ⓐ Ⓑ Ⓒ Ⓓ
52 Ⓐ Ⓑ Ⓒ Ⓓ   56 Ⓐ Ⓑ Ⓒ Ⓓ   60 Ⓐ Ⓑ Ⓒ Ⓓ   64 Ⓐ Ⓑ Ⓒ Ⓓ
53 Ⓐ Ⓑ Ⓒ Ⓓ   57 Ⓐ Ⓑ Ⓒ Ⓓ   61 Ⓐ Ⓑ Ⓒ Ⓓ   65 Ⓐ Ⓑ Ⓒ Ⓓ

Practice Exam 2

Section I: Multiple-Choice

PART A

TIME: 40 MINUTES

INTERPRETIVE COMMUNICATION: PRINT TEXTS

In this part of the exam, you will read several selections accompanied by a number of questions. For each question, choose the most appropriate response.	Dans cette partie de l'examen, vous allez lire plusieurs sélections accompagnées de questions. Pour chaque question, choisissez la réponse la plus appropriée.

Sélection 1

Thème du cours : Famille et Communauté

> **INTRODUCTION**
> Ce document fournit des renseignements sur la chasse au Sénégal. Cet article vient du site web officiel du pays, qui encourage tout le monde à visiter ce pays africain.
> *http://www.sunugaal.com/fr/sporting_lie.asp*

Tous les férus d'activités en plein air sont bien servis au Sénégal. A vos marques et livrez vous à vos passe-temps favoris. Si vous êtes passionnés de plongée sous-marine, surf ou planche à voile, vous serez ravis. En effet, le Sénégal est très connu en Europe pour ses incroyables variétés de poisson et ses activités de plongée en particulier vers les îles de Gorée et de la Madeleine, au large de Dakar. De Mai à Novembre, vous pouvez participer à des programmes pour groupes ou individuels mis sur place par les centres de pêche ou les hôtels côtiers. Les férus de pêche sportive ont le choix entre pêche hauturière, pêche à la longue ligne, pêche à la mouche,

Le Sénégal vous propose beaucoup d'activités sportives organisées avec des guides licenciés à votre totale disposition. Les chasseurs sportifs aiment inclure dans leur gibecière des animaux comme les sangliers, les buffles, les lions, les antilopes, et d'autres petites espèces de gibier ou d'oiseaux lors de la saison de chasse qui dure de décembre à avril.

Pour assurer votre confort absolu, des guides expérimentés prendront en charge toutes les formalités et aussi toutes vos accommodations, des camps et des pavillons de chasse aux hôtels aménagés pour votre sport favori. Pour pouvoir vous adonner à la chasse, il vous faudrait obtenir un permis officiel de chasse. Vous devez simplement fournir une valide copie de votre licence obtenue au Canada ou aux Etats-Unis lors des deux années précédentes. Vous recevrez alors un permis de chasse temporaire, une autorisation de port d'armes et une assurance de responsabilité civile. Veuillez noter qu'il est strictement interdit d'importer des armes automatiques et des munitions au Sénégal.

1. Quelles sortes de gens est-ce que cet article espère attirer ?

   (A) Ceux qui aiment l'art et l'histoire.
   (B) Les gens qui préfèrent un séjour reposant.
   (C) Ceux qui aiment l'aventure.
   (D) Les gens qui cherchent à se détendre à la plage.

2. Quels aspects de ce pays sont présentés dans cet article ?

   (A) Les plages et les villas
   (B) La mer et le terrain à l'état sauvage
   (C) Les villes et les villages
   (D) Le Sénégal du passé

3. Selon l'article, que peut-on déduire à propos de ce pays ?

   (A) Il a un terrain extrêmement varié.
   (B) Il est entouré de côtes maritimes.
   (C) Il est envahi de touristes.
   (D) Il est couvert de jungles.

4. S'il fallait donner un titre à cet article, lequel serait le plus approprié ?
   (A) Le Sénégal—terre de découvertes !
   (B) Le Sénégal—paradis pour les sportifs !
   (C) Le Sénégal—célébrez notre histoire !
   (D) Le Sénégal—découvrez une culture ancienne !

5. Qu'est-ce qui est requis pour faire de la chasse au Sénégal ?

   (A) Un permis de chasse
   (B) Des armes personnelles
   (C) Un guide local
   (D) Des cartes de la région

Sélection 2

Thème du cours: Quête de soi

> **INTRODUCTION**
>
> Cet article est au sujet de la langue française et de son évolution au cours des temps. On y discute aussi l'effet de la nouvelle technologie sur la langue d'aujourd'hui.
> *http://www.canalacademie.com/apprendre/fiche.php?id=61*

Erik Orsenna :	Moi, j'aime les SMS, par exemple. Des langues très diminuées, très ramassées, même allusives et tout ça, je trouve ça bien !
Jacques Paugam :	Parce que ça demande une maîtrise, au fond ?
Erik Orsenna :	Ça demande une maîtrise. D'abord, c'est de l'écrit. On revient à l'écrit plutôt que le téléphone. Dans la vie familiale de père de famille, on est sans arrêt en contact avec ses enfants, moi, j'envoie à chacun—j'ai deux enfants—un minimum de trois SMS à chacun par jour.
Jacques Paugam :	Et en vous amusant ?
Erik Orsenna :	Et bien sûr en m'amusant.
Jacques Paugam :	Au fond, c'est drôle de vous entendre parler comme ça parce que vous êtes quelques-uns à avoir rajeuni l'Académie française. Sans être cuistre, ce que vous dites, au fond, c'est la lettre de Fénelon de 1714 à l'Académie, en disant, grosso modo, à l'époque : « Ras-le-bol, vous êtes en train de châtrer le langage français en interdisant l'utilisation des mots d'aujourd'hui ! »
Erik Orsenna :	Il y a un grand mot quand même de la langue française, c'est « l'usage ». Alors, on peut soit avoir le bon usage, le mauvais usage, mais c'est d'abord l'usage. Moi, je vois dans tous ces outils un formidable appétit de la langue écrite, mais en même temps un grand rendez-vous. Un rendez-vous terrible pour ceux qui ne maîtrisent pas la langue parce que, jusqu'à une date relativement récente, il y a 15 ans, quelqu'un qui ne maîtrisait pas la langue parlée et surtout écrite, pouvait encore trouver un emploi. Ce n'est plus le cas. Tout est écrit et tout passe par des écrans.
	Donc, le drame c'est que, d'un côté vous avez de plus en plus de jeunes qui ne maîtrisent pas la langue—on dit 15–16 % en sixième, en fait, c'est plus, ça doit être 17–18 %. Surtout, ça se dégrade d'année en année, il y a des tas de gens qui sont privés de cette maîtrise de la langue.
	Donc, comme la langue est essentielle, puisque c'est écrit : la plupart des indications, des obligations, même au moment de l'embauche, tout ça est écrit. Celui qui ne maîtrise pas est exclu. Donc, imaginez qu'il y a presque un jeune sur cinq qui, à la fin de la sixième, ne maîtrise pas la langue de sa communauté, écrite. Ça veut dire que, selon toute probabilité, à plus de 90 % de chance, ce jeune-là est exclu, exclu de la langue, exclu de la société, exclu du travail. Donc évidemment, il aura toutes les autres formes de désespoir actif ou passif.

6. Quelle est l'attitude de M. Orsenna envers les SMS ?

   (A) Il pense qu'ils sont ridicules.
   (B) Il les trouve impersonnels.
   (C) Il admire ce langage réduit.
   (D) Il dit qu'ils sont réservés aux très jeunes.

7. Quelle valeur est-ce que M. Orsenna attribue aux SMS ?

   (A) Les gens pratiquent davantage la langue.
   (B) Il peut facilement communiquer avec ses enfants.
   (C) Tout le monde aime les ordinateurs et les portables.
   (D) Il les trouve terriblement ennuyeux.

8. Que pensent messieurs Fénelon et Orsenna à propos de la langue ?

   (A) Elle s'adapte toujours à l'époque.
   (B) Elle doit respecter les changements historiques.
   (C) Elle reste principalement identique au cours des siècles.
   (D) Elle respecte sans exception les règles de l'Académie Française.

9. Dans la phrase « tout passe par les écrans », que veut dire M. Orsenna ?

   (A) Le cinéma est devenu extrêmement important.
   (B) La communication d'aujourd'hui est principalement orale.
   (C) On communique de plus en plus avec les portables et les ordinateurs.
   (D) La communication écrite est vieux-jeu et dépassée.

10. Selon Jacques Paugam, qu'est-ce que M. Orsenna a fait pour la langue ?

    (A) Il a vulgarisé les SMS.
    (B) Il a soutenu la modernisation de la langue.
    (C) Il a maîtrisé la langue des ordinateurs.
    (D) Il a créé un logiciel de langue pour les ordinateurs.

11. Quelle est la leçon principale de cet article ?

    (A) La maîtrise d'une langue n'est plus indispensable.
    (B) La langue écrite est différente de la langue parlée.
    (C) La technologie moderne a changé la langue.
    (D) Le pourcentage de gens qui apprennent bien leur langue n'a pas changé.

12. Quel avenir peut-on envisager pour les jeunes qui ne maîtrisent pas la langue ?

    (A) Ils ne maîtriseront pas l'informatique.
    (B) Une majorité d'entre eux iront en prison.
    (C) Ils seront exclus partout.
    (D) Il n'y aura pas de conséquence néfaste.

Sélection 3

Thème du cours : Vie contemporaine

SOURCE #1

INTRODUCTION

Dans ce document, on discute les bienfaits du chocolat et on en décrit les ingrédients.

http://www.canalacademie.com/apprendre/fiche.php?id=13

Le chocolat est un aliment éminemment énergétique par sa teneur en sucre et par sa teneur en matières grasses. Au final, même si c'est une recette secrète de chaque chocolatier, le beurre de cacao représente entre
Ligne 30 et 35 pour cent du produit, donc ce n'est quand-même pas négli-
(5) geable. Alors, je précise tout de suite pour les dames qui vont dire « Hou la la ! je ne mange plus de chocolat ! » : le beurre de cacao se fixe très peu sur le tissu adipeux humain. Je reviendrai là-dessus. Et puis le sucre, donc le sucre, plus le chocolat est faible en cacao, plus il y a de sucre, donc là-aussi on a un aliment énergétique. Globalement, on peut voir
(10) que 100 grammes de chocolat, alors qu'il soit noir ou au lait, apportent aux alentours de 550, 560 kilocalories. Alors on dit : « le chocolat ne fait pas grossir », si on est vautré toute la journée devant la télévision et que l'on mange cinq plaques, cinq tablettes de chocolat, oui on va grossir ! Par contre, si on a une activité normale, alors on peut aller jusqu'à manger
(15) une demi tablette par jour, il n'y a pas de souci.

Il y a plus de théobromine dans le chocolat que de caféine—en moyenne 1,6 % de théobromine et 0,4 % de caféine ; en moyenne, parce que ça va dépendre des variétés, des origines, des terroirs, etc., bien entendu. Alors tout ça, ce sont des substances d'éveil : quand on a
(20) envie de se réveiller le matin, on prend un bon café. Le chocolat ne va pas amener autant de caféine mais quand même, il en apporte un peu et puis il apporte de la théobromine. Donc pour cette raison, le chocolat est un tonique. Et puis la théobromine, elle-même, a des propriétés intéres-santes puisqu'elle permet la dilatation des bronches. Donc, quand on est
(25) enrhumé ou si on monte en altitude—on sait très bien que les alpinistes mangent du chocolat—alors c'est énergétique, mais c'est aussi pour cette raison ; ça stimule le système nerveux central et ça peut améliorer les per-formances musculaires. La caféine, tout le monde le sait, c'est un tonique cardiaque : elle augmente la vigilance et retarde l'apparition de la fatigue.
(30) Alors juste une petite anecdote, je ne sais pas s'il y a des fumeurs parmi vous, certains fabricants de cigarettes rajoutent du chocolat, de la poudre de cacao, cette fameuse poudre dont on parlait tout à l'heure, elle est rajoutée dans les cigarettes non pas, enfin si aussi, pour les aromatiser, mais surtout parce qu'on s'est rendu compte que cette théobromine por-
(35) tée à très haute température, vous savez que le bout de cigarette ça monte à des centaines de degrés, et bien, cette théobromine se transforme en substance chimique qui crée l'accoutumance.

SOURCE #2

INTRODUCTION
Ce tableau montre la consommation relative du chocolat dans le monde.

> Même s'ils sont dans la moyenne de l'Union européenne (6,7 kilos), les Français (7e) restent toutefois loin derrière les Irlandais, les Suisses, les Allemands, les Britanniques ou les Belges qui engloutissent tous plus de 10 kilos par habitant et par an (source : Caobisco, 2007).
>
> Dans le monde en 2007, la consommation mondiale de cacao était d'environ 0,97 kg/personne.
>
> 1,87 kg en Europe,
> 1,20 kg en Amérique,
> 0,13 kg en Afrique,
> 0,11 kg en Asie / Océanie.
>
> Les Suisses sont les plus gros consommateurs de chocolat avec 12,3 kg par an et par habitant.
>
> La France arrive en 11e position avec 4,8 kg.

13. Quel adjectif décrit le mieux le ton de ce document ?

    (A) Éducatif
    (B) Ironique
    (C) Amusant
    (D) Sérieux

14. Que veut dire « on est vautré . . . » (ligne 12) dans le premier paragraphe ?

    (A) On est impatient.
    (B) On regarde avec intensité.
    (C) On est paralysé.
    (D) On est forcé de rester assis.

15. Selon l'article, quel est l'effet de la théobromine ?

    (A) Elle aide à bien respirer.
    (B) Elle rend le chocolat moins idéal pour le régime.
    (C) Elle peut nuire à la santé.
    (D) Elle n'offre d'avantages qu'aux alpinistes.

16. Pourquoi fait-on la comparaison entre le café et le chocolat ?

    (A) Tous deux présentent certains dangers.
    (B) Ils peuvent compromettre le cœur.
    (C) Ces deux aliments peuvent faire grossir.
    (D) Ils peuvent donner de l'énergie.

17. Selon l'article, dans quelles conditions peut-on manger du chocolat tous les jours ?

    (A) Si on en mange très peu.
    (B) Si on est actif.
    (C) Si c'est du chocolat sans sucre.
    (D) Si c'est du chocolat noir.

18. Selon l'article, pourquoi met-on parfois du chocolat dans les cigarettes ?

    (A) Pour les aromatiser
    (B) Pour créer une dépendance
    (C) Pour leur donner bon goût
    (D) Pour en cacher les effets néfastes

19. Selon l'article, que dit-on du beurre de cacao dans la phrase « le beurre de cacao . . . se fixe très peu sur le tissu adipeux humain » (ligne 16) dans le premier paragraphe ?

    (A) Il fait grossir.
    (B) Il ruine la santé.
    (C) Il n'ajoute pas nécessairement de poids.
    (D) Il a des avantages pour la santé.

20. Selon le graphique, que peut-on dire des Européens ?

    (A) Ce sont les plus grands consommateurs de chocolat du monde.
    (B) Ils sont dans la moyenne pour ce qui est la consommation de chocolat.
    (C) Ils consomment moins de chocolat que les Américains.
    (D) Leur consommation de chocolat est mauvaise pour leur santé.

21. Selon le graphique, quelle phrase décrit la consommation de chocolat par les Américains ?

    (A) Ce sont les plus grands consommateurs de chocolat au monde.
    (B) Ils en mangent nettement plus que les Français.
    (C) Ils en consomment presque dix fois plus que les Africains.
    (D) Ils sont troisième au monde pour la consommation du chocolat.

22. Dans le graphique, quel mot serait le meilleur synonyme pour l'expression « engloutissent » ?

    (A) Dévorent
    (B) Évitent
    (C) Essayent
    (D) Se passent de

Sélection 4

Thème du cours: Esthétique

> **INTRODUCTION**
>
> M. Bruno Lafarge est directeur commercial du groupe Le Cirque des Etoiles, un ensemble d'artistes internationaux. Il écrit la lettre suivante au maire de la ville de Chambéry pour lui demander la permission de présenter un spectacle cet été.

Monsieur le Maire,

Le Cirque des Étoiles est une compagnie d'artistes issus de douze pays différents. Parmi ces artistes, il y a des acrobates, des magiciens et des gymnastes qui ont émerveillé des publics très divers partout dans le
Ligne monde. Accompagnés d'un orchestre jouant des compositions musicales
(5) créées exclusivement pour eux, les artistes du Cirque présentent un spectacle saisissant qui attire les gens de tout âge.

Le fondateur de notre organisation, M. Marcel Dutoit, est à la fois entrepreneur et philanthrope. Sous sa direction, Le Cirque des Étoiles est devenu une des attractions les plus spectaculaires du monde avec plus de
(10) six répertoires qui représentent le monde entier et des spectacles sur tous les continents. Ayant gagné une fortune considérable, M. Dutoit a décidé de contribuer vingt pour cent des bénéfices de ses entreprises à la Société pour la Protection des Orphelins (SPO). La raison de son dévouement à cette cause remonte à son enfance et à la mort tragique de ses parents.
(15) Après avoir passé quatre ans dans un orphelinat, il a eu la chance d'être adopté par un couple qui s'est dévoué à former son caractère et à cultiver ses talents. A l'âge de dix ans, sa vie avait alors repris dans une ambiance familiale et culturelle. Son amour des arts et son travail académique lui ont valu une bourse généreuse à l'Université de Montpelier. Avec deux
(20) amis de faculté, M. Dutoit a fondé Le Cirque et à l'heure qu'il est, vingt-deux ans plus tard, il emploie cinq cents artistes et ouvriers.

M. Dutoit est connu comme le plus grand bienfaiteur des orphelinats français. Il encourage le public à considérer l'adoption et il fait construire des orphelinats. M. Dutoit reconnaît qu'il a, lui-même, eu beaucoup de
(25) chance d'être adopté car 68 pour cent de garçons de plus de dix ans ne sont jamais adoptés—étant considérés « trop âgés ». M. Dutoit est le champion de centaines de jeunes—ces orphelinats sont parmi les meilleurs en France avec un programme éducatif sans pareil.

Le Cirque vous propose de faire une série de spectacles à Chambéry
(30) vers la fin du mois de juillet. Nous procurons nos propres tentes. Nous avons simplement besoin d'un espace où nous pourrons nous installer pour dix jours. Nous voulons aussi offrir un don de 1.500 euros à l'orphelinat de Chambéry.

Je vous remercie d'avance de l'attention que vous donnerez à ce projet.

(35) Mes sincères salutations,

Bruno Lafarge, directeur commercial, Le Cirque des Étoiles

23. Dans le contexte du passage, que veut dire l'adjectif « émerveillé » (ligne 3) ?

    (A) Diverti
    (B) Déçu
    (C) Surpris
    (D) Ébloui

24. Quel aspect de ce groupe d'artistes les rend uniques ?

    (A) Ce sont tous des gymnastes connus.
    (B) Ils s'accompagnent eux-mêmes d'instruments musicaux.
    (C) Ils soutiennent les défavorisés.
    (D) Ce sont tous des artistes qui ont perdu des parents.

25. D'après le contexte, que veut dire « bourse » (ligne 19) ?

    (A) une indemnité pour frais d'études
    (B) un diplôme d'études avancées
    (C) une admission spéciale
    (D) un concours d'entrée

26. Qu'est-ce qui est surtout décrit dans cette lettre ?

    (A) La générosité de M. Dutoit
    (B) Les exploits de la troupe d'artistes
    (C) Le talent de chaque artiste du Cirque des Étoiles
    (D) La condition des orphelinats français

27. Que peut-on dire de la vie de M. Dutoit ?

    (A) Il a eu une adolescence difficile.
    (B) Il n'a jamais oublié ses racines.
    (C) Il espère construire d'autres orphelinats.
    (D) Il est très apprécié de ses employés.

28. Quelle leçon est-ce que M. Dutoit a tirée de ses expériences ?

    (A) Une bonne éducation est nécessaire pour réussir dans la vie.
    (B) Il est impératif qu'on travaille avec des amis.
    (C) Il faut rendre à la communauté ce qu'elle nous a donné.
    (D) L'entourage familial de l'enfant détermine son succès comme adulte.

29. Selon la lettre, quelle est la meilleure description du rôle de Bruno Lafarge ?

    (A) Il est à la fois artiste et administrateur.
    (B) C'est le chef de cette entreprise.
    (C) C'est le secrétaire de ce groupe.
    (D) Sa responsabilité est d'entrer en contact avec des municipalités.

30. Quel serait le titre le plus approprié pour une biographie de M. Dutoit ?

    (A) Le grand entrepreneur international
    (B) Le monde est mon théâtre
    (C) Ma vie: Spectacle et Artistes
    (D) Une vie enchantée: Divertir et donner

End of Part A

PART B

TIME: APPROXIMATELY 55 MINUTES

INTERPRETIVE COMMUNICATION: PRINT AND AUDIO TEXTS (COMBINED)

You have 1 minute to read the directions for this section.	Vous avez 1 minute pour lire les instructions pour cette section.

In this multiple-choice section, you will answer questions based on reading and listening. Two of the tasks consist of reading a text and of listening to an audio selection, which will follow the reading of the text. You will have a precise time to read the written text, and you will hear each respective audio selection twice.

After listening to each selection the first time, take 1 minute to begin answering the questions; then take 15 seconds per question to finish answering them. There are questions about the written passage, others about the audio document, and some questions about both the written and the audio documents. For each question, choose the best answer.

After the two combined tasks, you will listen to four audio documents and answer questions after each audio selection.

Dans cette section de choix multiples, vous allez d'abord répondre à des questions basées sur la lecture et l'écoute. Deux épreuves consistent à lire un texte et à écouter un document audio qui suivra la lecture du texte. Vous aurez un temps précis pour faire la lecture du texte écrit et vous entendrez la sélection audio deux fois de suite.

Après la première écoute de chaque sélection, vous aurez 1 minute avant de commencer à répondre aux questions; vous aurez alors 15 secondes par question pour finir d'y répondre. Il y a des questions sur le texte écrit, d'autres sur la sélection audio et il y a des questions sur le texte écrit et la sélection audio.

Pour chaque question, choisissez la meilleure réponse.

Sélection 1

Thème du cours : Vie contemporaine

SOURCE #1

Vous aurez d'abord 4 minutes pour lire la source numéro 1.

INTRODUCTION

Cet extrait provient du site web *synygaal.com*, qui se propose de répandre la culture sénégalaise partout dans le monde.
http://www.sunugaal.com/fr/fashion.asp

Les différentes ethnies du Sénégal sont intimement liées par les mêmes moeurs et traditions de sorte qu'il est très difficile de les distinguer simplement par leur port vestimentaire. Le coton local constitue l'étoffe de base. Le coton imprimé est la base de l'habillement de tous les jours tandis que les tissus teints ou tissés à la main sont portés lors des occasions spéciales. La teinture utilisant des produits végétaux comme l'indigo est un art qui passe de mère à fille tandis que le tissage est exclusivement réservé aux hommes. Chaque évènement social dicte le port vestimentaire mais le boubou est généralement porté en dehors des heures de travail. Les hommes portent une large chemise et un pantalon assortis sous leur boubou. Le boubou se porte avec une chéchia rouge, un petit chapeau ou un chapeau en coton tressé décoré et des sandales en cuir.

Les femmes, quant à elles, portent des habits aux couleurs vives et radiantes. Pour compléter leur tenue, les femmes nouent un pagne autour de leur ceinture, un foulard assorti sur leur tête et portent des sandales ou mules en cuir. Avec leurs combinaisons variées, leurs dessins sophistiqués, et la délicatesse de leurs motifs, les Sénégalais et Sénégalaises occupent une place privilégiée dans la mode en Afrique Noire. Outre le port vestimentaire, la coiffure occupe aussi une place importante. Dès leur plus tendre âge, les petites filles ont les cheveux tressés et décorés de perles et autres accessoires. Les jeunes garçons ont les cheveux coupés ou rasés selon le choix de leurs parents. En général, les musulmans préfèrent raser la tête de leurs enfants alors que la coutume de certains groupes ethniques du Sud permet même aux jeunes garçons de porter des tresses. Les types de coiffure diffèrent selon l'âge et l'ethnicité. En plus des habits et de la coiffure, les bijoux en or, argent, bronze et cuivre complètent la tenue surtout lors des grandes cérémonies familiales. En fait, la couture, la coiffure et la bijouterie sont les professions qui s'exportent mieux du Sénégal vers l'Afrique, l'Europe et les Amériques.

Contribution par: Mohamed Mbodj, Associate Professor,
History Department, Columbia University

SOURCE #2

Vous aurez 1 minute pour lire l'introduction et parcourir les questions.

INTRODUCTION

Dans cet extrait, il s'agit de l'effet des couleurs des équipes sportives et comment le sport a influencé la société. Le journaliste Bruno Dusaussoy interviewe Michel Pastoureau, professeur et historien.
http://www.canalacademie.com/apprendre/fiche.php?id=98

---

31. Selon l'article, quel est le rôle essentiel du choix de vêtements au Sénégal ?

   (A) Les vêtements indiquent le lieu de naissance de chacun.
   (B) Les couleurs des vêtements représentent l'ethnicité des personnes.
   (C) Les vêtements lient les membres de groupes culturels bien définis de ce pays.
   (D) Le choix de vêtements indique la richesse et la classe sociale des gens.

32. Qu'est-ce que les tâches de « teinture » et « tissage » révèlent sur la société sénégalaise ?

   (A) Certains travaux sont divisés entre hommes et femmes.
   (B) Tous les Sénégalais travaillent très dur.
   (C) Il y a des traditions anciennes dans la société sénégalaise.
   (D) La fabrication de vêtements est une industrie-clé au Sénégal.

33. Dans le contexte de cet article, qu'est-ce que c'est qu'un « boubou » ?

   (A) Un faux-pas dans le choix de vêtements
   (B) Un habit qu'on porte au travail
   (C) Une sorte de chapeau
   (D) Un vêtement porté par-dessus d'autres vêtements

34. Quels accessoires vont bien avec les vêtements, selon cet article ?

   (A) Les chaussures et les chapeaux
   (B) La coiffure et les bijoux
   (C) Les foulards et les perles
   (D) L'or et l'argent

35. Selon l'audio, que peut-on constater au sujet du football ?

   (A) Il est plus populaire en Europe qu'en Amérique du Sud.
   (B) Il a beaucoup d'influence sur la mode.
   (C) L'équipe nationale d'Uruguay est la meilleure.
   (D) La culture sportive française est très différente de celle d'Amérique latine.

36. Qu'est-ce qui était « impensable » dans les années 30 ?

   (A) Que le Brésil serait la meilleure équipe du monde
   (B) Que les équipes françaises porteraient des couleurs aussi vives
   (C) Que la France gagnerait la coupe du monde
   (D) Que l'équipe argentine jouerait en Europe

37. Selon l'audio, que peut-on dire de l'Uruguay ?

   (A) C'est un pays pauvre.
   (B) C'est un pays fort en foot.
   (C) Ce pays est en fait plus fort en foot que le Brésil.
   (D) C'est le pays qui a vu naître le foot.

38. Quel événement a marqué l'année 1918 en Angleterre ?

   (A) On commence à porter des vêtements de sport au travail et en société.
   (B) On commence à voir le style sportif dans les vêtements quotidiens.
   (C) Les tenues de sport se voient de plus en plus en ville.
   (D) Les grands couturiers présentent des tenues de soirée en style sportif.

39. Qu'est-ce que les deux sélections ont en commun ?

    (A) Elles soulignent l'influence étrangère dans la mode.
    (B) Elles montrent que la mode est la manifestation d'une culture.
    (C) Elles soulignent le rôle des athlètes dans le domaine de la mode.
    (D) Elles montrent comment l'Amérique du Sud influence la mode.

40. D'après ces deux sources, que peut-on dire de la mode ?

    (A) La mode est influencée par les cultures étrangères.
    (B) La mode aide souvent à définir une société.
    (C) La mode change peu d'une génération à l'autre.
    (D) La mode dans certains pays est dictée par les sports.

Sélection 2

Thème du cours : Science et Technologie

CD 3 Track 17

SOURCE #1

Vous aurez d'abord 4 minutes pour lire la source numéro 1.

> **INTRODUCTION**
> Ce tableau retrace le développement de l'homme : les lieux où il a vécu, ses outils et son mode de vie.

DATES	-2,4 à -1,6 Ma	-1,9 Ma à -300 000 ans	-350 000 à -35 000 ans	-35 000 ans
ESPECE	*Homo habilis*	*Homo ergaster* *Homo erectus*	*Homo neandertalensis*	*Homo sapiens*
LIEU	Afrique de l'Est Afrique due Sud	Afrique du Sud Afrique de l'Est Afrique du Nord Europe, Asie Indonésie	Europe Proche-Orient Asie	Tous les continents
OUTILS	plus anciens outils retrouvé: galets aménagés ou Choppers	invention du biface. Diversification des outile à syméries et formes géométriques variées.	Outils en os. Généralisation d'outils sur éclats. Lames plus minces et allongées.	Propulseur, harpon en os, aiguille à chas, . . .
MODE DE VIE	Bipédie et marche, moins arboricole, Omnivore avec viande	Parfait bipède, Bon chasseur, Organisation social, Langage articulé. domestication de feu campements en plein air	Bon chasseur, Début de la pêche premières sépultures premiers bijoux	Chasse, Pêche, peintures, gravures Sédentarisation, agriculture, élevage . . .

SOURCE #2

Vous aurez 1 minute pour lire l'introduction et parcourir les questions.

> ### INTRODUCTION
>
> Dans cet extrait, il s'agit d'une grotte préhistorique qui se trouve en France. La grotte Chauvet est pleine de dessins représentant la vie d'un âge où les lions, les bisons et les rhinocéros erraient dans les champs.
> *http://www.canalacademie.com/apprendre/fiche.php?id=90*

41. Quel est l'indice principal qui indique l'âge de cette grotte ?

    (A) La mauvaise qualité des dessins
    (B) Les dessins des animaux disparus en France
    (C) Les représentations de Vénus et d'un sorcier
    (D) La présence d'une idée de Dieu dans les images

42. Selon l'article, quel aspect des anciennes générations se retrouve dans l'homme actuel ?

    (A) Le talent artistique
    (B) L'amour de la nature
    (C) Le besoin d'avoir des mythes
    (D) Le respect des animaux

43. Quel adjectif décrit le mieux le ton de cet article ?

    (A) Respectueux
    (B) Enthousiaste
    (C) Douteux
    (D) Sceptique

44. Que peut-on dire des anciens habitants de cette grotte ?

    (A) Ils n'avaient rien en commun avec les gens d'aujourd'hui.
    (B) Ils appréciaient l'art autant que l'homme moderne.
    (C) Ils manifestaient une grande appréciation pour la spiritualité.
    (D) Ils craignaient les animaux de leur époque.

45. Après avoir lu cet article, que peut-on conclure sur la vie des habitants de la grotte ?

    (A) Elle était somme toute assez paisible.
    (B) C'était une lutte quotidienne pour survivre.
    (C) Elle était consacrée exclusivement à l'art.
    (D) On vivait en harmonie avec d'autres espèces vivantes.

46. Que peut-on déduire du graphique au sujet de celui qu'on nomme « *Homo neandertalensis* » ?

    (A) Le poisson et les fruits de mer étaient inclus dans leur régime.
    (B) Ils marchaient exclusivement sur leurs deux pieds.
    (C) Ils dépendaient de ressources agricoles pour leur nourriture.
    (D) Ils avaient une bonne organisation et structure de société.

47. Selon le graphique, où est-ce que la vie humaine a commencé ?

    (A) En Europe
    (B) En Asie
    (C) En Afrique
    (D) En Indonésie

48. Dans le graphique, quelle évolution est indiquée par le mot « sédentarisation » qui paraît dans la catégorie « mode de vie » pour les *Homo sapiens* ?

    (A) Le passage de l'alimentation à base de viande à celle des légumes.
    (B) Le passage de la vie nomade à la vie en un lieu fixe.
    (C) Le passage d'une société où on vit de la chasse à une vie de commerce.
    (D) Le passage d'une société agricole à une société industrielle.

49. Selon les deux sources, que peut-on constater sur les anciens habitants de la grotte Chauvet ?

    (A) Ils étaient végétariens.
    (B) Ils avaient un rapport incontestable avec l'espèce animale.
    (C) Ils venaient de maîtriser l'art de faire un feu.
    (D) Ils étaient spirituels.

CD 3
Track
19

INTERPRETIVE COMMUNICATION: AUDIO TEXTS

You have 1 minute to read the directions for this section.	Vous avez 1 minute pour lire les instructions pour cette section.
You will answer multiple-choice questions based on only audio selections. Listen to each selection twice. Then choose the best answer for each question.	Vous allez répondre aux questions à choix multiples basées sur des sélections audio. Vous allez écouter chaque sélection deux fois. Ensuite choisissez la meilleure réponse pour chaque question.

Sélection 1

Thème du cours : Famille et Communauté

Vous aurez d'abord 1 minute pour lire l'introduction et parcourir les questions.

> **INTRODUCTION**
>
> Ce document présente l'importance de la gastronomie non seulement dans le domaine culinaire mais aussi dans le domaine social.
> *http://www.canalacademie.com/apprendre/fiche.php?id=81*

50. D'après cet article, que peut-on dire du repas gastronomique ?

    (A) Ce n'est pas un rite important dans la société francaise.
    (B) C'est un sujet cher à beaucoup de Français.
    (C) C'est une habitude qui se perd de plus en plus en France.
    (D) C'est une appréciation à partager avec les étrangers.

51. Quelle est l'importance de cette consécration par l'UNESCO ?

    (A) C'est le résultat de trois ans de travail assidu.
    (B) Elle affirme une grande valeur au repas gastronomique.
    (C) Elle inspire le reste du monde à partager cette tradition.
    (D) Cela permet aux étrangers de copier le style culinaire des Français.

52. Pourquoi le repas gastronomique est-il menacé ?

    (A) A cause des initiatives de l'UNESCO
    (B) A cause de l'économie
    (C) Par manque de nourriture
    (D) Dû à la complexité de la vie moderne

53. Quel est le conseil offert dans le dernier paragraphe ?

    (A) Ce type de repas devrait passer dans les archives de l'histoire.
    (B) Cette tradition peut être sauvegardée même dans nos vies actives.
    (C) Une omelette ne vaut pas un bon repas gastronomique.
    (D) On a besoin de temps pour préparer un bon repas.

Sélection 2

Thème du cours : Vie contemporaine

Vous aurez d'abord 1 minute pour lire l'introduction et parcourir les questions.

> **INTRODUCTION**
> Dans cet extrait, on donne des instructions pour faire des économies à la pompe d'essence. L'extrait vient du site web *Pratiks.com*
> http://www.pratiks.com/video/iLyROoafzGtu.html

54. D'après ce documentent audio, pourquoi faut-il faire le plein le matin ?

    (A) Les prix sont généralement moins élevés.
    (B) Il y a moins de motoristes avec qui il faut rivaliser.
    (C) Le carburant est plus dense et on en reçoit d'avantage.
    (D) Il y a moins de danger d'une combustion dangereuse.

55. Quelle est l'idée principale de cette émission ?

    (A) L'augmentation du prix de l'essence force les gens à faire des économies.
    (B) Les réserves d'essence diminuent chaque année.
    (C) La plupart des gens ne savent pas comment faire le plein.
    (D) Il faut apprendre à tout prix comment éviter les dangers à la pompe d'essence.

56. De quelle instance est-ce que le narrateur parle quand il dit qu'il ne faut pas attendre pour faire le plein « quand on est dans la réserve » ?

    (A) Le moment où il n'y a plus beaucoup d'essence disponible
    (B) Le moment où il reste très peu d'essence dans votre réservoir
    (C) Le jour où on est pressé
    (D) Le jour où on a besoin d'un peu d'essence

57. Quel est le but principal de ce narrateur ?

(A) D'encourager l'achat de l'essence
(B) D'aider les entreprises pétrolières
(C) D'éviter des accidents à la pompe d'essence
(D) D'aider la personne ordinaire

58. Selon le narrateur, pourquoi est-ce qu'on ne doit pas « enfoncer la gachette à fond » ?

(A) On perdrait de l'essence à cause des vapeurs qui s'échappent.
(B) On peut finir par acheter plus d'essence que nécessaire.
(C) On finirait par dépenser trop d'argent.
(D) On gaspillerait l'essence qui s'écoulerait goutte à goutte.

Sélection 3

Thème du cours : Ésthétique/Quête de soi

Vous aurez d'abord 1 minute pour lire l'introduction et parcourir les questions.

> **INTRODUCTION**
> Il s'agit de l'histoire des bandes dessinées d'Uderzo et Goscinny par Bertrand Galimard Flavigny qui célèbre leurs oeuvres populaires.
> *http://www.canalacademie.com/apprendre/fiche.php?id=43*

59. Dans ce passage, que dit-on de l'idée de créer une BD qui serait basée sur les « premiers Français » ?

(A) Elle a été reçue avec enthousiasme.
(B) Elle a été ridiculisée par les historiens.
(C) Elle était tout à fait originale.
(D) Elle a d'abord été rejetée par la maison d'édition.

60. D'après cet extrait, comment les jeunes Français d'une certaine époque se sont-ils familiarisés avec la structure des tribus gauloises ?

(A) En discutant avec leurs parents
(B) A l'école, dans leurs cours
(C) En lisant les aventures d'Astérix
(D) En visitant des sites historiques

61. Qu'est-ce que l'article nous apprend sur la série Oumpah-Pah ?

(A) Elle était aussi populaire que celle d'Astérix.
(B) Elle a trouvé le succès seulement en Amérique.
(C) Elle a assuré des profits financiers aux deux auteurs.
(D) Elle représente le début des œuvres de ces deux hommes.

62. Pour quelle raison Goscinny et Uderzo ont-ils créé la BD Astérix ?

    (A) Par amour pour l'histoire de France
    (B) Pour captiver l'attention des jeunes Français
    (C) Pour devenir célèbres
    (D) Pour devenir riches

63. Pourquoi est-ce que le nom « Astérix » devait commencer avec la lettre « A » ?

    (A) Pour paraître au commencement des encyclopédies de BD
    (B) Pour être facile à prononcer
    (C) Pour être facilement reconnu dans les librairies
    (D) Pour commencer avec une voyelle comme Oumpah-Pah

64. Que signifie « primordiale » dans le contexte du passage ?

    (A) Essentielle
    (B) Nouvelle
    (C) Différente
    (D) Historique

65. Qu'est-ce qui caractérise les personnages de la BD Oumpah-Pah ?

    (A) Ils vivent dans une société traditionnelle du monde moderne.
    (B) Ils ont des difficultés avec de nouveaux habitants.
    (C) Ils s'adaptent à la vie moderne.
    (D) Ils existent dans une société futuriste.

Section II: Free Response

INTERPERSONAL WRITING: E-MAIL REPLY

TIME: 15 MINUTES

You are likely to encounter the following instructions on your exam. Be sure to check the College Board website for possible changes and updates to these instructions.

Your task is to reply to an e-mail message. Take 15 minutes to read your message and write your reply.

Be sure to include a greeting and a closing and to respond to all the questions and requests in the message. In addition, ask for more details about something mentioned in the message. Use a formal form of address in your reply.

Votre tâche est de répondre à un courriel. Vous avez 15 minutes pour lire le message et rédiger votre réponse.

N'oubliez pas d'inclure une salutation au début et une formule de politesse à la fin ainsi que de répondre à toutes les questions et requêtes du message. De plus, demandez des détails sur une chose mentionnée dans le message. Écrivez dans un registre de langue soutenu.

Thème du cours : Quête de soi

> **INTRODUCTION**
>
> Ce courriel a été envoyé par Monsieur Bernard Poirier, chef des services promotionnels de la revue mensuelle *La Francophonie*. Cette revue veut partager l'expérience d'être français dans un monde où la francophonie est définie en tant de termes différents. On vous invite à contribuer un article à une prochaine édition de cette revue.

De	
Objet	

Monsieur / madame,

Je vous invite à partager vos expériences dans le monde francophone avec notre revue qui s'appelle *La Francophonie*. Le but de cette revue est de présenter au monde entier l'identité changeante des membres du monde francophone. Le Français stéréotypé des années 50 ou 60 doit être remplacé avec la vérité d'aujourd'hui—c'est qu'un Français ne peut pas être expliqué ou décrit d'une seule manière mais plutôt avec toutes les couleurs d'une palette.

Vous avez été choisi pour notre revue à cause de votre participation à un échange scolaire dans un pays francophone. Il est essentiel que les jeunes se fassent entendre dans la discussion de la nationalité. Je vous invite à présenter un essai ou un article qui décrit et explique la francophonie comme vous l'avez vue récemment pendant votre séjour.

Voilà quelques questions au sujet de votre participation à ce projet :

- Quels aspects de la vie francophone (selon ce que vous avez remarqué) préférez-vous discuter—la langue, les coutumes, la cuisine, ou d'autres aspects de la vie ?
- Décrivez le type d'article que vous voudriez écrire—un essai basé sur vos expériences ou une collection de vos photos qui montrent un certain aspect de la société avec de brèves explications qui les accompagneraient.

Je compte vous ajouter à notre liste de jeunes gens qui partageront leur vue du monde francophone avec le monde. Pour vous remercier pour votre participation, nous voudrions vous offrir un abonnement gratuit de deux ans à notre revue si vous choisissez d'y contribuer.

Dans l'attente de votre réponse.

Sincères salutations,

Bernard Poirier
Chef des services promotionnels

PRESENTATIONAL WRITING: THE PERSUASIVE ESSAY

TIME: APPROXIMATELY 55 MINUTES

You have 1 minute to read the directions for this section.

Vous avez 1 minute pour lire les instructions pour cette section.

In this part of the exam, you will write a persuasive essay based on three accompanying sources that present different viewpoints on the topic and include both print and audio material.

First take 6 minutes to read the essay topic and the printed material. Next listen twice to the audio selection. Then take 40 minutes to write your essay. In the essay, present the sources' various viewpoints on the topic, and clearly indicate your own viewpoint. Defend it thoroughly! Use information from all the sources, and identify them. Organize your essay into paragraphs.

Dans cette partie de l'examen, vous allez écrire un essai argumentatif basé sur trois sources qui présentent des points de vue différents sur le sujet et qui comprennent des sources écrites et audio.

Passez d'abord 6 minutes à lire le sujet de l'essai et le matériel imprimé. Ensuite écoutez deux fois la sélection audio. Vous aurez alors 40 minutes pour écrire votre essai. Dans l'essai, présentez les points de vue différents trouvés dans les sources et indiquez clairement votre propre point de vue. Défendez-le vigoureusement ! Servez-vous de renseignements fournis par toutes les sources en les identifiant. Organisez votre essai en paragraphes.

Thème du cours : Vie contemporaine/Science et Technologie

Vous aurez 6 minutes pour lire le sujet de l'essai, la source numéro 1 et la source numéro 2.

Sujet de l'essai :

Le stress peut être vu comme instinct naturel qui protège ceux qui sont menacés ou un aspect de la vie quotidienne qui nuit à la santé de millions de gens. Justifiez une de ces opinions en citant les trois sources.

Practice Exam 2

SOURCE #1

INTRODUCTION

Cet article écrit par Michel de Sarrieu, docteur en pharmacie et directeur scientifique de la service Fleurance Nature décrit la nature du stress. Selon le docteur, il y a du stress chaque fois qu'un individu est sollicité par son environnement et doit s'adapter; cette sollicitation peut être bonne ou mauvaise.
http://www.fleurancenature.fr/qui-sommes- /nosdossiers/dossiers_ thematiques/le_stress_et_votre_sante

Il y a du stress chaque fois qu'un individu est sollicité par son environnement et doit s'adapter. Cette sollicitation peut être bonne ou mauvaise. Le stress n'est donc pas une maladie de l'homme moderne mais une réaction normale de l'organisme. Il s'agit d'un mécanisme de défense, présent chez tous les êtres vivants, qui permet de mobiliser très rapidement les réserves de l'organisme pour assurer survie et adaptation. Par exemple, l'élévation du rythme cardiaque et respiratoire permet de mieux oxygéner les muscles ; c'est une réaction animale (préparation à la fuite ou au combat face à un danger). Mais il peut aussi faire perdre les moyens et nuire à l'action. Les causes de stress sont multiples (problèmes familiaux, soucis de santé, surcharge de travail), et les réactions très différentes d'un individu à l'autre.

Lorsque l'on parle de stress, trois composantes entrent en jeu. Selon l'OMS (Organisation Mondiale de la Santé), près de 450 millions de personnes seraient directement concernées par le stress dans le monde. En France, on estime ce chiffre à 4 millions, soit près d'une personne sur 15. Entre 23 000 et 36 000 décès par an seraient dus au stress en France. Une enquête à l'échelle européenne a révélé que pour 17% des Européens, le stress était considéré comme le facteur de risque le plus important pour la santé, à égalité avec le tabac.

Tant que la stimulation n'est pas anormalement élevée et ne contraint pas l'individu, on parle de bon stress. De nombreuses études ont ainsi montré que le niveau de performance, physique ou intellectuelle, est supérieur en situation de stress modéré et beaucoup d'entre nous ont besoin de ce petit stress quotidien pour être efficaces au travail. Certaines personnes recherchent l'excitation liée au stress dans le sport ou la compétition. Mais, dès lors que la stimulation externe s'inscrit dans la durée ou nous contraint de façon excessive, on parle de mauvais stress : l'organisme ne parvient pas à s'adapter et des déséquilibres physiques, mentaux ou comportementaux s'installent.

Il est établi que la plupart des personnes ayant du mal à gérer leur stress compensent en mangeant des aliments gras et/ou sucrés, favorisant ainsi l'accumulation de graisses. Concernant la prise de poids, des études ont montré que des femmes soumises à un stress psychologique intense avaient une propension plus grande à prendre du poids. Ainsi, une étude américaine menée auprès de 2017 femmes pendant 4 ans a montré que les femmes qui avaient subi les stress les plus importants avaient pris significativement plus de poids.

Cependant, là encore, ces réponses sont fonction de l'intensité du stress subi, et aussi du métabolisme de la personne stressée. Nous avons tous dans notre entourage des hommes ou des femmes, très actifs, qui mangent mal, soumis à un stress quotidien et qui pourtant restent minces !

SOURCE #2

INTRODUCTION

Le graphique suivant montre l'échelle des évènements de la vie, de Holmes et Rahe (1967), qui tente de « chiffrer » le stress causé par différentes situations.

Mort du conjoint	100
Divorce	75
Perte d'emploi	70
Mort d'un proche	60
Licenciement	60
Retraite	45
Grossesse	39
Problèmes financiers	35

Ou encore, l'échelle des **stress positifs** :

Bien s'entendre avec son conjoint	76.3
Bien s'entendre avec ses amis	74.4
Se sentir en bonne santé	72.7
Bien dormir	69.7
Bien manger	68.4
Se sentir bien chez soi	65.6

SOURCE #3

Vous avez 30 secondes pour lire l'introduction.

INTRODUCTION

Dans cet extrait, Élodie Courtejoie parle à Michel Le Moal, neuropsychiatre, membre de l'Académie des sciences et premier psychiatre à devenir membre de cette Académie, sur la nature du stress dans notre monde.
http://www.canalacademie.com/apprendre/fiche.php?id=68

INTERPERSONAL SPEAKING: CONVERSATION

TIME: 15 MINUTES

In this part of the exam, you will participate in a conversation. Always start or stop speaking at the tone. You will have to record your answers. Speak loudly enough and clearly. Follow instructions and start, pause, or stop your recorder when told to do so. The tone is a cue to start or stop speaking—it is not a cue to pause or stop the recorder.

Dans cette partie de l'examen, vous allez participer à une conversation. Commencez et arrêtez de parler à la tonalité. Il faudra enregistrer vos réponses. Parlez assez fort et clairement. Suivez les instructions et mettez en marche, en pause, ou arrêtez l'appareil d'enregistrement quand on vous le dira. La tonalité indique que vous devez commencer ou arrêter de parler; ce n'est pas le signal de mettre l'appareil d'enregistrement en pause ou de l'éteindre.

You have 1 minute to read the directions.

(Vous avez 1 minute pour lire les instructions.)

First you will have 1 minute to read a preview of the conversation as well as an outline of the conversation. The conversation will then begin, following the outline. Each time it is your turn to speak, you will have 20 seconds to record your response.

D'abord vous aurez 1 minute pour lire une introduction à la conversation et le schéma de la conversation. La conversation commencera alors suivant le schéma. Chaque fois que c'est à vous de parler, vous aurez 20 secondes pour enregistrer votre réponse.

Thème du cours : Vie contemporaine

Vous avez 1 minute pour lire l'introduction et le schéma de la conversation.

> ### INTRODUCTION
> C'est une conversation avec une camarade de classe, Suzanne, avec qui vous devez faire un projet pour la classe de français. Le sujet de ce projet est une ville française, choisie par le prof et les élèves doivent présenter des images avec une narration et un rapport écrit de l'histoire, de la culture et de la population de cette ville.

Suzanne :	Elle exprime son bonheur de travailler avec vous et elle propose une division de travail.
Vous :	Exprimez des sentiments positifs envers ce projet et choisissez la partie du projet qui vous convient.
Suzanne :	Elle vous demande combien de temps et quels moments vous consacrerez à ce travail.
Vous :	Dites-lui vos préférences.
Suzanne :	Elle voudrait savoir où vous allez travailler.
Vous :	Choisissez un lieu et dites pourquoi vous l'avez choisi.
Suzanne :	Elle vous demande qui va présenter en premier et pourquoi.
Vous :	Répondez à ses questions.
Suzanne :	Elle exprime son enthousiasme pour le projet et vous salue.
Vous :	Élaborez un peu concernant vos souhaits pour ce projet et saluez aussi votre camarade.

PRESENTATIONAL SPEAKING: CULTURAL COMPARISON

TIME: 5 MINUTES

You have 1 minute to read the directions for this task.

Vous avez 1 minute pour lire les instructions pour cet exercice.

On this part of the exam, your task is to make an oral presentation to your class on a specific topic. You have 3 minutes to read the topic and prepare your presentation. Then you have 2 minutes to record your presentation.

In your presentation, compare your own community to an area of the French-speaking world with which you are familiar. Organize your presentation clearly.

Dans cette partie de l'examen, vous devez présenter un exposé oral à votre classe sur un sujet donné. Vous avez 3 minutes pour lire le sujet et préparer votre présentation. Ensuite vous avez 2 minutes pour enregistrer votre exposé.

Dans votre exposé, comparez votre communauté à une région de monde francophone que vous connaissez. Organisez bien votre présentation.

Thème du cours : Quête de soi

Dans chaque pays, il y a certains individus qui ont influencé la vie de leur société pour le meilleur ou pour le pire. Comparez une telle personne de votre pays à une personne du monde francophone. Dans votre exposé, vous pouvez faire référence à ce que vous avez étudié, vécu, observé, etc.

END OF PRACTICE EXAM 2

Answer Key
PRACTICE EXAM 2

SECTION I: MULTIPLE-CHOICE

PART A

Interpretive Communication: Print Texts

1. C	9. C	17. B	25. A
2. B	10. B	18. B	26. A
3. A	11. C	19. C	27. B
4. B	12. C	20. A	28. C
5. A	13. A	21. C	29. D
6. C	14. C	22. A	30. D
7. B	15. A	23. D	
8. A	16. D	24. C	

PART B

Interpretive Communication: Print and Audio Texts (Combined)

31. C	36. B	41. B	46. A
32. A	37. B	42. C	47. C
33. D	38. B	43. A	48. B
34. B	39. B	44. C	49. B
35. B	40. B	45. B	

Interpretive Communication: Audio Texts

50. D	54. C	58. A	62. B
51. B	55. A	59. C	63. A
52. D	56. B	60. C	64. A
53. B	57. D	61. D	65. A

SECTION II: FREE RESPONSE

See Appendix D for transcripts of audio documents.

Answers Explained

Section I: Multiple-Choice

PART A

Interpretive Communication: Print Texts

Sélection 1

1. **(C)** Those who like adventure will find Senegal to their liking, "*Si vous êtes passionnés de plongée sous-marine, surf ou planche à voile, vous serez ravis.*"

2. **(B)** The sea and the wild outdoors are featured. Sea references—"*plongée sous-marine, . . . planche à voile.*"

3. **(A)** The country has a variety of terrains, "*Les paysages varient entre les forêts, savanes, rivières et marécages.*"

4. **(B)** Senegal is a paradise for those who enjoy the sporting life, "*Tous les férus d'activités en plein air sont bien servis au Sénégal.*"

5. **(A)** One must have a permit in order to hunt, "*Il vous faudrait obtenir un permis officiel de chasse.*"

Sélection 2

6. **(C)** Monsieur Orsenna approves of this type of language, "*Des langues très diminuées . . . je trouve ça bien !*"

7. **(B)** Monsieur Orsenna uses texts to communicate with his children, "*Dans la vie familiale de père de famille, on est sans arrêt en contact avec ses enfants, moi, j'envoie à chacun—j'ai deux enfants—un minimum de trois SMS à chacun par jour.*"

8. **(A)** Both men believe that language does change with the times.

9. **(C)** More and more people use electronic devices to do their daily communication, "*Tout est écrit et tout passe par des écrans.*"

10. **(B)** Monsieur Orsenna does believe in adapting language to the age and modernizing it, "*J'aime les SMS . . . et tout ça, je trouve ça bien !*"

11. **(C)** Language has changed with the increased use of electronic communication. "*Des langues très diminuées, très ramassées, même allusives.*"

12. **(C)** Those who do not master written language will be excluded from many opportunities, "*Un jeune sur cinq qui, à la fin de la sixième, ne maîtrise pas la langue de sa communauté, écrite. Ça veut dire que, selon toute probabilité, à plus de 90 % de chance, ce jeune-là est exclu, exclu de la langue, exclu de la société, exclu du travail.*"

Sélection 3

13. **(A)** The article has an instructive tone.

14. **(C)** The sense of this expression is that one is lounging in front of the TV set, "*Si on est vautré toute la journée devant la télévision . . . oui on va grossir.*"

15. **(A)** This substance aids in breathing, "*Et puis la théobromine, elle-même, a des propriétés intéressantes puisqu'elle permet la dilatation des bronches.*"

16. **(D)** Both products have the capacity to provide energy, "*Ce sont des substances d'éveil.*"

17. **(B)** This is the correct answer because remaining active while eating chocolate is recommended: "*Si on est vautré toute la journée devant la télévision et que l'on mange cinq plaques, cinq tablettes de chocolat, oui on va grossir !*"

18. **(B)** Chocolate creates "*une accoutumance*" or a sort of addiction. You can use a root reading strategy to determine that *accoutumance* is derived from the word *coutume* (custom). Therefore, it is the action of getting accustomed to something.

19. **(C)** Chocolate does not necessarily make one fat.

20. **(A)** Europeans are the world's biggest consumers of chocolate. "*1,87 kg en Europe*" represents the largest amount consumed.

21. **(C)** Americans eat nearly ten times more chocolate than do Africans. "*1,20 kg en Amérique, 0.13 kg en Afrique.*"

22. **(A)** This is the correct answer because the context helps infer that the verb "*engloutir*" means to devour.

Sélection 4

23. **(D)** Context clues such as "*ont diverti*" (entertained) help you infer that this term means dazzled.

24. **(C)** What makes this group unique is their support of the underprivileged, "*M. Dutoit a décidé de contribuer vingt pourcent des bénéfices de ses entreprises à la Société pour la Protection des Orphelins (SPO).*"

25. **(A)** The word "*généreux*" helps infer that it is a scholarship.

26. **(A)** The generosity of the owner is key, "*M. Marcel Dutoit, est à la fois entrepreneur et philanthrope.*"

27. **(B)** M. Dutoit never forgot his roots, "*Après avoir passé quatre ans dans un orphelinat, il a eu la chance d'être adopté par un couple.*"

28. **(C)** Giving back is essential to this man, "*M. Dutoit est connu comme le plus grand bienfaiteur des orphelinats français.*"

29. **(D)** He contacts cities to establish plans.

30. **(D)** His life is defined by entertaining and giving, "*Le fondateur de notre organization, M. Marcel Dutoit, est à la fois entrepreneur et philanthrope.*"

PART B

Interpretive Communication: Print and Audio Texts (Combined)

Sélection 1

31. **(C)** Clothing unifies the people of Senegal, "*Les différentes enthnies du Sénégal sont intimement liées par . . . leur port vestimentaire.*"

32. **(A)** These tasks are divided between men and women, "*La teinture utilisant des produits végétaux comme l'indigo est un art qui passe de mère à fille tandis que le tissage est exclusivement réservé aux hommes.*"

33. **(D)** This garment is worn over other garments, "*Les hommes portent une large chemise et un pantalon assortis sous leur boubou.*"

34. **(B)** Both hair style and jewelry help define one's look in Senegal, "*La coiffure, les bijoux . . . complètent la tenure.*"

35. **(B)** Soccer has influenced fashion all over the world, "*En football . . . les couleurs de l'Amérique du Sud sont devenues à la mode en Europe.*"

36. **(B)** It was unthinkable in the 1930s that French soccer teams would wear such vivid colors, "*Saint-Étienne avec le maillot vert et Nantes, les « Canaris », avec leur maillot jaune. C'était impensable dans les années 30.*"

37. **(B)** Uruguay is pretty good in soccer, "*L'Uruguay, par exemple, . . . a des palmarès magnifiques.*"

38. **(B)** During the World War I era, the first signs of sports clothing influencing everyday clothing were seen, "*Au lendemain de la Première Guerre mondiale, dans le monde britannique d'abord et puis ailleurs ensuite, ce qu'on appelle le sportswear est devenu dans l'air du temps.*"

39. **(B)** The two selections show how culture is reflected in fashion.

40. **(B)** Fashion can help define a people.

Sélection 2

41. **(B)** The age of the cave drawings is indicated by the presence of animals that have been long extinct in France, "*Il y a un cheval qui semble sortir de cette niche et puis d'un côté, il y a toute une troupe de rhinocéros.*"

42. **(C)** The notion of myths is mentioned in the article as a connecting bond between these cave painters and later humans, "*C'est vrai semblablement un mythe comme on en a beaucoup . . . c'est sans doute le mythe le plus ancien de l'humanité que l'on trouve puisqu'on le trouve à la grotte Chauvet.*"

43. **(A)** The overall tone of the article is one of respect.

44. **(C)** The idea of a God is revealed by the cave drawings according to the interview, "*Cette notion de Dieu est finalement très ancienne.*"

45. **(B)** The types of animals that were drawn would be serious threats to the safety of these earlier humans, "*Il y a 17 ou 18 rhinocéros représentés, des lions, un renne, etc. De l'autre côté, il y a une véritable scène où nous avons des lions, une douzaine de lions qui chassent des bisons.*"

46. **(A)** This is the correct answer because this is the era when we see the first evidence of fishing, "*Début de la pêche.*"

47. **(C)** Africa is where human life was first recorded, "*Lieu—Afrique de l'Est et Afrique du Sud.*"

48. **(B)** This term indicates change from a nomadic life to a life where one stays in one place.

49. **(B)** There was an essential relationship between men and animals, "*Il y a un être assez curieux qui a une tête et une bosse de bison. . . . Mais au lieu d'avoir une patte de bison, c'est un bras humain avec une main humaine.*"

Interpretive Communication: Audio Texts

Sélection 1

50. **(D)** This type of meal is copied and shared by people all over the world, "*La gastronomie est vraiment un élément essentiel de leur identité, de leur joie de vivre, du plaisir d'habiter en France et de partager avec beaucoup d'étrangers cet élément majeur de notre culture.*"

51. **(B)** This decision by UNESCO recognizes this tradition as one that has great value and importance, "*La gastronomie est vraiment un élément essentiel . . . cet élément majeur de notre culture.*"

52. **(D)** This type of meal is threatened by the complexity and demands of modern life, "*Du travail, du stress de la vie d'aujourd'hui, on n'a pas le temps de faire ses achats, de faire la cuisine.*"

53. **(B)** Even though people are busier than ever, time can still be made for such a tradition, "*On n'a pas le temps de faire ses achats, de faire la cuisine.*"

Sélection 2

54. **(C)** This expression means the gas is cooler and more dense, "*Et la terre étant plus froide le matin, la densité du carburant est plus grande.*"

55. **(A)** Gas prices are rising and money can be saved, "*Nous allons apprendre (à) économiser du carburant.*"

56. **(B)** The expression refers to the reserve in the tank, "*N'attendez pas d'être dans le réserve pour faire le plein. Un réservoir vide favorise l'évaporation car, plus le réservoir est vide, plus il reste d'air, donc plus de possibilité de s'évaporer.*"

57. **(D)** The narrator wishes to help the average person, "*Nous allons apprendre (à) comment économiser du carburant en allant à la pompe.*"

58. **(A)** Squeezing the pump handle harder causes vapors that can escape the tank, "*Si vous faites le plein avec la gachette en position rapide, un certain pourcentage du carburant qui entre dans le réservoir de l'auto deviendra des vapeurs—et les vapeurs ainsi formées s'échappent.*"

Sélection 3

59. **(C)** Using the Gaulois as inspiration for a comic strip had never been done before, "*Les deux compères songèrent aux Gaulois, non encore utilisés dans la bande dessinée.*"

60. **(C)** This is the correct answer because French children learned about their earliest ancestors by reading the stories of Astérix. "*Comme tous les enfants qui allaient à l'école, à une certaine époque, René Goscinny et Albert Uderzo apprirent que : « chaque tribu gauloise était principalement composée d'un chef, d'un barde et d'un druide ».*"

61. **(D)** This is the correct answer because the Oumpah-Pah series was the first work by this pair, "*Oumpah-Pah fut le premier personage commun de Goscinny et Uderzo.*"

62. **(B)** The authors wanted to capture the interest of young people, "*Cherchant « une nouvelle idée originale de conception bien française et qui pourrait intéresser les jeunes lecteurs français ».*"

63. **(A)** Using the letter "a" put Astérix at the top of the list in the encyclopedias, "*Goscinny était ainsi « certain que le personnage sera cité parmi les premiers dans les encyclopédies de BD qui commencent à naître ».*"

64. **(A)** Context clues such as the reference to the authors in the previous phrase and the word *deux* before *compères* help indicate that the two men were associates.

65. **(A)** These characters lived in a traditional culture but in the modern age, "*L'ébauche Oumpah-Pah, sur six pages, mettait en scène ce personnage, vivant dans une réserve indienne, au milieu de la vie moderne des Américains.*"

Section II: Free Response

INTERPERSONAL WRITING: EXEMPLARY E-MAIL REPLY

✉   _ ⬓ ✕

De	
Objet	

Cher Monsieur Poirier,

Merci pour votre courriel qui m'invite à écrire pour votre revue de la francophonie. Je peux dire, sans hésitation que les mois que j'ai passés dans le monde francophone—le Mali—représentent pour moi les moments les plus importants de ma jeune vie.

J'aime bien l'idée de présenter les images de ce pays et une identité francophone qui n'est pas bien connue par le reste du monde.

Quant au sujet de préférence pour mon article, je pense que je voudrais écrire au sujet de la situation de la langue qui existe au Mali. Il y a des douzaines de langues parlées dans ce pays et le français, même si c'est une langue officielle du pays, n'est pas la première langue. Je voudrais examiner la relation entre les langues et les niveaux d'éducation du peuple malien. Pour le genre de présentation, je choisirais un essai car mes photos ne pourraient pas raconter cette histoire d'une manière efficace.

    Je suis très curieux où et en combien de pays vous vendrez votre revue. Je voudrais aussi savoir le prix de cette revue au cas où mes amis ou ma famille auront envie d'en acheter un exemplaire.

Sincères salutations,

Jean Leblanc

PRESENTATIONAL WRITING: EXEMPLARY PERSUASIVE ESSAY

Il est sûr que le stress afflige un grand nombre de gens dans notre monde actuel. Selon l'article (source #1), il y a près de 450 millions de gens qui sont directement concernés par le stress. Mais je pense que le stress peut être un élément de notre vie qui a le pouvoir de nous aider dans certaines situations.

    D'après la source #1, le stress est vraiment une réaction normale de notre organisme et représente un mécanisme de défense qui nous permet de mobiliser nos ressources rapidement. Le stress a mené l'homme préhistorique à se défendre et à survivre à une période historique qui n'offrait que d'incessants dangers. La vie des hommes préhistoriques était constamment menacée par toutes sortes d'animaux dangereux et par de rudes conditions climatiques et géographiques. C'était le stress qui, paraît-il, aidait nos ancêtres à survivre à ces obstacles. Aujourd'hui, le stress peut continuer de nous aider avec les défis quotidiens que nous devons confronter. Même si nous ne sommes pas en danger mortel chaque jour, Michel Le Moal dit dans son interview (source #3) que les conditions de vie sociale sont de plus en plus difficiles. Il dit aussi que les individus se sentent plus isolés ou seuls à cause de la structure de la société de nos jours. Parce qu'il faut tant de temps pour aller d'un point à un autre, la vie est plutôt pressée. Selon l'article, c'est le stress qui peut nous forcer à nous élever à un niveau de performance supérieur et les gens ont besoin de ce stress pour être efficaces au travail et aussi dans la domaine des sports. En somme, nous pouvons devenir plus motivés par le stress si nous pouvons éviter d'être accablés par ce phénomène.

Le graphique (source #2) nous montre également qu'il y a du "stress positif" dans la vie, c'est à dire, les éléments de la vie qui nous aident à surmonter aux problèmes de notre vie. Quand on s'entend bien avec ses proches, il semble qu'on réussisse mieux. De plus, quand on se sent en bonne santé et qu'on se soigne bien, on crée de plus en plus de stress positif qui améliore notre existence.

Pour conclure, le stress est considéré comme un aspect essentiel de notre âge et on peut voir qu'il y a deux côtés différents du stress. A mon avis, on peut être motivé par le stress au lieu d'être bouleversé par ce même phénomène. Pour réussir dans ce monde moderne, on doit voir le stress comme quelque chose d'utile au lieu de quelque chose de nocif.

INTERPERSONAL SPEAKING: EXEMPLARY CONVERSATION

See Appendix D for transcripts of audio documents.

PRESENTATIONAL SPEAKING: EXEMPLARY CULTURAL COMPARISON

See Appendix D for transcripts of audio documents.

APPENDIXES

Appendix A

Audio Scripts for Chapters 3 and 4

CHAPTER 3: COMBINED READING-LISTENING SELECTIONS

Sélection 1 Source #2—Tourisme Spatial

Nous sommes tous vierges en business avait lancé une de ses collaboratrices à l'époque où il créait son entreprise de commercialisation de disques par correspondance—Vierge—Virgin—Richard Bronson allait faire de ce mot un label désormais mondialement connu. Lorsqu'il se lance à l'aventure du tourisme spatial en 2004, il aurait pu répéter « Nous sommes encore presque tous vierges en voyage spatial. » Cinq ans plus tard alors qu'il vient de présenter à la presse son vaisseau Spaceship 2, le temps des mots et des rêves paraît s'achever-celui des réalisations, mais aussi des interrogations commencer.

Avec Virgin Galactic l'espace aurait-il lui aussi perdu de sa virginité en devenant la prochaine destination pour touristes fortunés ? A la vue des billets à 200 000 dollars qui permettent d'entrer dans le club jusqu'à présent très fermé des hommes et des femmes qui ont quitté l'atmosphère terrestre et sont allés se frotter aux premières franges galactiques; les gardiens de la pureté de l'orthodoxie spatiale s'inquiètent. Qu'est-ce que ce revendeur de rêves à bas prix ou presque viendrait faire sur les terres des héros de l'espace avec ses allures de star et ses hôtesses de l'air aguichantes bientôt reliques spatiales ? Déjà malmené par les activités militaires qui l'hébergent, l'espace ne risque-t-il pas de perdre avec le temps toute chance de garder son statut de patrimoine commun de l'humanité ? Le danger est réel et la prudence requise. Pour autant il ne faudrait pas oublier comment dans l'histoire de l'humanité, l'explorateur et le savant ont rapidement vu leurs traces si difficilement inscrites dans des terres inconnues, recouvertes par celles des marchands, des rêveurs et des touristes, une excellente manière pour les aventuriers, m'avouait un jour un astronaute, de se faire déloger et renvoyer à de nouveaux mondes à découvrir. Il reste à souhaiter qu'avec le titre et les insignes d'astronaute, les clients de Virgin Galactic ne reçoivent pas seulement une sorte de reconnaissance, de récompense comprise avec le prix du billet, mais aussi une mission, une responsabilité, celle de rendre les activités spatiales plus proches du public, plus accessibles, celle aussi d'incarner un instant ce mouvement vers l'avant, vers l'avenir qui appartient tellement à notre humanité.

CD 1
Track
4

Sélection 2 Source #2—Les Femmes et les Études Scientifiques

C'est vrai qu'aujourd'hui on se rend compte qu'il y a une difficulté, je dirais, pour toute la jeune génération, de se motiver vers des carrières scientifiques, techniques, enfin, vraiment, leurs leurs carrières de vie. Et pourtant on sait qu'au 21ᵉ siècle, c'est la science et les progrès techniques qui vont structurer tout notre avenir et tout notre progrès social, aussi en tant qu'individu, plus chaque individu doit se sentir concerné. On l'accompagne vers ces éléments. Mais il faut qu'il y ait des jeunes gens, des jeunes intelligences pour s'y s'y consacrer.

Le problème est effectivement encore plus poignant pour les les jeunes femmes, les jeunes femmes dont on voit qu'elles ont de très très bons résultats pendant leur cursus scolaire parfois une difficulté de se lancer au moment d'entrer dans le choix de carrière, vers une carrière qui va effectivement mobiliser toute une vie. On sait que les carrières scientifiques et les carrières d'ingénieur, c'est ça, c'est vraiment une vie consacrée à à sa passion à son désir.

On voit beaucoup de jeunes femmes aujourd'hui sur des métiers qui sont plus, je dirais, dans un contexte sociétal, sens du vivant, et beaucoup moins vers des carrières qu'on appelle encore de sciences pures et dures mais qui incluent l'informatique, enfin, toutes ces techniques qui sont aujourd'hui à la portée, à la main de tout un chacun et c'est vrai qu'il faut adresser probablement des messages un peu particuliers aux aux jeunes filles; déjà leur présenter vraiment ce que sont ces études d'abord et puis ces métiers. Il faut qu'à l'école, vers l'orientation, on soit très très présents, en particulier pour les jeunes filles pour les sortir de certains stéréotypes et je dirais pour leur donner confiance en elles. Beaucoup de ces jeunes filles qui sont très brillantes peut-être visent à la perfection, ce qui n'est atteignable, si ça l'est, qu'à la toute fin de sa vie et qui sont et qui ont un peu moins tendance à se lancer spontanément dans quelque chose qui est ardu, certes, rigoureux, long dans le chemin mais qui donne tellement de bonheur quand on y est. Donc il faut les encourager à entrer. Il faut les aider pendant la réalisation de leur carrière parce qu'elles ne sont pas toujours soutenues comme il le faudrait au sein des entreprises, au sein de la fonction publique, avec effectivement quand même des particularités des rôles de la femme dans la société, dans sa famille.

Et puis il faut aussi les reconnaître, leur témoigner notre admiration et notre respect quand elles arrivent des des résultats formidables et de donner donc la possibilité de faire partie de ces cercles de haute décision également.

J'ai pas eu l'impression, moi, à aucun moment, de sacrifier quelque chose dans ma vie parce qu'il y a des gens qui croyaient en moi, il y a des gens qui étaient en support, qui m'ont soutenue et des choses qui me facilitaient la vie. Donc il faut trouver le moyen d'organiser sa vie pour qu'elle soit plus facile, pour aller au bout de son de son désir.

CD 1
Track
6

Sélection 3 Source #2—Nathalie et les Parcs Naturels

Rémy :   Tu sais, Nathalie, on devrait aller faire des randonnées au parc national des Pyrénées cet été. Il contient, paraît-il, plusieurs espèces d'animaux en danger.

Nathalie :   Je sais, par exemple, les derniers ours bruns en France, et aussi des vautours et des chamois. Mais les ours, il n'y en a presque plus en France. Quel dommage !

Rémy : Je vois que tu as fait des recherches, toi aussi. Oui, je suis d'accord que c'est triste.

Nathalie : Heureusement que nous avons quelques parcs nationaux en France où on peut préserver et protéger certaines espèces d'animaux.

Rémy : Oui, mais tu sais, pas tout le monde n'est d'accord pour qu'on prenne plus de terres pour faire des parcs et des réserves naturelles.

Nathalie : Moi, je voudrais bien. Qui n'est pas d'accord, je me demande ?

Rémy : Eh bien, par exemple, les agriculteurs. Ils gagnent leur vie en cultivant leurs terres; ils ne veulent pas les perdre, leurs terres cultivables.

Nathalie : Oh ! Il y aura toujours assez de terres à cultiver. Mais les espèces d'animaux en danger, une fois qu'elles seront éteintes, on ne pourra pas les ressusciter.

Rémy : Ce n'est pas si simple que ça. Il y a beaucoup d'agriculteurs qui pensent qu'on ne devrait pas défendre toute activité humaine sur des étendues si larges. Ils disent que les agriculteurs et les animaux peuvent vivre côte à côte.

Nathalie : Ah oui ? Les chamois, je veux bien; mais les ours alors ?

Rémy : Oui, oui, je sais. Mais il faut aussi voir le point de vue de l'agriculteur qui doit survivre économiquement. De plus, l'entretien de tous ces parcs nationaux, c'est cher pour tout le monde.

Nathalie : Écoute, s'il faut payer un peu pour préserver notre patrimoine, moi, je suis prête à le faire. C'est important.

Rémy : Ne te fâche pas avec moi, Nathalie ! Moi aussi, je veux protéger notre environnement, notre faune et notre flore. Je te dis simplement qu'il faut respecter les points de vue des autres.

Nathalie : Je sais, je comprends cela. Mais moi, je te dis que souvent on néglige la nature et l'environnement sous prétexte que les associations locales font assez-même si ce n'est pas vrai.

Rémy : Eh bien, nous deux, nous pouvons aller visiter le parc des Pyrénées cet été et nous contribuerons à l'économie touristique locale en restant dans un hôtel près du parc pendant quelques jours.

Nathalie : C'est entendu ! Et puis, comme ça, nous profiterons de notre flore et de notre faune pendant qu'elle existe encore.

Sélection 4 Source #2—Programmes de Jeunesse et de Volontariat

CD 1 Track 8

Dernières vérifications avant le début de la leçon de roller. Les patins sont bien accrochés, les protections sont en place. Dernier conseil et c'est parti.

Cette initiation n'aurait rien de bien surprenant si ce n'est qu'elle est animée par un officier de la brigade roller de Paris. Durant les grandes vacances, près de 170 enfants seront quotidiennement au parc du Tremblay dans le Val de Marnes. Au programme : roller, vélo, football, piscine, jeux collectifs. Toutes ces activités sont encadrées par des policiers, un moyen pour eux de sensibiliser des enfants souvent issus de quartiers difficiles.

Le but du jeu c'est prendre des enfants qui sont sur Paris, qui n'ont rien à faire de la journée pendant les vacances aussi bien les grandes vacances que les petites vacances et on s'occupe d'eux. Donc ça permet d'avoir un relationnel avec des policiers qui est autre que la tenue, on est tous en T-shirts, avec les T-shirts de la préfecture de police—donc ça leur permet de nous voir autrement que dans la rue, en train d'arrêter les gens. Ils voient qu'on est des des animateurs, des gens comme tout le monde et ça se passe très très bien.

Très bon, c'est également le ressenti des jeunes qui reviennent très souvent au centre d'une année sur l'autre. Pour eux, le policier disparaît derrière l'animateur.

Ils sont cool. On est cool avec eux. Ils ne font pas les policiers; ils sont là comme des animateurs et on s'entend bien.

On les voit moins comme des policiers, on les voit plus comme des êtres humains. Il y a des policiers, on les a croisés dans la rue, on *les* a dit bonjour. C'était pas *qu'est-ce qu'on* faisait d'habitude.

Le programme Ville, Vie, Vacances existe depuis 1982. Chaque année, près de 170 jeunes franciliens en bénéficient totalement gratuitement.

Sélection 5 Source #2—PMA Fossé Technologie

Près d'un Africain sur trois a accès à un téléphone sans fil mais le nombre réel des utilisateurs de l'Internet demeure pathétiquement bas : 32 millions d'abonnés en 2008 sur un continent de près d'un milliard d'habitants. Cela correspond à 8,7 pour cent de la population comparé à 29,7 pour cent pour la population mondiale. La majorité des Africains des zones rurales n'ont pas accès à la téléphonie de base et encore moins à Internet. Seulement 5 pour cent de la population africaine possède une connexion interne et la pénétration de l'Internet à haut débit demeure inférieure à 1 pour cent. Plus de 75 pour cent des lignes fixes de téléphone se trouvent dans seulement 6 des 53 pays africains.

Sélection 6 Source #2—Internet Démocratie et Piratage

Hélène Renard : Si je vous envoie le mot « piratage », qu'est-ce que vous avez envie de renvoyer comme réponse ?

Didier Lombard : C'est un mot qui est, dans sa connotation, excessif parce qu'on a l'impression—le mot « pirate » ça renvoie aux bandes dessinées de notre enfance—de gens terribles qui sont en train de faire des choses affreuses, alors que le pirate standard, ben en gros, ce sont nos enfants. . . .

David Juni : Ou nos parents.

Didier Lombard : Ou nos parents, oui. Donc, ce sont des gens parfaitement respectables. Ils ont l'impression qu'ils peuvent accéder à tout un tas de contenus. L'habitude de la gratuité les a habitués à accéder à un tas de choses légales ou pas légales. En gros, ils ne ressentent pas de sentiment de culpabilité dans le système. Alors d'où la politique qui est menée à l'heure actuelle qui consiste à dire : il faut progressivement changer les habitudes et la sociologie des choses, avec deux volets au plan d'action qui a été mis en place par le président de la République. Un premier volet qui est faire en sorte qu'il y ait une offre payante, accessible, claire, et intéressante et attractive parce que, s'il n'y a pas d'offre normale, on a le choix entre rien et rien. Et puis d'autre part, quelques messages de d'avertissement avant une coupure, enfin des choses très progressives, de façon à permettre ce changement d'attitude, sans créer des chocs. Et c'est ça le choix qui a été choisi. Ça a déjà marché sur d'autres continents donc je pense que ça va marcher. Il s'agit en fait de ramener progressivement les revenus dans la poche de ceux qui fabriquent les biens.

Sélection 7 Source #2—Les Langues maternelles

Les langues de communication

Dans l'histoire, les langues de communication ont commencé, à ma connaissance, vers le cinquième ou sixième siècle avant Jésus-Christ où le grec, sur la totalité du monde habité, est devenu la « koinè », c'est-à-dire la langue commune, langue commune aux marins, aux commerçants et aux scientifiques. Et, en effet, nos amis Juifs disent « synagogue », ce qui est un mot grec et non pas hébreu. Et nos amis Egyptiens disent « pyramide », ce qui est un mot grec également. Par conséquent, la « koinè » a d'abord été grecque, puis elle a été remplacée par le latin. Le latin est devenu la langue commune. Et vous savez aussi que l'arabe a tenu ce rôle-là pendant quatre siècles après l'Hégire et que, pour la médecine et l'astronomie, elle a été une langue générale qui a été le véhicule souvent des sciences que nous avons reçues à la Renaissance. Et nous disons encore « algorithme », ce qui est la répétition du mot « alguarismi » qui n'est pas du tout un mot grec mais un mot arabe. Et le français a été la langue de communication scientifique et intellectuelle, disons, et même commerciale tout au long des âges classiques, dix-septième, dix-huitième siècle et début du dix-neuvième. Y compris la langue diplomatique. Et désormais l'anglais a pris le relais. Est-ce que la langue diplomatique devient une langue universelle ? C'est toute la question. Et je suis incapable de prévoir si demain, après-demain, c'est-à-dire dans les siècles futurs, quelle sera la langue de communication. Car on voit très bien comment l'ourdou, comment le cantonais, comment même l'espagnol se répandent beaucoup plus rapidement que l'anglais. Et, par conséquent, on ne voit pas pourquoi une autre langue ne prendrait pas ce relais-là. Puisque l'anglais n'est, finalement, que la nième langue de communication qui a marché dans l'histoire.

Sélection 8 Source #2—Le Mur et les Gîtes

Gîtes ruraux, fermes-auberges, tables d'hôtes . . . : l'hébergement se décline de mille et une façons dans les campagnes françaises.

Une herse, un tracteur, des vignobles. . . . Le mas Bruguière ne se différencie en rien des fermes visibles ici et là dans la région du Pic Saint Loup, dans le sud de la France. Pourtant cette façade cache quelque chose d'inhabituel : ici, on reçoit les touristes à bras ouverts. Pas de maître d'hôtel ou de garçon en livrée, Isabelle et Guilhem Bruguière s'occupent eux-mêmes de leurs hôtes.

Dans la cour de la ferme, quelques Parisiens et des Belges que trahit leur teint pâle, profitent du soleil d'été pour faire leur mue annuelle. Ils sont en famille et au bout d'une semaine, leurs frais de séjour, non compris la restauration, s'élèveront à 1500 F, une rentrée d'argent que ne néglige pas Guilhem, même si elle ne représente qu'une infime partie de ses revenus. *"C'est une activité rentable,"* reconnaît-il, *"car je me suis contenté d'aménager une ancienne écurie, une bergerie et un élevage de vers à soie désaffecté."*

Aidé de son beau-père, un maçon à la retraite, Guilhem a aménagé ses locaux sans se ruiner. En effet, les frais de restauration de ces bâtisses, souvent centenaires, sont très élevés. Transformer sa ferme en gîte est une opération coûteuse. D'où le recours aux crédits et aux subventions octroyées d'abord par le ministère de l'Agriculture puis par les collectivités locales et la Communauté européenne. Cette prime d'encouragement à une agriculture en crise a permis aux paysans de diversifier leurs revenus et parallèlement le décollage du tourisme vert. Celui-ci marque aujourd'hui le pas après avoir connu une phase d'euphorie.

Vivre au vert : un privilège

Cette année, les gîtes ruraux de France ont soufflé leurs 41 bougies. Créés en 1954, ils visaient deux objectifs : développer le tourisme en zone rurale par la rénovation de l'habitat rural d'une part et promouvoir d'autre part les échanges villes-campagnes. Aujourd'hui, la France compte près de 50 000 gîtes ruraux auxquels il faut ajouter les chambres et tables d'hôtes, les gîtes de groupes, les campings à la ferme et de nombreuses activités de loisirs.

Au fil des années, les gîtes se sont professionnalisés au point de faire parfois de l'ombre à l'hôtellerie classique. C'est le cas dans l'Hérault. En l'espace de dix ans, le nombre de gîtes y a doublé, passant de 400 en 1977 à 767 dont le mas Bruguière. Les citadins, en majorité d'origine rurale, renouent ainsi avec leurs racines. Des retrouvailles dont profitent surtout les enfants. Jean-Claude Cavalier, un agriculteur du Gard, confirme : *"Les petits citadins apprennent beaucoup. Ils découvrent d'où vient l'oeuf, ils ne savent pas à quoi ressemble une poule. Pour eux, c'est une cuisse au supermarché."*

Sélection 9 Source #2—La Pain en France et l'Alimentation globale

Julie Devaux :   Pourquoi vous êtes-vous intéressé à la mondialisation des aliments ?

Jean Vitaux :   Parce que la mondialisation des aliments apparaît être quelque chose d'immémorial et presque d'éternel depuis le paléolithique supérieur, et même encore avant et parce qu'actuellement, on nous présente la mondialisation comme un « spectre funeste » alors qu'une immense partie des produits que nous consommons sont le résultat de mondialisations passées.

Julie Devaux :   Alors, de quand date cette mondialisation ?

Jean Vitaux :   Les mondialisations débutent très loin. Par exemple, tous les animaux domestiques ont été domestiqués en Asie centrale qu'il s'agisse du mouton, de la chèvre, même du cochon, de la vache et puis du cheval. Tous ces animaux ont été domestiqués, environ entre 6 et 8000 ans avant notre ère, en Asie centrale et ensuite ont progressé, d'abord, vers la Mésopotamie puis l'Égypte et ensuite l'ensemble du monde méditerranéen et ensuite le monde entier beaucoup plus tard.

     Également, on peut dire que les céréales sont quelque chose qui a été mondialisé parce que le blé vient du Croissant fertile, le riz vient de Chine et le maïs (qu'on ne connaîtra qu'au XVIe siècle) est la céréale de l'Amérique précolombienne. C'est d'ailleurs assez amusant de constater qu'aux trois grands foyers primordiaux de l'humanité correspond à chacun une céréale.

Julie Devaux :   Comment a évolué la mondialisation gastronomique au fil des siècles ?

Jean Vitaux :   La mondialisation gastronomique a commencé très tôt. On a des recueils précis des palais mésopotamiens et notamment de celui de Marie qui avait été fouillé par l'École du Louvre où on a les catalogues de tout ce qui entre au palais et là, on se rend compte qu'il y avait déjà des produits qui venaient de fort loin, d'Inde comme le gingembre ou de la montagne, c'est-à-dire du Caucase, comme le vin.

Sélection 10 Source #2—Les Éléphants

CD 1 Track 20

"Avoir une mémoire d'éléphant," "avoir la peau ridée comme une peau d'éléphant." Vous avez sans doute entendu ces expressions, mais que connaissez-vous de cet animal ? Savez-vous par exemple que ces pachydermes, hauts de près de quatre mètres, peuvent peser plus de sept tonnes, c'est-à-dire autant qu'une centaine d'hommes ? Que, comme les chats, leurs yeux voient mieux dans l'obscurité ? Que c'est la femelle, appelée aussi la matrone, qui mène la troupe ? Que si l'on tue cette femelle, la troupe est désemparée ?

L'éléphant est aussi reconnu pour son intelligence, au même titre que le dauphin. Ces animaux sont très sociables. La matrone qui mène sa troupe est suivie des autres éléphants et en particulier des plus jeunes. Ceux-ci s'encordent à la queue de celui ou de celle qui le précède. Ces éléphanteaux, pèsent, déjà à la naissance, près de 120 kilos. De plus, jusqu'à l'âge de quatorze ans, ils restent auprès de leur famille et en particulier de leur mère. Ils attendront, en général, trente ans pour devenir père. La femelle, elle, peut avoir son propre petit à partir de l'âge de 13 ans. Sa fécondité s'arrêtera vers les cinquante ans. Cependant, elle ne peut concevoir que tous les deux ou trois ans. Une femelle est toujours la patriarche du groupe. Toutefois, il existe aussi des troupes de mâles uniquement, célibataires endurcis ! Même en captivité, l'éléphant est connu pour les liens qu'il crée avec ses compagnons et ses compagnes. Ainsi dans un zoo, la semaine dernière, un vieil éléphant est mort de chagrin après le décès de sa compagne. Celle-ci ayant donné naissance à un mort-né n'a pas pu supporter la tragédie. A part ces circonstances exceptionnelles, un éléphant peut vivre jusqu'à soixante-dix ans.

Malgré cette sociabilité, les éléphants sont des nomades et ils ont besoin de beaucoup de terrain. Pour communiquer à distance, ils emploient une gamme de vingt-cinq appels, dont plus de la moitié sont des infrasons, inaudibles à l'être humain. De plus, leur mémoire est, apparemment, phénoménale. Un petit peut retourner sur le lieu où sa mère est morte 30 ans après l'événement. Cet animal n'oublie pas non plus une personne qui lui a fait du mal. De fait, à cause de leur taille, leurs pérégrinations opposent souvent l'homme à ces pachydermes. Et gare ! L'éléphant est aussi connu pour ses sautes d'humeur. Si vous en rencontrez un, faites très attention. Observez bien ses oreilles. S'il les rabat, c'est qu'il n'est pas content et qu'il peut à tout moment vous charger . . . il faut alors se faire très, très petit.

CHAPTER 4 : MULTIPLE-CHOICE AUDIO SELECTIONS
Sélection 1—La Suisse Raconte

Journaliste : Je vais vous présenter l'activité d'une compagnie qui est basée à Vevey et qui se préoccupe particulièrement de l'éveil culturel des enfants. Je suis en compagnie de sa fondatrice et responsable artistique, Nathalie Jhendly. Nathalie Jhendly, bonjour. Merci de nous accueillir devant votre beau chapiteau bleu avec des petits pois. Qu'est-ce que c'est la compagnie des Aventuriers ?

Nathalie : Alors, la compagnie des Aventuriers a été créée en 2003 à Vevey. Et l'objectif, l'un des objectifs, en fait, c'est la défense des droits de l'enfant par rapport à la culture c'est-à-dire l'expression, l'information, la pensée, la participation à la vie culturelle. Donc pour l'expression, on se soucie de développer tout ce qui est en rapport avec par exemple le théâtre, les contes par le biais de différents supports. Pour l'information c'est plutôt par le biais d'une démarche qui est liée à la prévention, c'est-à-dire la prévention de la violence, de l'illettrisme, de la santé, entre autres. La pensée, c'est la pratique de la philosophie avec les enfants, comment les amener petit à petit à penser plus—par et pour—eux-mêmes et à développer un lien avec les autres tant dans leurs actions que dans ce qu'ils pensent, une démarche citoyenne.

Journaliste : Alors on verra tout à l'heure plus concrètement comment ça se présente comment vous vous y prenez pour insuffler cette philosophie….

Nathalie : J'étais comédienne au départ et puis animatrice culturelle et ce qui ce dont je me suis toujours souciée—c'est en fait—quel est, comment est-ce que l'enfant grandit et qu'est-ce qui lui permet de s'épanouir en lien avec les autres et la cité dans laquelle il habite. Donc il y a aussi un autre pont, c'est la participation à la vie culturelle puisque je pense que le dialogue avec l'enfant est essentiel et que par exemple, dans le biais du théâtre, et des contes, des conteries, une histoire est racontée pour amener l'enfant à raconter à son tour et avec les autres, en nuançant aussi ses propos, en étant avec les autres, et en articulant et en jouant, ce qui va se jouer ensemble.

Sélection 2—Air France

Madame, monsieur, bonjour et bienvenue à bord. Vous devez attacher votre ceinture pour votre sécurité. Nous vous recommandons de la maintenir attachée de façon visible lorsque vous êtes à votre siège. Pour détacher votre ceinture, soulevez la partie supérieure de la boucle. Il est strictement interdit de fumer dans l'avion y compris dans les toilettes. En cas de dépressurisation, un masque à oxygène tombera automatiquement à votre portée. Tirez sur le masque pour libérer l'oxygène. Placez-le sur votre visage. Une fois votre masque ajusté, il vous sera possible d'aider d'autres personnes. En cas d'évacuation, des panneaux lumineux EXIT vous permettent de localiser les issues de secours. Repérez maintenant le panneau EXIT le plus proche de votre siège. Il peut se trouver derrière vous. Les issues de secours sont situées de chaque côté de la cabine, à l'avant, au centre, à l'arrière. Pour évacuer l'avion, suivez le marquage lumineux. Les portes seront ouvertes par l'équipage. Les toboggans se déploient automatiquement. Le gilet de sauvetage est situé sous votre siège ou dans l'accoudoir central. Passez la tête dans l'encolure, attachez et serrez les sangles. Une fois à l'extérieur de l'avion, gonflez votre gilet en tirant sur les poignées rouges. Nous allons bientôt décoller. La tablette doit être rangée et votre dossier redressé. L'usage des appareils électroniques est interdit pendant le décollage et l'atterrissage. Les téléphones portables doivent rester éteints pendant tout le vol. Notice de sécurité placée devant vous est à votre disposition. Merci pour votre attention. Nous vous souhaitons un bon vol.

Sélection 3—Journée Terre

La terre nourricière qui est notre unique demeure est exposée à des menaces. C'est par ce cri d'alarme que débute le message du secrétaire général de l'ONU à l'occasion de cette journée internationale de la Terre nourricière. Pour Ban Ki-moon, l'action démesurée des êtres humains sur la terre a des conséquences néfastes ayant entre autres pour noms : changement climatique, appauvrissement de la couche d'ozone. Il s'inquiète également du déclin rapide de la diversité biologique ainsi que de la pollution des mers et la raréfaction des ressources halieutiques. Une gestion négligente de la terre dont pâtissent les groupes de population les plus vulnérables tels que les peuples autochtones, les paysans pauvres, les habitants des bidonvilles, regrette Ban Ki-moon. Il rappelle que la préservation de l'environnement grâce à une gestion avisée des richesses que nous offre la terre est l'un des huit objectifs du Millénaire pour le développement adopté il y a dix ans par les états membres de l'ONU.

Des *OMD, souligne-t-il, qui auront peu de chance d'être réalisés, notamment ceux consistant à réduire la pauvreté et la faim et à améliorer la santé et les conditions de vie de la population en l'absence d'une protection durable de l'environnement. Par conséquent, Ban Ki-moon lance un appel urgent à tous les gouvernements, les entreprises et les citoyens du monde à donner à la terre le respect et les soins qu'elle mérite.

*OMD : Objectifs du millénaire pour le développement

Sélection 4—Les Herbes médicinales

Marie Provost, les gens trouvent différents produits naturels dans les boutiques spécialisées, même les pharmacies. Les gens peut-être oublient que, à la base, c'est des plantes. Alors, de quelle façon intervient l'herboristerie dans la production-produits naturels ?

Certaines herboristeries traditionnelles qui étaient métiers absolument millénaires il y a quelques générations, on ne pouvait pas oublier que l'herboristerie c'est des plantes parce que, à ce moment-là, quand on prenait des produits herboristerie, on ramassait sa racine d'échinacée dans les champs, on l'avait besoin même et on la prenait brut, crue avec tout ce que ça impliquait de bon et mauvais. Aujourd'hui quand on achète à l'épicerie d'aliments naturels, à la pharmacie ou à la clinique une fiole avec un contenu liquide, on est beaucoup plus loin de la plante mais il faut se rappeler il faut savoir qu'à l'origine de ces produits d'herboristerie-là, ce sont toujours des jardins, des plantes et des racines pleines de terre avec lesquelles ça commence. En réalité, ceux qui le souhaitent peuvent récolter et transformer des plantes. Alors on s'assure de certains éléments de base bien sûr, le premier étant l'identification des plantes. Je crois que c'est un point crucial sur lequel il ne faut pas aller trop peu. Si on n'extrait pas la bonne plante, à ce moment, on peut se retrouver vraiment dans une situation problématique parce que certaines plantes sont toxiques. C'est pas parce que c'est naturel que c'est bon bien sûr. Alors l'identification de la plante qui doit être absolument juste et de bien connaître aussi non seulement la récolte, de quelle façon on la transporte. Mais à partir du moment où on connaît ce qu'on veut faire et comment on veut faire, c'est d'une simplicité vraiment—vraiment—enfantine et ça nous permet dans certains cas de nous rapprocher de ce qu'on prend, de ce qu'on utilise et de ce qui nous fait du bien.

Sélection 5—Le Pays des Vans—Office du Tourisme

Bonjour et bienvenue au pays des Vans. Nous sommes situés en sud Ardèche à la limite du Gard et de la Lozère au quart des Cévennes et de l'Ardèche méridionale à environ 1h 30 de la vallée du Rhône. Nous vous invitons à découvrir le pays des Vans. Cette richesse de paysages est propice à la pratique en famille de nombreuses activités de pleine nature. La rivière Chassezac relie ces deux territoires des Cévennes et de l'Ardèche méridionale. Elle se descend en canoë depuis les Vans jusqu'à Casteljeaux. Quelques rapides pour des sensations d'aventure et de belles plages pour des pauses baignade. Un programme détente à vivre en famille sur une demie ou une journée au coeur de ce site magnifique et préservé. Le Chassezac a creusé dans la roche calcaire les falaises que nous observons. C'est le lieu privilégié de l'escalade avec 400 voies équipées ainsi que des blocs et des parcours-aventure. Cette roche calcaire inlassablement creusée et travaillée par les eaux donne là encore la possibilité de s'aventurer dans des sites exceptionnels. Comme en spéléo la découverte souterraine offre ici de nombreux avantages. Cette aventure souvent nouvelle pour les enfants permet aussi de cheminer dans l'ambiance fascinante des concrétions, d'accéder aux salles parfois spacieuses des grottes comme celles de Chadouillet, de beaux souvenirs et des traces de glaise en perspective. En dehors des gorges à 4 kilomètres des Vans, le bois de Païolive est un site naturel appelé aussi bois des fées. C'est un lieu extraordinaire à découvrir en famille. En empruntant les sentiers balisés comme celui de Saint Eugène, vous admirerez le magnifique panorama des gorges du Chassezac. Sur le circuit de la vierge, vous découvrirez l'éléphant, la tortue. Sur ces sentiers, vous pourrez admirer les sites les plus caractéristiques du bois tout en laissant tranquilles les espèces remarquables qui ont trouvé là un lieu de vie propice.

Sélection 6—Discours du Général De Gaulle

Le gouvernement français, après avoir demandé l'armistice, connaît maintenant, les conditions dictées par l'ennemi.

Il résulte de ces conditions que les forces françaises de terre, de mer et de l'air seraient entièrement démobilisées, que nos armes seraient livrées, que le territoire français serait totalement occupé et que le gouvernement français tomberait sous la dépendance de l'Allemagne et de l'Italie. On peut donc dire que cet armistice serait non seulement une capitulation mais encore un asservissement. Or, beaucoup de Français n'acceptent pas la capitulation ni la servitude pour des raisons qui s'appellent l'honneur, le bon sens, l'intérêt supérieur de la patrie. Je dis l'honneur, car la France s'est engagée à ne déposer les armes que d'accord avec ses alliés. Tant que ses alliés continuent la guerre, son gouvernement n'a pas le droit de se rendre à l'ennemi.

Le gouvernement polonais, le gouvernement norvégien, le gouvernement hollandais, le gouvernement belge, le gouvernement luxembourgeois, quoique chassés de leur territoire, ont compris ainsi leur devoir. Je dis le bon sens, car il est absurde de considérer la lutte comme perdue.

Oui, nous avons subi une grande défaite. Un système militaire mauvais, les fautes commises dans la conduite des opérations, l'esprit d'abandon du gouvernement pendant ces derniers combats nous ont fait perdre la bataille de France. Mais il nous reste un vaste empire, une flotte intacte, beaucoup d'or. Il nous reste des alliés dont les ressources sont immenses, et qui dominent les mers. Il nous reste les gigantesques possibilités de l'industrie américaine.

Les mêmes conditions de la guerre qui nous ont fait battre par cinq mille avions et six mille chars peuvent nous donner, demain, la victoire par vingt mille chars et vingt mille avions.

Je dis l'intérêt supérieur de la patrie car cette guerre n'est pas une guerre franco-allemande, qu'une bataille puisse décider. Cette guerre est une guerre mondiale. Nul ne peut prévoir si les peuples qui sont neutres aujourd'hui, le resteront demain.

Même les alliés de l'Allemagne resteront-ils toujours ses alliés ?

Si les forces de la liberté triomphent finalement de celles de la servitude, quel serait le destin d'une France qui se serait soumise à l'ennemi ? L'honneur, le bon sens, l'intérêt supérieur de la patrie commandent à tous les Français libres de continuer le combat là où ils seront et comme ils pourront. Il est, par conséquent, nécessaire de grouper partout où cela se peut une force française aussi grande que possible. Tout ce qui peut être réuni en fait d'éléments militaires français et de capacité française de production d'armement doit être organisé partout où il y en a. Moi, général De Gaulle, j'entreprends ici, en Angleterre, cette tâche nationale.

J'invite tous les militaires français des armées de terre, de mer et de l'air, j'invite les ingénieurs et les ouvriers français spécialistes de l'armement qui se trouvent en territoire britannique ou qui pourraient y parvenir, à se réunir à moi. J'invite les chefs, les soldats, les marins, les aviateurs des forces françaises de terre, de mer, de l'air, où qu'ils se trouvent actuellement, à se mettre en rapport avec moi. J'invite tous les Français qui veulent rester libres à m'écouter et à me suivre.

Vive la France libre dans l'honneur et dans l'indépendance !

Sélection 7—Le Baiser

Le Baiser, un petit ouvrage publié chez Stanké, retrace l'histoire fascinante du baiser, ce petit geste, sonore ou langoureux, furtif ou interminable, qui a joué un rôle majeur chez les humains de tous les temps.

Pour les anthropologues, le baiser sur la bouche serait issu de la pratique des mères de porter la nourriture de leur bouche à celle de leurs enfants. Cette pratique a été observée chez les aborigènes de la terre de Feu. C'est à travers sa bouche que le nourrisson reçoit la pulsion de vie et fait aussi la connaissance de l'autre. . . .

Les primatologues ont même observé que les femelles chimpanzés qui veulent se réconcilier se donnent des baisers sur le bras et la bouche et que les mâles s'embrassent à la suite d'un conflit. . . .

Le geste, récupéré par les humains, n'aura pas tardé à emprunter des formes diverses avant de devenir le symbole de pulsions sexuelles profondes.

Ainsi, les Tamouls de Ceylan se frottent le nez comme les Lapons du nord de l'Europe avant de se lécher réciproquement la bouche et la langue. Les Mongols, les membres de tribus du Sud-Est indien, les Inuits, les Indiens blackfeet d'Amérique du Nord et plusieurs groupes africains pratiquent pour leur part le baiser olfactif. En Gambie, lit-on dans *Le Baiser*, les hommes saluent les femmes en leur sentant l'arrière de l'une des mains !

Et le baiser, même filial, porte son lot de poids mystique et de charge symbolique. Selon *Le Livre des superstitions de Mozzani*, cité dans *Le Baiser*, le baiser annonce une longue vie s'il est donné librement par un enfant mais apporte l'inverse si l'enfant y est contraint. On évitait également d'embrasser les enfants avant le baptême parce qu'ils appartenaient encore au diable. . . . En Afrique, le baiser porte une connotation particulière du fait qu'on croit que l'âme des humains entre et sort par la bouche. . . . Dans les sociétés traditionnelles du Maghreb, la salive que l'on donne avec le baiser serait porteuse d'un souffle vital, et des qualités du donneur. . . .

Chaste baiser: Au Moyen Âge, le baiser a une valeur sacrée, les fidèles mâles l'échangent entre eux à l'office, le vassal et le seigneur l'échangent, lèvres closes, au moment de sceller un contrat de fidélité. En guise de pénitence, on s'imposait d'embrasser le sol, les pieds d'un mendiant ou un lépreux, avant que des critères d'hygiène ne viennent mettre un terme à cette pratique.

Sélection 8—Choisir son Conjoint au Burkina Faso

Choisir son conjoint, l'épouser devant le maire, opter pour la monogamie : la conception du mariage change, même au village. Au Burkina, de vieux couples viennent ainsi de se marier civilement pour avoir des papiers d'identité et sécuriser les femmes.

Lorsqu'ils se remémorent cette journée de juin dernier, les cinq vieux assis sur le banc ont le sourire aux lèvres et les yeux qui pétillent. Ce jour-là, ces hommes à barbiches blanches et têtes chenues se sont "officiellement" mariés avec celles qui partagent leur vie depuis plusieurs dizaines d'années. Ce fut une belle fête qui a réuni tous les habitants de Wobrigre, non loin de Ouagadougou. En effet, ce 7 juin 1997, 60 couples âgés de 20 à 80 ans sont passés devant monsieur le maire qui s'était déplacé jusqu'au village pour célébrer leur union civile. Quelques heures durant, les anciens ont ainsi revécu l'époque de leur jeunesse, celle de leur mariage coutumier avec leur première femme, suivie pour la plupart d'une seconde et souvent d'une troisième.

Appuyé sur sa canne, l'un des vieux, encouragé par les autres qui opinent du chef sous leur chapeau de paysan, explique pourquoi, à leur âge, ils ont pris cette décision inhabituelle. En début d'année, raconte-t-il, une troupe de théâtre leur a joué une pièce présentant le triste sort d'une jeune femme donnée à un vieil homme qui décède peu après. Elle se trouve alors en butte à sa belle-famille qui la dépouille de tout car elle n'a aucun papier prouvant ses droits sur l'héritage de son mari. Cette histoire les a fait réfléchir. C'était le but de l'association "Promo-Femmes," à l'origine de cette initiative, qui a poursuivi durant plusieurs mois les discussions avec les villageois.

"Avant," explique Mounir Traoré, *"nous pensions que c'était les fonctionnaires et les gens des villes qui faisaient le mariage civil et que nous, nous ne pouvions pas le faire."* D'ailleurs, rares étaient ceux qui avaient les papiers d'état-civil nécessaires, surtout parmi les femmes. Un gros handicap pour toutes les démarches administratives qui étaient interminables, voire impossibles. *"Nous nous sommes dit qu'il fallait donner l'exemple à nos enfants. C'est pourquoi nous nous sommes mariés,"* poursuit-il. Et très vite, ils en ont vu l'utilité : grâce au livret de famille, leurs enfants ont pu facilement s'inscrire à l'école, les recherches d'emploi des plus âgés ont été simplifiées, leurs relations avec l'administration allégées.

Mais ces mariages civils sont aussi le fruit d'une évolution dans leur conception du mariage. *"Quand je me suis marié, il y a 34 ans,"* raconte l'un d'eux, *"c'est la famille qui m'a donné ma femme. Je la connaissais car elle était du village mais je ne savais pas qu'elle serait ma femme.* "Il n'a pas non plus choisi ses deux autres épouses. Comme tous les vieux présents qui ont pris les femmes qu'on leur donnait, sans discussion. *"Aujourd'hui, nous ne pouvons pas chercher des filles ou des garçons pour nos enfants. Maintenant on se voit et on est d'accord pour vivre ensemble. C'est mieux,"* affirment ces pères. Pourtant, ils constatent que les divorces sont plus fréquents qu'auparavant lorsque l'entourage familial, concerné au premier chef par ces unions, faisait tout pour réconcilier les époux.

Sélection 9—Poisson d'Avril

Ça y est, c'est officiel ! Des termites mutantes attaquent le pilier nord de la Tour Eiffel et celle-ci menace de s'écrouler. Catastrophe ! D'autant plus que je venais de la racheter. Poisson d'avril ! Vous m'avez cru, non . . . c'est bien entendu—un poisson d'avril.

Rassurez-vous ! La Tour Eiffel n'a rien. Mais au fait, pourquoi cette tradition de faire des blagues le jour du premier avril et puis vous savez, on parle toujours du poisson d'avril. Pourquoi un poisson ? Pourquoi est-ce qu'on s'amuse souvent à coller des poissons dans le dos de ses amis ? Tenez, on va les vérifier. En attendant, faut pas être malin pour s'avoir un poisson dans le dos.

L'origine du premier avril est controversée. La légende la plus connue raconte que l'année commençait à l'origine le premier avril. En 1564, le roi Charles décide que l'année commencera désormais le premier janvier ! Cependant les gens n'acceptent pas tout de suite cette décision et continuent de s'offrir des étrennes-les petits cadeaux de début d'année—le premier avril. Mais au fur et à mesure les gens s'habituèrent et ceux qui continuaient de fêter le nouvel an en avril furent la cible des farceurs qui leur offraient de faux cadeaux. Le premier avril est donc l'occasion de mystifier ceux qui n'acceptent pas la réalité.

Mais d'où vient le poisson ? Généralement le premier avril tombe aux alentours de la fin du carême, période durant laquelle les chrétiens ne sont pas supposés manger de viande, l'un des cadeaux les plus prisés était donc le poisson. L'une des plaisanteries les plus courantes était donc d'offrir un faux poisson à ceux dont on voulait se moquer.

On raconte aussi que la tradition du premier avril viendrait du signe zodiacal « poisson ». En effet, le poisson est le dernier signe de l'hiver, entre le 19 février et le 20 mars. On peut supposer que les festivités du retour du printemps ont amené les plaisanteries.

Une troisième théorie est que comme au mois d'avril la pêche était interdite, on offrait des poissons aux gens en guise de plaisanterie en leur faisant croire qu'on les avait pêchés.

Nous ne sommes donc pas sûrs de l'origine exacte du premier avril, probablement un mélange des raisons que nous avons présentées.

Ce qui est sûr en revanche, c'est que la coutume des plaisanteries du premier avril est née en France avant de s'exporter dans les pays voisins. En effet, la coutume existe aujourd'hui en Angleterre, aux Etats-Unis, en Allemagne, aux Pays-Bas, en Belgique, au Canada, en Italie, en Pologne, au Portugal, en Suisse, en Suède, et même au Japon. Le poisson en revanche n'a pas été systématiquement exporté, en anglais on parle de « jour des idiots » « April Fool's Day » et en Russie de jour des fous.

Sélection 10—Titanic

L'épave du Titanic bénéficie désormais de la protection de la Convention de l'UNESCO sur le patrimoine culturel subaquatique et la Directrice générale de cette agence onusienne, Irina Bokova, en a profité jeudi pour rappeler la nécessité de protéger le patrimoine subaquatique.

Dans la nuit du 14 au 15 avril 1912, le Titanic faisait naufrage dans l'Atlantique nord en heurtant un iceberg. Le centenaire de cette tragédie est l'occasion pour l'UNESCO d'exprimer sa préoccupation quant à la destruction et au pillage de milliers d'épaves anciennes et de sites archéologiques submergés dans le monde.

Les vestiges du Titanic gisent à quelque 4.000 mètres de fond au large de Terre-Neuve. L'épave se trouvant dans les eaux internationales, aucun État ne peut revendiquer une juridiction exclusive sur le site. Les États ne peuvent en effet exercer une juridiction que sur les épaves se trouvant dans les eaux territoriales ou battant pavillon national. Jusqu'ici, le Titanic ne pouvait bénéficier de la protection de la Convention adoptée par l'UNESCO en 2001, celle-ci ne s'appliquant qu'aux vestiges immergés depuis au moins cent ans.

« Le naufrage du Titanic est ancré dans la mémoire de l'humanité et je me réjouis à l'idée que ce site bénéficie désormais de la protection de la Convention de l'UNESCO. Mais il existe des milliers d'autres épaves à protéger. Toutes ces épaves anciennes sont des sites archéologiques qui présentent une valeur scientifique », a dit Irina Bokova dans un communiqué de presse.

Désormais, les États parties à la Convention pourront interdire la destruction, le pillage, la vente et la dispersion des objets trouvés sur le site. Ils peuvent prendre toutes les mesures en leur pouvoir pour protéger l'épave et faire en sorte que les restes humains soient traités dignement.

La Convention de 2001 fournit un cadre de coopération aux Etats parties afin de prévenir des explorations dont le caractère scientifique ou éthique est contestable. Ils peuvent également saisir les objets sortis de l'eau illégalement et fermer leurs ports à tout navire se livrant à des activités d'exploration non conformes aux principes de la Convention.

La Directrice générale de l'UNESCO a fait part de son inquiétude face à la destruction et au pillage de nombreuses épaves anciennes, rendus possible par le développement de technologies exploratoires toujours plus performantes.

« Les épaves sont aussi la mémoire de tragédies humaines qui doivent être traitées avec le respect qui leur est dû. On ne tolère pas que le patrimoine culturel terrestre soit pillé, il doit en aller de même pour les trésors engloutis », a déclaré Irina Bokova qui a exhorté les plongeurs à ne pas déposer de détritus ou de plaques commémoratives sur l'épave du Titanic.

Adoptée en 2001 par la Conférence générale de l'UNESCO, la Convention sur la protection du patrimoine subaquatique vise à assurer une meilleure protection des épaves, sites, grottes ornées et autres vestiges culturels reposant sous l'eau. Ce traité international est une réponse de la communauté internationale au pillage et à la destruction croissante du patrimoine subaquatique exposé aux chasseurs de trésors.

Destinée à préserver de préférence in situ le patrimoine englouti, la Convention a aussi pour objectif de favoriser l'accès du public à ce patrimoine et d'encourager la recherche archéologique. A ce jour, 41 États ont ratifié la Convention pour la protection du patrimoine culturel subaquatique qui est entrée en vigueur le 2 janvier 2009.

Appendix B

Audio Scripts for Chapter 6

CHAPTER 6: WRITING THE PERSUASIVE ESSAY
Essay 1 Source #3

Quand on parle du bac dans ce pays, on pense aux bacs généraux et quand on regarde les bacs généraux, ils sont articulés sur trois bacs : le bac S, le bac dit scientifique, le bac littéraire et un bac qui se veut plus équilibré : le bac ES.

On se rend compte qu'un de ces bacs, le bac littéraire, est actuellement en crise, et que beaucoup de jeunes passent le baccalauréat S non pas, parce qu'ils sont scientifiques, mais parce qu'il a la réputation d'être le bac d'excellence, celui qui vous permettra de faire de fortes études, donc ça pose déjà sur ce point un problème.

À côté, vous avez les bacs technologiques qui avaient été mis en place, au cours de la Ve République, pour faire face à une demande spécifique et pour une poursuite d'études ensuite dans des séries technologiques. On se rend compte maintenant que ces séries sont souvent envahies par des jeunes titulaires du bac général, ce qui pose pour les titulaires du bac technologique un certain nombre de problèmes.

Enfin, il y a la création la plus récente, les bacs professionnels qui n'ont pas pour vocation de vous préparer à aller dans l'enseignement supérieur et vous permettent d'entrer dans la vie professionnelle avec une formation générale d'un niveau donc déjà important et aussi une qualification professionnelle assez pointue puisqu'il y a, c'est quand même assez étonnant, 72 bacs professionnels différents.

Le meilleure défense du baccalauréat, c'est le fait que les Français n'ont pas envie de le voir disparaître.

C'est un monument national qui existe depuis 200 ans. C'est surtout un repère pour une génération. C'est un petit peu aussi un rite de passage. Être bachelier, cela veut dire être au-delà d'une certaine époque. Avant, on prépare le bac on est un lycéen et on n'est pas majeur si on peut dire, donc c'est un moment important. Est-ce qu'il faut faire perdre aux jeunes un des derniers repères qui leur restent ? Moi, je pose la question et je crois que, avant de dire qu'il faut le supprimer, il faut être extrêmement prudent.

C'est un des repères dans la vie d'un jeune et maintenant ce n'est pas une minorité de jeunes qui est concernée par le bac, j'insiste là-dessus, c'est la majorité la grande majorité d'une génération qui est confrontée à l'épreuve du baccalauréat.

Essay 2 Source #3

Mon travail de créateur est régi par des dates-butoirs. Ma journée est souvent trop agitée pour que je puisse réfléchir à de nouvelles idées. Mais elles surgissent d'elles-mêmes dans les moments le plus calmes. J'aime jouer avec ces idées soudaines. Par exemple, le matin, lorsque je me rends à mon travail, tout ce que je rencontre est source d'inspiration, les gens, les étalages, le brouhaha de la rue.

Dans les moments tranquilles, je développe ensuite les idées qui subsistent. Les créations graphiques peuvent être utilisées de façon infinie. Il suffit de sortir un peu des cadres habituels pour s'apercevoir que les possibilités commerciales sont souvent plus nombreuses qu'il ne paraît à première vue. C'est pour cette raison que je prends soin de mes idées. Je veux absolument éviter que quelqu'un d'autre les accapare.

L'i-dépôt en ligne de l'Office du Benelux de la propriété intellectuelle m'aide dans ces démarches. Dans le bouillonnement des activités quotidiennes, il reste toujours un moment libre pour remettre un I-dépôt. Cela se fait très rapidement et très facilement. Vous remplissez vos coordonnées et vous ajoutez une description de votre idée. Vous pouvez même y ajouter un croquis. Ensuite vous pouvez télécharger un certificat sécurisé. Avec ce document en main, vous détenez une preuve solide de votre bien. I-dépôt, la première étape dans votre processus d'innovation.

Essay 3 Source #3

L'homme est omnivore; il mange de la viande, il mange des légumes, il mange des fruits. C'est important, pour son plaisir, pour son équilibre. Je dis ça tout en respectant parfaitement les gens qui, pour certaines raisons, sont ou végétaliens ou végétariens. C'est c'est très bien, pas de soucis. Attention simplement à ce qu'ils gardent un bon équilibre des nutriments pour ne pas avoir des carences, c'est ça que je dirais.

Mais, vous parlez d'énergie, c'est vrai que le système alimentaire du citadin des pays développés est très coûteux en énergie : si la population du monde se nourrissait comme le citadin new-yorkais, il faudrait mobiliser 50 % de l'énergie utilisée dans le monde rien que pour se nourrir. Ce qui n'est pas possible ni imaginable.

On fait des économies d'énergies et on protège l'environnement par des décisions qui sont prises sur l'habitat, qui sont prises sur la circulation automobile. Il faut effectivement aussi réfléchir sur ce qu'il faut faire au niveau énergétique et au niveau environnement, sur notre alimentation. Il faudra trouver des systèmes alimentaires qui consomment moins d'énergie.

Alors, vous dites « végétariens », non ! Le mouton qui paisse tranquillement sur les alpages, et qui mange de l'herbe, produit une énergie photosynthétique (celle du soleil). Son rendement énergétique est tout à fait remarquable puisqu'il ne consomme aucune énergie fossile. Par contre, le poulet en batterie, lui, il est un peu mis en cause parce qu'il réclame beaucoup d'énergie.

Essay 4 Source #3

Saviez-vous que le Canada a l'un des programmes d'immigration les plus importants dans le monde ? Chaque année, le Canada accueille trois types—ou catégories—d'immigrants. Il y a des immigrants que le Canada sélectionne en fonction de leur formation et de leurs compétences, et qui, par leur travail, contribuent à développer notre économie. Il y a des gens qui viennent au Canada pour rejoindre des membres de leur famille. Et il y a des gens qui ont besoin de protection, comme les réfugiés qui fuient la torture ou les persécutions dans leur pays d'origine. Ce sont là les trois catégories d'immigrants que le Canada accueille.

Le nombre total d'immigrants que le Canada accepte chaque année est fixé en fonction de plusieurs facteurs. Quels types de travailleurs contribueront à la croissance de notre économie ? Quels sont les emplois disponibles qui ne peuvent pas être comblés par des Canadiens ? Quel est l'état de l'économie canadienne ? Quels sont les mécanismes mis en place pour aider les immigrants à bien s'intégrer une fois arrivés au Canada ?

Pour répondre à ces questions, nous nous fondons sur des recherches et nous consultons beaucoup de gens, de même que les gouvernements provinciaux et territoriaux. Nous consultons également des experts, parmi lesquels des chefs d'entreprises, des associations professionnelles et des groupes d'immigrants. Et nous sollicitons l'avis des gens qui sont en contact direct avec les nouveaux arrivants, comme ceux et celles qui donnent des cours de français ou d'anglais.

Nous tenons également compte d'autres facteurs. Par exemple, la tradition humanitaire du Canada, qui est fier d'offrir un asile à ceux et celles qui fuient la torture et l'oppression, ou encore, le taux de croissance de la population canadienne. A l'heure actuelle, le Canada a besoin d'un haut niveau d'immigration légale pour que sa main-d'œuvre reste forte. Comme d'autres pays où la population est vieillissante et le taux de natalité est bas, le Canada n'aura pas une population suffisante, dans un avenir pas très lointain, pour assurer la croissance de sa main-d'œuvre.

Bien sûr, le Canada et ses établissements d'enseignement continueront à produire la majorité des nouveaux venus sur le marché du travail mais à mesure que les baby-boomers prendront leur retraite, l'économie du pays dépendra de plus en plus de l'immigration pour assurer la croissance de la main-d'œuvre. Sans immigration, notre population active déclinera. C'est à partir de ces divers facteurs que le Canada fixe les nombres d'immigrants qu'il accueillera chaque année.

Appendix C

Audio and Exemplary Responses for Chapter 7

CHAPTER 7: CONVERSATION

[For audio containing prompts only—*not* responses—see bracketed entries following Sélection heads.]

Take 2 minutes to read the introduction and the preview of the conversation. Once the conversation is initiated by the speaker on the CD, give a reply to the recorded voice as fully as possible using as much of the 20 seconds provided as possible, and following the instructions from the preview.	Passez 2 minutes à lire l'introduction et le plan de la conversation. Une fois que la conversation est commencée par l'interlocuteur du CD, répondez aussi complètement que possible en utilisant autant que possible les 20 secondes qu'on vous donne et en suivant les instructions du plan.

Sélection 1

Mark : Tu sais, j'aimerais bien venir dîner chez toi demain soir. D'autant plus que ta mère fait une cuisine exquise, mais demain après-midi j'ai un match de foot avec les copains à 15 heures.

Vous : Écoute, Mark, du moment que tu arrives avant 18 heures, ça va. Je compte vraiment sur toi. J'ai beaucoup parlé de toi à Jean-Luc et vous avez un tas de choses en commun.

Mark : Bon, d'abord, dis-moi, est-ce qu'il a notre âge et est-ce qu'il aime les sports ?

Vous : Oui, il a notre âge, à peu près. Il habite à Ottawa et il fait du hockey depuis l'âge de quatre ans. Il a gagné pas mal de championnats. De plus, il fait partie d'un club très spécial. Mais tu n'as qu'à venir et tu verras.

Mark : D'accord, tu as réussi à me rendre curieux. Bon, c'est entendu. J'essaierai d'être là un peu avant 18 heures. Ça va comme ça ?

Vous : Oui, tu vas voir, tu ne le regretteras pas. Ça va être super cool; entre nous trois, on va faire des projets pour le weekend prochain.

Mark : Dis-moi, il préfère parler anglais ou français ? Je parie que tu veux que je vienne parce que tu sais que je parle bien anglais.

Vous :   Ne t'en fais pas ! Il parle les deux langues puisqu'il est dans un lycée bilingue. Et puis, tu sais bien, au Canada, il vaut mieux apprendre le français. C'est la langue officielle du Québec !

Mark :   Bon, écoute, j'ai hâte de le rencontrer. Je veux lui parler de hockey bien sûr. Mais je veux savoir aussi comment fonctionnent les universités canadiennes. Il pourra peut-être me renseigner.

Vous :   Il sera ravi de parler de son sport favori. Et puis, les universités, il doit savoir pas mal de choses là-dessus. Tu vois, je savais que c'était une bonne idée. Bon, à demain, Mark et bonne chance à ton match demain !

Sélection 2 [CD 2 Track 3]

Pascal :   Salut. J'espère que tu vas bien ? Dis, je t'appelle pour t'inviter à ma fête d'anniversaire. Ce sera chez moi et mes parents m'encouragent à inviter mes meilleurs amis. Donc, j'ai pensé à toi en premier.

Vous :   Je suis touché(e), Pascal. Et tu penses bien que je veux venir. Mais, dis-moi, c'est quel jour et à quelle heure ?

Pascal :   Ce sera samedi le 20 septembre de dix-huit à vingt et une heures chez moi. On n'a pas cours le lendemain; alors tu n'as pas d'excuse.

Vous :   Je ne cherche pas d'excuses, Pascal. Je dois seulement demander permission à maman et papa. Ces derniers temps, je suis beaucoup sorti(e) et ils sont un peu inquiets. Ils veulent savoir où je vais et avec qui.

Pascal :   Tu sais, tu peux leur dire qu'il n'y aura que mes trois meilleurs amis et ma famille. Ils peuvent téléphoner à mes parents pour vérifier.

Vous :   Est-ce que tu as bien dit trois amis ? Alors là, je suis vraiment surprise. L'année dernière, tu en avais une vingtaine, je me souviens.

Pascal :   Eh bien, c'est vrai, mais j'ai envie de passer du temps avec les gens qui comptent le plus pour moi. Et puis, ma famille est déjà assez nombreuse ! Je pensais qu'on pouvait écouter de la bonne musique, bien manger et jouer à des jeux.

Vous :   J'ai une idée. Tu pourrais faire une soirée bal masqué. Ce serait drôle. Ou bien tu pourrais demander à chacun d'apporter un dessert et donner un prix au meilleur.

Pascal :   Tu as toujours des idées sensationnelles. Je vais y penser. En tout cas, attends-toi à recevoir une invitation par e-mail.

Vous :   D'accord. N'oublie pas que j'adore organiser les fêtes. Ça me ferait plaisir d'aider avec les décorations ou les activités. Tu me connais !

Sélection 3 [CD 2 Track 4]

Chloé :   Bonjour et bienvenue chez nous. Quel plaisir de te rencontrer. Tu as fait bon voyage ?

Vous :   Quel plaisir pour moi aussi de te parler en personne après tous ces échanges de courriels.

Chloé :   Tu dois être bien fatigué. Tu veux qu'on parle anglais ou tu as le courage de parler français dès aujourd'hui ?

Vous : Si ça ne te dérange pas, on peut parler français. Il faut bien que je m'y mette. Mais j'espère seulement que tu me comprendras.

Chloé : Je comprends parfaitement, ne t'en fais pas. Tu parles très bien, je t'assure. Est-ce que tu as besoin de te reposer après ce long voyage ?

Vous : Pas vraiment ! J'ai bien dormi dans l'avion. Je me sens tout à fait en forme et maintenant je veux surtout voir ta ville et même tes amis.

Chloé : Eh bien, allons-y alors ! On va sortir faire un tour de vélo et voir s'il y a du monde à rencontrer dans le quartier et au parc avoisinant.

Vous : Chouette ! Il me faut juste quelques minutes pour prendre une douche et me changer. D'accord ?

Chloé : Je t'attends avec les vélos devant la porte. Je prends aussi deux bouteilles d'eau au cas où on aurait soif et un goûter au cas où tu aurais faim.

Vous : Excellent ! Tu es super. J'arrive tout de suite. A tout à l'heure.

Sélection 4 [CD 2 Track 5]

Jonathan : Je suis désespéré. Je ne sais pas comment j'ai pu oublier l'essai d'anglais. Je viens tout juste de me rendre compte que c'est demain qu'il faut que je le rende.

Vous : Calme-toi, Jonathan. Tu as encore toute la soirée pour le faire. Tu as fait tes recherches au moins ?

Jonathan : Non, rien du tout, je n'ai rien fait du tout. Je n'y arriverai jamais. Je vais échouer à ce cours, c'est sûr et certain.

Vous : Bon, écoute, lis bien le sujet, va surfer Internet, cherche tes sources et rappelle-moi. Je t'aiderai à les organiser.

Jonathan : Je vais passer au moins trois heures à chercher mes sources. Il sera neuf heures et après cela, je vais passer encore au moins deux heures à rédiger l'essai.

Vous : Et alors ? Même si tu te couches à minuit ce soir, ce n'est pas si grave si tu réussis à finir ton devoir.

Jonathan : Je déteste travailler au dernier moment. Ça me cause énormément de stress. J'aimerais être comme toi. Tu ne stresses jamais.

Vous : Nous sommes tous différents, Jonathan. Moi, je commence toujours un travail dès que possible parce que j'ai trop peur d'oublier, tu vois.

Jonathan : C'est une bonne leçon pour moi. Je devrais faire comme toi, mais je pense toujours avoir tout le temps du monde. A partir d'aujourd'hui, je vais suivre ton exemple.

Vous : D'accord. Mais pour l'instant, mets-toi au travail et rappelle-moi quand tu auras fait tes recherches.

Sélection 5 [CD 2 Track 6]

Valérie : Salut ! Ça va bien ? C'est moi, Valérie. Ne me dis pas que tu as déjà oublié ta bonne amie.

Vous : Valérie ! Ça alors. Quelle surprise ! Ça fait longtemps que j'attends de tes nouvelles. Je t'ai envoyé des texto et des courriels mais tu n'as pas répondu !

Valérie : Tu sais, il faut que je m'excuse. Mais quand je suis retournée au Canada, j'ai changé mon adresse courriel et je voulais te l'envoyer mais il y avait tant de choses à faire tout le temps. Enfin j'espère que tu peux me pardonner.

Vous : Ne t'en fais pas ! Tu sais, chez moi, tout le monde va bien, Laurent demande souvent de tes nouvelles. Et ta famille à toi, tout le monde va bien ?

Valérie : Oui, tout le monde va bien et te dit bonjour. Écoute, ma grande nouvelle c'est que je pose ma candidature à l'université de Bâton-Rouge.

Vous : Pas possible ! Si tu es admise, on pourra continuer de s'aider comme on faisait avant. Je serais ravie. On pourrait même suivre les mêmes cours ! Il faudrait en parler.

Valérie : Excellente idée ! On va rester en contact et discuter les cours qui nous intéressent.

Vous : Je peux te dire tout de suite que l'université offre un cours de cinématographie française qui est, paraît-il, super. Tu es toujours fana de films étrangers comme moi ?

Valérie : Oh que oui. D'ailleurs je suis membre d'un club ici et je vois régulièrement d'excellents films étrangers.

Vous : Formidable. Avec tout ce qu'on a en commun, d'aller à la même université serait fantastique. Que je suis contente.

Sélection 6 [CD 2 Track 7]

Didier : Allô, bonjour. C'est Didier à l'appareil. Je téléphone pour vérifier si tu as bien reçu mon itinéraire et si tu comptes toujours me chercher à l'aéroport.

Vous : Salut Didier. Oui, j'ai bien reçu tes données, l'aéroport où tu arrives, ton heure d'arrivée, et ta ligne aérienne. Je serai là pour te rencontrer dès ton débarquement.

Didier : Ah bon, c'est bien. Je me sens mieux. C'est la première fois que je fais un aussi long voyage et je ne connais personne d'autre que toi aux États-Unis, tu comprends.

Vous : Je comprends, Didier, mais tu n'as vraiment pas besoin de t'inquiéter. J'ai ta photo, donc je te reconnaîtrai. Tu as mon numéro de cellulaire; alors tu peux aller au centre d'information et me téléphoner. Mais ce ne sera pas nécessaire parce que je te promets que je serai là à l'avance.

Didier : Dis donc, encore autre chose. Tu as de la place dans ta voiture pour deux grosses valises et un sac à dos ?

Vous : Tu es drôle. Je sais que tu as l'habitude des petites voitures européennes. Mais ici les voitures sont généralement assez grandes pour deux personnes et deux grosses valises.

Didier : D'habitude, quand je vais en voyage, j'ai une valise et ça suffit largement. Mais, figure-toi que ma mère est allée acheter toutes sortes de cadeaux pour toi et ta famille et voilà que j'ai une valise pleine de présents.

Vous : C'est gentil de la part de ta mère. Eh bien, quand tu rentreras chez toi, il faudra remplir ta valise avec des présents de nous à vous.

Didier : Ne te sens surtout pas obligé de faire cela. Ma mère tend à exagérer de ce côté-là. Bon, écoute, à lundi prochain alors.

Vous : D'accord, je te souhaite bon voyage. J'espère que ton vol ira bien. Repose-toi bien dans l'avion; on a des tas de choses à faire à ton arrivée.

Sélection 7 [CD 2 Track 8]

Jodie : Salut ! Ça va ? Dis, j'aimerais savoir comment tu as réussi à la dernière épreuve de maths. Moi, j'ai eu une note désastreuse et je ne m'attendais pas à ça.

Vous : Je suis désolé, Jodie ! J'ai réussi mais ma note n'est pas fameuse non plus. C'était l'épreuve la plus difficile de l'année !

Jodie : Et pourtant, toi, tu es vraiment fort en maths. A mon avis, Monsieur Pouce exagère. Il nous a donné une épreuve pour laquelle les élèves n'étaient pas préparés.

Vous : Je ne sais pas si c'est juste de blâmer le prof, Jodie. Quand on a fait la correction en classe, j'ai bien compris. Il faut peut-être que nous soyons plus attentifs en cours.

Jodie : Tu crois ça, vraiment ? Moi, je suis aussi attentive que possible. De plus, je rentre à la maison et je me mets tout de suite à faire les devoirs de maths.

Vous : Ce n'est pas la peine de me le dire. Je te connais, Jodie. Tu es très diligente; tu fais toujours tes devoirs. Tout ce que je veux dire, c'est que M. Pouce est un très bon prof. Je trouve que nous apprenons beaucoup dans son cours.

Jodie : Ce qui est frustrant, c'est que quelquefois j'ai l'impression de tout comprendre. Je me sentais tout à fait prête à passer cet examen et je suis stupéfaite d'avoir eu une si mauvaise note.

Vous : Laisse-moi te poser cette question : est-ce que tu comprends maintenant où tu as fait des erreurs et pourquoi tu les as faites, ces erreurs ?

Jodie : Oui, mais maintenant c'est trop tard. Je ne peux pas changer ma note. Ma moyenne est encore satisfaisante, mais pas aussi bonne qu'avant.

Vous : Tu ne penses pas que le plus important, c'est que tu aies appris quelque chose ? On aura sûrement ce genre de problème au prochain examen et cette fois, ça se passerait différemment.

Sélection 8 [CD 2 Track 9]

Stéphane : Salut. Dis, ça va ? J'ai reçu ton texto et tu dis que tu as quelque chose d'urgent à me dire ?

Vous : Et comment ! J'ai complètement oublié que j'avais promis à Marc de lui organiser sa fête d'anniversaire.

Stéphane : Oh zut. Moi aussi j'ai oublié. C'est ce mois-ci, mais quelle date exactement ?

Vous : C'est vendredi prochain, mon cher. Il faut absolument que je fasse quelque chose et quelque chose de bien.

Stéphane : Si on invitait tous les copains et les copines à la patinoire de glace qui vient d'ouvrir ? Il faudrait être discret pour que ce soit une surprise pour Marc.

Vous : Excellente idée ! Mais il y a un autre problème. C'est le vendredi avant les vacances. Tu crois que les copains seront disponibles ou bien est-ce que beaucoup d'entre eux partiront tout de suite en vacances ?

Stéphane : Écoute, on peut faire une liste de nos amis tout de suite. On se partage le travail; tu vas appeler la moitié et moi l'autre. Je peux aussi appeler Marc et l'inviter à m'accompagner à la patinoire.

Vous : D'accord, appelle-le ! Par contre, moi, je vais contacter la patinoire pour voir combien nous coûteraient les boissons et quelques pizzas.

Stéphane : On se rappellera demain pour voir les résultats. Il nous faut naturellement un gâteau et des ballons aussi.

Vous : Je m'occupe de tout cela ! Je vais demander à maman de préparer le gâteau et je vais acheter les ballons tout à l'heure. Merci, Stéphane. Tu es cool !

Sélection 9 [CD 2 Track 10]

Jacques : Salut ! Ça va ? Dis donc, il paraît que les Américains font beaucoup de sport au lycée. Tu fais partie d'une équipe toi ?

Vous : Et comment ! Je fais du foot mais pas le foot américain, ce qu'on appelle soccer chez nous. C'est un sport moins agressif que le foot américain mais il demande beaucoup de talent et d'endurance physique.

Jacques : Moi, au Canada, je faisais partie d'une équipe de hockey sensationnelle. On n'a pas perdu un seul match toute la saison et on a gagné le championnat dans notre ligue.

Vous : Bravo ! Je ne peux pas en dire autant de mon équipe de foot. Par contre, nous avons pratiqué tout l'été et nous sommes sûrs d'être en excellente forme pour cette année. J'espère bien qu'on va gagner beaucoup de matchs.

Jacques : Je te souhaite bonne chance. Moi, il faut que je me trouve une nouvelle équipe de hockey. J'aime tellement ce sport que je ne pourrais jamais m'en passer. Je joue au hockey depuis l'âge de quatre ans.

Vous : Moi, je pense que tous les sports d'équipe sont excellents, et pas seulement pour rester en bonne forme physique. Le sport d'équipe t'apprend à collaborer avec d'autres personnes par exemple. Ça t'apprend aussi l'esprit de corps, ne pas penser seulement à soi mais aux autres.

Jacques : Tu as tout à fait raison. D'ailleurs, j'espère bien que quand je ferai ma demande d'admission à l'université, mes talents sportifs compteront pour quelque chose.

Vous : Dis donc, Jacques : est-ce que tu jouais parfois pendant la semaine scolaire et est-ce que tu manquais des cours ?

Jacques : Je manquais les cours très rarement. On s'entraînait après l'école et on avait des matchs le weekend surtout. Les profs, chez nous, étaient très sympas. Comment sont-ils ici ?

Vous : Du moment que tu fais des tas d'efforts pour ne pas manquer ou pour faire le travail que tu manques, tu n'auras pas de problème ici non plus. Il faut surtout montrer que tu es responsable et respectueux.

Sélection 10 [CD 2 Track 11]

Robert : Dis donc, je viens d'être nommé rédacteur du journal de notre lycée. Alors, il faut que je trouve quelques élèves qui voudraient contribuer des articles chaque mois. Cela t'intéresse ?

Vous : Oui, ça m'intéresse beaucoup à vrai dire ! J'aime bien écrire et j'ai toujours apprécié notre journal. Quelles sortes d'articles voudrais-tu dans ce journal et combien d'articles par mois comptes-tu recevoir ?

Robert : Chaque mois nous demandons un article d'une demi-page de chaque journaliste. Notre sujet favori c'est la vie à notre école. A propos de quel événement ou problème ici à notre lycée préfères-tu écrire ?

Vous : Comme je suis assez sportive, j'aimerais bien écrire des articles au sujet de notre équipe de foot américain. Cette équipe est une la meilleure de notre ligue cette année et on espère qu'elle se qualifiera pour le championnat à la fin de la saison.

Robert : Bon, de temps en temps, il faut avoir des articles qui abordent la vie contemporaine, y compris la politique, le cinéma, l'environnement, etc. Lequel de ces types de sujets te dit quelque chose ?

Vous : Je dirais que ma préférence est le cinéma. J'y vais tous les weekends avec des copains. J'adore les films de toutes sortes et je dirais que les films d'action sont mes favoris. Je pourrais écrire des critiques d'un bon nombre de films pendant l'année.

Robert : Bien, évidemment nous avons besoin de nous réunir pour bien coordonner nos efforts pour ce journal. Combien de temps libre as-tu par semaine et quand serait le meilleur jour pour les réunions ?

Vous : Ah, malheureusement, avec tous mes cours et mon travail, je n'ai pas beaucoup de temps libre pendant la semaine. Je n'ai qu'un seul jour par semaine où je peux t'aider avec le journal. Généralement, je suis libre le mardi juste après les classes jusqu'à six heures du soir.

Robert : D'accord. Je suis très content de t'avoir parlé. J'ai l'impression que tu peux nous aider au journal et je te parlerai la semaine prochaine au sujet de ta participation. A bientôt.

Vous : Bon, on se parlera la semaine prochaine. J'ai toujours voulu contribuer à notre journal et je suis tellement contente d'avoir l'occasion de le faire. A plus tard !

Sélection 11 [CD 2 Track 12]

Roger : Salut, je te propose une idée pour l'été prochain. Ça fait des années que nous discutons de faire un séjour à l'étranger. Qu'est-ce que tu penses d'un voyage au Québec ?

Vous : Quelle idée merveilleuse ! J'ai toujours eu envie d'y aller. J'adore l'histoire de cette région et de plus, le climat me plaît beaucoup là-bas. As-tu déjà pensé aux lieux qu'on visiterait au Québec ?

Roger : Le premier choix à faire, c'est sans doute notre destination—Montréal, une grande ville qui est plus moderne et branchée dans le monde du commerce ou bien Québec, une ville historique qui est le berceau de la civilisation française au Canada. Qu'est-ce que tu préfères, toi ?

Vous : Je choisirais sans aucun doute la ville de Québec car j'ai étudié l'histoire québécoise à l'école. J'imagine que la ville de Québec sera un lieu avec une ambiance européenne. Et il ne faut pas oublier tous les bons restaurants qu'on peut trouver là-bas !

Roger : Bien, à ton avis, combien de temps est-ce qu'on devrait passer au Canada et quel moyen de transport sera le meilleur pour y voyager ?

Vous : Pour bien voir les sites touristiques importants, il nous faudrait quatre ou cinq jours à Québec. Pour y aller, je pense que nous devons conduire parce que cela sera beaucoup moins cher qu'un vol et d'ailleurs, je pourrais emprunter la nouvelle voiture de ma sœur !

Roger : Et pour ce qui est des logements, est-ce que tu crois que nous devrions rester dans les auberges de jeunesse pour économiser notre argent ou bien rester dans des hôtels pour avoir un peu plus de luxe ?

Vous : C'est difficile à dire, mais je pense quand même que je préférerais loger dans un hôtel. Bien sûr que ce serait moins cher de rester dans une auberge de jeunesse, mais pour moi, le confort, ça compte beaucoup. Alors, si ça ne te dérange pas trop, restons dans un hôtel bon marché.

Roger : J'ai hâte de réaliser ce projet ! J'imagine un voyage super génial. Écoute, il faut qu'on se reparle bientôt. Comme ça, on pourra continuer de faire des projets.

Vous : Formidable ! Je ne peux pas attendre ! Ce voyage nous donnera l'occasion de nous amuser dans une ambiance tout à fait française. Aller à Québec était toujours un de mes rêves. Nous pouvons en parler la semaine prochaine. Il faudra faire des réservations d'hôtel bientôt je pense.

Sélection 12 [CD 2 Track 13]

Jean-Louis : Tu ne peux pas imaginer quel voyage fabuleux je viens de faire. Le Sénégal m'a ouvert les yeux sur l'Afrique. C'est un monde fascinant et totalement différent du nôtre.

Vous : Ah oui, eh bien, je suis vraiment curieuse. Raconte-moi un peu tes expériences, où tu étais, qui tu as rencontré, ce que tu as visité, et ce que tu as mangé par exemple.

Jean-Louis :	J'ai passé la majeure partie de mon temps à Dakar dans ma famille d'accueil. Il y avait le père, la mère et trois enfants plus jeunes que moi. On a fait des excursions en campagne et nous sommes allés un jour à la célèbre île de Gorée.
Vous :	Ça me dit quelque chose. On a dû en parler en classe mais je ne me souviens pas exactement de quoi il s'agit. Il y a eu une bataille là-bas ?
Jean-Louis :	On en avait parlé en cours d'histoire. C'est l'endroit d'où on envoyait des esclaves en Amérique dans le contexte du commerce triangulaire.
Vous :	Ah oui. Dis donc, qu'est-ce que tu as ressenti dans un endroit pareil ? C'était sûrement très émouvant pour toi. Tu peux m'en parler ?
Jean-Louis :	Eh bien, tu sais, c'était comme quand nous sommes allés visiter les plages de Normandie où ont débarqué les forces alliées lors de la deuxième guerre mondiale. Oui, bien sûr que c'était émouvant. Il faut vraiment y être pour comprendre.
Vous :	Je vois. J'aimerais bien, moi aussi, aller au Sénégal. Il paraît que c'est un beau pays avec une société assez diverse et très accueillante. C'est vrai ?
Jean-Louis :	Je peux confirmer que les religions et les langues sont diverses au Sénégal. Et tous les gens que j'ai rencontrés étaient extrêmement chaleureux avec une joie de vivre impressionnante. Tu devrais t'inscrire à l'organisation par laquelle j'ai fait ce séjour.
Vous :	Je pense que je vais plutôt attendre d'être à l'université et trouver moyen de faire du bénévolat ou quelque chose comme ça. De toute façon, un jour, j'irai sûrement un jour !

Sélection 13 [CD 2 Track 14]

Grégoire :	J'ai une nouvelle fascinante à partager avec toi. Il y a des élèves de notre programme d'échange qui ont organisé une journée des anciens. Moi, je veux absolument y aller. Et toi, tu viens ?
Vous :	Une journée des anciens ? Quelle drôle d'idée ! Je voudrais bien revoir certains membres de notre programme. Ça fait déjà quelques années depuis notre dernier rendez-vous et ça sera vraiment agréable de parler avec nos anciens camarades de classe.
Grégoire :	La réunion va avoir lieu à deux heures de chez nous. Malheureusement, ma voiture est en panne. Peux-tu y conduire ou préfères-tu prendre le train ?
Vous :	Tu sais comme j'aime conduire, alors, naturellement, nous pourrons prendre ma voiture. On peut partager les frais d'essence. Une fois arrivés à notre destination, as-tu une idée où on peut loger ? Je ne veux pas trop dépenser !

Grégoire : On a demandé à chaque invité de raconter une anecdote à propos de notre séjour en Suisse. Je me souviens de nos voyages à Paris, en Italie, dans les Alpes . . . peut-être un épisode drôle ?

Vous : Moi, je choisirais l'histoire de notre voyage à Genève. Si je me souviens bien, c'était pendant ce voyage que tu as perdu ton passeport et que tu as téléphoné à la police suisse. En réalité, le passeport se trouvait sur ton bureau ! Tu n'as pas trouvé ça très drôle à l'époque, mais maintenant . . . c'est plutôt marrant, non ?

Grégoire : J'avais complètement oublié cette histoire. Mais tu viens de me rappeler une autre histoire drôle. Tu te rappelles quand Michel a mangé des cuisses de grenouille dans sa famille d'accueil en pensant que c'était du poulet ?

Vous : Ah oui. On l'a taquiné pendant tout le voyage en lui demandant s'il avait envie de bondir. Qu'est-ce qu'on s'est amusés ! Ces anecdotes vont animer la soirée. C'est sûr et certain.

Grégoire : Eh bien, dis donc, j'attends avec impatience notre rendez-vous avec les anciens. On va bien rigoler avec toutes ces histoires marrantes. Salut et à bientôt.

Vous : Merci pour l'invitation. Je ne peux pas attendre de revoir tout le monde. D'ailleurs, je vais me mettre en bonne forme pour notre journée ! Je t'en parlerai la semaine prochaine.

Sélection 14 [CD 2 Track 15]

Fatima : Salut ! Ça va chez toi ? Ici, je dois te dire que ça ne va pas du tout. J'ai le moral à zéro. Je n'ai plus envie de rien faire. Je perds du poids et mes parents s'inquiètent.

Vous : Désolé, Fatima ! Tu sais, moi aussi, j'ai tellement de travail pour l'école que quelquefois j'ai un cafard monstre. C'est comme ça l'année de terminale : trop de travail et trop d'anxiété concernant l'avenir.

Fatima : Les cours ont toujours été difficiles; j'ai l'habitude. Mais j'ai tellement peur de ne pas réussir au bac. Je ne veux pas doubler et répéter ma terminale. Et qu'est-ce que je ferai si j'échoue à ce bac ? Je n'en ai aucune idée.

Vous : Dis donc, tu ne peux pas sortir avec des amis et te changer les idées ? Tu pourrais aussi faire des promenades au parc ? Ou bien aller au gym ? Le sport c'est bon pour la forme et pour le moral aussi.

Fatima : Écoute, le parc sous la pluie ne me tente pas et je ne vais jamais au gymnase. Mes randonnées favorites, c'est plutôt dans les rues de Paris à faire du lèche-vitrine. Ce n'est pas trop naturel, mais c'est amusant.

Vous : Dans ce cas-là, tu devrais faire des achats dans les grands magasins. Promène-toi au Printemps et regarde toutes les nouvelles modes.

Fatima : C'est peut-être bien ce qu'il me faut. Dommage que je n'aie pas d'argent à dépenser. Il faudra que je gagne de l'argent de poche. Qu'est-ce que tu fais, toi, pour en gagner ?

Vous : Je garde parfois les enfants des voisins. Et papa me donne un peu d'argent chaque mois si j'aide à la maison; je nettoie ma chambre, je coupe le gazon, des petits trucs comme ça.

Fatima : Je dois te confesser que je suis très paresseuse. Je n'aime pas faire le ménage et je déteste garder les enfants. C'est trop fatigant, tout ça.

Vous : Alors, je te conseille de rester à la maison et de regarder les émissions de mode ou les émissions touristiques à la télévision.

Sélection 15 [CD 2 Track 16]

Monique : Salut, je vois que tu t'intéresses à vendre ton lecteur MP3. Je suis curieuse—pourquoi veux-tu le vendre ? Au fait, tu l'as peut-être déjà vendu ? Tu l'as déjà vendu ?

Vous : Ah, mon lecteur ! Pour commencer, non, je ne l'ai pas encore vendu. La raison pourquoi je voudrais le vendre est simple—il est un peu démodé et j'ai envie d'en acheter un de plus moderne et de plus efficace.

Monique : Est-ce que le lecteur est toujours en bon état ? Ça fait combien d'années que tu l'as ?

Vous : Tu me connais. J'ai bien entretenu cet appareil. Il est dans un état presque neuf ! Je pense que je l'ai acheté il y a quatre ans. Mais il continue à bien marcher.

Monique : Combien de chansons est-ce qu'on peut mettre sur ce lecteur ? Et puis, dis, tu vas laisser des chansons sur le lecteur, parce que, tu sais, j'ai toujours aimé ton goût en musique.

Vous : On peut y mettre au moins mille chansons. Il y en a déjà six cents. Puisque nous avons les mêmes goûts en musique, si tu veux, je laisserai mes chansons dans le lecteur. Comme ça, tu auras un grand choix de musique.

Monique : J'aime bien ce lecteur. Quel est le prix de l'appareil ? Es-tu disposé à m'offrir un prix avantageux . . . on est amis après tout.

Vous : Bon, pour une bonne copine comme toi, je te laisserai acheter ce beau lecteur d'occasion pour un tiers de ce que j'ai payé il y a quelques années—vingt-cinq euros. Je t'assure que ça vaut la peine de l'acheter car à ce prix, tu auras un lecteur qui marche parfaitement.

Monique : Bon, écoute, je m'intéresse définitivement à ton lecteur. Mais il faut quand même que je voie si j'ai assez d'argent pour l'acheter. Je te le dirai très bientôt.

Vous : Je suis très content que tu aies envie de l'acheter. Dès le moment où tu trouveras l'argent, dis-le-moi, et ce lecteur sera à toi ! A la prochaine, Monique !

Sélection 16 [CD 2 Track 17]

Marie : As-tu entendu parler de la nouvelle compétition de cuisine internationale ? Avec tes talents culinaires, tu dois absolument participer. Il faut que tu t'inscrives tout de suite.

Vous : Une compétition de cuisine ? Cela m'intéresse énormément. Tu sais combien j'adore faire la cuisine chez moi, mais je n'ai jamais participé à une compétition. Quand même, l'idée m'intrigue beaucoup.

Marie : Puisque tu t'y connais si bien et adores la cuisine française, je suis convaincue que tu pourrais gagner cette compétition. Après tous ces plats merveilleux que tu m'as préparés, lesquels auraient le plus de chance de gagner le cordon bleu à ton avis ?

Vous : Oui, je me souviens de tous nos repas ensemble. Je pense à deux plats qui pourraient gagner—la Quiche Lorraine qui est ma spécialité ou un bon boeuf bourguignon comme on le fait à Dijon.

Marie : Pour te préparer à cette compétition, est-ce que lirais des livres de recettes ou est-ce que tu préparerais quelques plats dans ta propre cuisine pour ta famille et tes amis ?

Vous : J'imagine que le meilleur choix pour moi, ce sera de passer quelques heures à la cuisine à préparer ces deux plats pour essayer de les perfectionner. Je trouve que les meilleurs résultats viennent de l'expérience, pas en lisant des livres.

Marie : Si tu gagnes, que feras-tu avec les 500$?

Vous : Eh bien, si je gagne le cordon bleu de la compétition, toi et moi, nous irons au bistro Chez Robert pour un repas gastronomique. Et avec l'argent qui reste, nous irons au centre commercial acheter le livre de recettes de Paul Bocuse.

Marie : J'ai pleinement confiance en toi et je compte passer beaucoup de temps avec toi prochainement pour préparer ce concours.

Vous : Tu as suscité mon enthousiasme avec cette idée ! Je suis certain que je passerai la majorité de mon temps libre à cuisiner pour me préparer à cet événement. Merci pour cette invitation—j'ai l'intention de bien réussir !

Appendix D

Audio Scripts for Practice Exams 1 and 2

Practice Exam 1

SECTION I, INTERPRETIVE COMMUNICATION: PRINT AND AUDIO TEXTS (COMBINED)

Sélection 1 Source #2—Négritude

Professeur à l'université de Dakar en littérature comparée et chercheur en littérature orale.

Lilyan Kesteloot :	La négritude a été ressentie sous deux aspects : l'aspect qui est davantage évoqué aussi bien par Senghor que par Césaire dans leurs premiers écrits, dans leurs premiers poèmes, à savoir *Le cahier de retour au pays natal* pour Césaire et *Chants d'ombre* pour Senghor. Les premiers usages du mot « négritude », c'est un vécu, ce n'est pas une philosophie. Et qu'est-ce qu'ils entendaient par « négritude » ? D'abord comme dit Césaire, « *le fait d'être noir* ». Un fait très simple, le fait d'être noir.
Élodie Courtejoie :	Et s'accepter en tant que tel.
Lilyan Kesteloot :	Et s'accepter en tant que tel; c'est le deuxième mouvement. Parce que la négritude, on peut la ressentir comme une malédiction. On peut ressentir le fait d'être noir comme une malédiction. Et d'ailleurs, ça a été dit par certains poètes. « *C'est le blanc qui crée le nègre* ». Donc c'est sûr qu'en Afrique, les noirs ne se sentent pas noirs. La négritude n'existe pas, si vous voulez, sous cet angle là. Mais il n'y a pas que ça. Il y a donc ce côté subi, ce côté plaqué, je dirais même, par le regard de l'autre qui fait que la négritude est une chose difficile à porter, difficile à vivre.
	Mais la partie senghorienne, c'est le côté positif de la négritude surtout. C'est pour lui, et ça a toujours été comme ça aussi pour lui, parce qu'il est Africain. Il connaît tout ce qu'il y a dans cette culture noire et pour lui, c'est justement, sa définition préférée c'était: « *les valeurs de civilisation de l'Afrique noire* ».

Sélection 2 Source #2–Qu'est-ce Que l'Identité ?

Jean-Claude Kaufmann est sociologue, directeur de recherches au CNRS. Il est l'auteur de nombreux livres sur le couple et la vie quotidienne.

Émission proposée par Élodie Courtejoie.

Élodie Courtejoie : Pourriez-vous nous dire, nous rappeler, ce qu'est l'identité pour le sociologue que vous êtes ?

Jean-Claude Kaufmann : D'emblée c'est pas extrêmement simple parce que, il faut le dire, il n'y a pas un consensus. On a l'impression qu'il y a un consensus, c'est-à-dire que le mot est employé de manière banale, je dirais ordinaire, dans la presse, par tout le monde, tous les jours. Il suffit de faire l'exercice, d'ouvrir un journal, d'écouter une émission de radio et on entend le mot identité à chaque instant : identité religieuse, identité ethnique.

Élodie Courtejoie : Identité culturelle. . . .

Jean-Claude Kaufmann : Identité culturelle, crise d'identité de l'adolescent, identité de l'entreprise, c'est un mot de l'époque. Et c'est très intéressant de faire l'historique de l'utilisation du mot.

Élodie Courtejoie : Alors, justement, je crois que dans les premières pages de votre livre donc, « L'invention de soi », vous dites que, effectivement, c'est très récent et que ça date de l'époque des registres paroissiaux.

Jean-Claude Kaufmann : Oui, alors l'identité du point de vue du haut de la société, du point de vue de l'État, effectivement. Il y a eu une apparition d'un questionnement. L'apparition des papiers d'identité. Les papiers d'identité sont liés à l'émergence de l'État. Qu'est-ce que l'État ? Si je peux résumer en quelques mots—c'est très schématique— : c'est une administration qui se sépare du corps social. C'est-à-dire qu'avant l'État, la communauté se connaît elle-même, donc il n'y a pas besoin—chacun connaît chacun dans le village traditionnel—, il n'y a pas un besoin, une nécessité des papiers d'identité. Avec la séparation entre l'État et le corps de la société, l'État a besoin de connaître ses administrés. On va voir apparaître les premiers papiers d'identité. Alors les premières traces effectivement sont les registres paroissiaux.

Et puis on voit apparaître les papiers d'identité liés aux personnes, qui suivent les personnes, donc. Et ces personnes, ces premières personnes, qui vont être dotées de papiers d'identité, sont celles qui s'extraient justement des communautés stables : les Tziganes, les personnes qui voyagent, les ouvriers, les ouvriers qui vont de ville en ville, et qui vont être, à qui on va attribuer un livret ouvrier qui définit un petit peu leur histoire. Et puis, apparaît, la carte d'identité.

Alors tous les pays n'ont pas une carte d'identité. Aux États-Unis il n'y a pas de carte d'identité. En France, c'est très récent, c'est 1940, c'est le régime de Vichy. Et la carte d'identité va créer une illusion, une illusion fondatrice au niveau de la notion d'identité, parce qu'on va croire que l'identité ça peut être simple. Quand dans la rue on vous demande vos papiers, « Montrez-moi vos papiers », finalement la personne n'est que le double du papier, qui est la preuve de la réalité de l'individu pour l'État. La vérité est dans le papier qui résume en quelques critères (date de naissance, grandeur, couleur des . . . autrefois il y avait la couleur des yeux, etc., en quelques critères . . . la photo surtout), qui résument ce qu'est la personne. On a l'impression qu'on peut faire le tour, et en réalité, l'identité c'est tout le contraire de ça, c'est très compliqué.

SECTION I, INTERPRETIVE COMMUNICATION: AUDIO TEXTS

Sélection 1—Les Portables et la Santé

Élodie
Courtejoie :   Venons-en au téléphone portable. Alors, le téléphone portable, on en a parlé, il y a quelque temps : des ondes néfastes . . . d'éviter de téléphoner trop longtemps parce que les ondes pouvaient provoquer un échauffement. On demande aux femmes enceintes d'éviter de téléphoner avec un téléphone portable. Alors, vrai ou faux, le téléphone portable est-il une crise sanitaire, selon vous ?

André
Aurengo :   Pour éviter toute ambigüité, je tiens à préciser que je fais partie du conseil scientifique de Bouygues Telecom mais que je ne suis pas rémunéré pour cette activité. C'est une activité bénévole et qui n'influence pas ce que je vais vous dire.

   Le téléphone portable n'est pas une crise sanitaire. On n'a pas mis en évidence d'augmentation d'une pathologie déterminée qu'on aurait pu rattacher au téléphone portable. On n'a pas vu une explosion des tumeurs du cerveau alors qu'il y a, quand même, plusieurs milliards d'utilisateurs du téléphone portable dans le monde et qu'il y en a, au moins, plusieurs centaines de millions depuis plus de dix ans.

   Donc, c'est dans ce sens que ce n'est pas une véritable crise sanitaire. Ce que vous dites que l'on craint, à savoir un échauffement etc., je dois dire que ceux qui alertent sur les dangers supposés du portable, parlent de choses beaucoup plus graves que ça. On parle de maladie d'Alzheimer; on parle de cancer; on parle de neurinome de l'acoustique etc. Donc, il ne s'agit pas du tout de petits désagréments du genre échauffement.

   Fort heureusement, des institutions internationales comme l'OMS, comme le SCENIHR, qui est le conseil scientifique de la communauté européenne, ou comme très récemment l'AFSSET en France, se sont prononcées absolument sans ambigüité sur la question. Il y a une innocuité des antennes relais elles-mêmes et il y a une certitude d'innocuité des portables jusqu'à 10 ans d'utilisation et ensuite un certain nombre d'incertitudes jusqu'à ce que, peut-être, elle soit levée par la publication d'une étude en cours, qui devait déjà être publiée depuis plusieurs années, qui s'appelle l' « étude interphone » et qui pose des problèmes méthodologiques, épidémiologiques.

Sélection 2—Elimination du Travail des Enfants

Une conférence mondiale sur le travail des enfants se tient du 10 au 11 mai à la Haye aux Pays Bas. Outre des préoccupations grandissantes quant à l'impact de la récession économique, le Bureau International du Travail avertit que les efforts déployés pour éliminer les pires formes du travail des enfants se relâchent et appelle à une campagne mondiale pour redynamiser cette situation.

Dans son rapport global quadriennal sur le travail des enfants, le BIT indique que le nombre mondial des enfants qui travaillent a reculé au cours de la période 2004 à 2008. Cela montre un ralentissement du rythme de réduction à l'échelle globale explique Frank Hageman du BIT au micro d'Alpha Diallo.

– On voit qu'il y avait un peu de progrès heureusement pendant les dernières années, mais malheureusement pas assez de progrès en termes de diminution du travail des enfants au niveau global et surtout au niveau régional en Afrique pour nous garantir qu'on puisse atteindre le but de l'abolition des pires formes de travail des enfants jusque d'ici jusqu'à 2016.

– Parlant justement de l'Afrique, l'Afrique subsaharienne a connu une hausse du travail des enfants. Comment l'expliquez-vous ?

– Le nombre d'enfants qui travaillent en Afrique a augmenté, également le pourcentage des enfants—un parmi quatre—maintenant qui travaillent en Afrique souvent astreints aux travaux dangereux. Il manque une certaine volonté politique dans beaucoup de pays. C'est souvent une question de bonne gouvernance de lutter contre le travail des enfants mais également il faut voir deux dimensions qui sont très importantes là-dedans. La première est la dimension du sida qui fait ravage bien sûr surtout en Afrique. Il y a douze millions d'orphelins qui se trouvent en Afrique et souvent ces enfants-là n'ont pas une autre option que de travailler. Deuxièmement la crise financière globale a particulièrement affecté l'Afrique subsaharienne. Il y a moins de possibilités pour beaucoup de pays, de gouvernements, de payer, d'investir dans l'éducation ou dans les secteurs sociaux.

– Et selon le secteur le plus touché, c'est l'agriculture et pourquoi ce secteur ? Parce que vous avez parlé tout à l'heure des questions des conséquences du sida, de la crise économique, mais pourquoi c'est l'agriculture qui est le plus touchée par cette hausse du travail des enfants en Afrique ?

– Evidemment le travail des enfants touche surtout des pays à faibles revenus où on voit une prédominance de l'agriculture dans la structure dans l'architecture économique du pays et de même en Afrique subsaharienne.

Sélection 3—L'Énergie solaire

– Tout dépend comment évolue le coût des fossiles—évidemment—mais je fais partie de ceux qui sont convaincus qu'il ne peut qu'augmenter-il peut augmenter même de façon assez rapide de quel que soit . . . il monte, il descend, c'est la conjoncture, mais ça, c'est des épiphénomènes. La tendance lourde, c'est qu'il va augmenter et les économistes qui font ce type de calcul tablent sur une-on va rattraper le coût du kilowater fossile ou même nucléaire dans les dix ans qui viennent.

– Donc, dans les dix ans qui viennent, on pourra se passer de subventions ?

– Oui, bien sûr, mais même avant, même avant, parce qu'à un moment donné, tant que le flux n'est pas développé, il y a beaucoup de subventions, mais qui coûtent cher à l'état et puis l'état ferme le robinet. C'est ce qui se passe en Espagne aujourd'hui et c'est bien normal. L'état il est là pour lancer une filière, il est pas là pour la porter. Donc il y a un moment où l'état, il va se retirer, et enfin il va y aller progressivement et où le marché va subvenir aux besoins.

– Là, on est parti pour 20 ans, à peu près, avec les tarifs de rachat.

– Oui, vous avez une double garantie aujourd'hui que les consommateurs ou les usagers ne connaissent pas toujours. Vous avez non seulement une garantie date de rachat; c'est que vous signez un contrat avec notre Electricité nationale pour vingt ans—donc ce n'est quand même pas rien—quelles que soient les tailles.

– Bien sûr, bien sûr.

– C'est une garantie de rachat à prix fixe. Mais en plus, vous avez une garantie de matériel. Votre matériel que vous avez acheté chez tel ou tel, il est garanti pour 20 parfois 25 ans à 80 % de la puissance initiale. Est-ce que vous connaissez un autre produit manufacturé qui puisse vous rapporter cas ? Au bout de 10 ans fini de payer. Au bout de dix ans, il ne peut que vous rapporter, et c'est garanti.

SECTION II: FREE RESPONSE
Presentational Writing: Persuasive Essay

Source #3

Myriam
Lemaire : Vous évoquez aussi d'autres événements marquants, quels sont ceux que vous pointez plus particulièrement dans cette édition ?

Francis
Balle : Plus particulièrement, c'est tout ce qu'on a appelé le Web 2.0, c'est-à-dire la possibilité pour n'importe quel internaute de mettre sur Internet ce qu'il a envie d'y mettre, fût-ce son journal intime pour ses propres amis. Ça, ce sont les blogs. Les blogs après tout, ce ne sont que des journaux intimes. Vous racontez votre vie à tous ceux qui sont sur le même site que vous et à qui vous avez donné l'adresse de votre blog.

Ensuite, il y a eu les réseaux sociaux. C'est beaucoup plus large, Facebook, par exemple, où l'on a commencé à faire autre chose qu'à raconter au fond sa vie, ce qui ne présente pas forcément toujours des avantages. On a commencé à dire que l'on vient d'acheter une voiture qu'on a trouvée extraordinaire, etc.

Et aujourd'hui les grandes marques, qu'il s'agisse des grandes marques de boissons ou des grandes marques d'automobiles, sont extrêmement attentives et ils ont des observateurs pour ça. Ils sont extrêmement attentifs pour savoir exactement ce que l'on dit d'eux dans un climat de confiance. Car, évidemment, quand vous avez une brochure vous vantant les mérites d'une voiture, quand cette brochure émane du constructeur, vous êtes tenté de ne pas la croire sur parole. En revanche, quand un de vos amis ou quand quelqu'un dont vous avez l'habitude de suivre la vie quotidienne, vous dit qu'il a acheté une voiture et qu'il la trouve extraordinaire ou, qu'à l'inverse, il la trouve tout à fait défaillante, évidemment, ça a un impact considérable.

Et aujourd'hui, les grandes marques, comme les petites d'ailleurs, font très attention à ce que l'on dit d'elles sur Internet à travers notamment ces réseaux sociaux. C'est quand même un bouleversement considérable.

On peut dire qu'en 2005–2006, lorsque Facebook a fait beaucoup parler de lui, Internet n'était guère, pour les grandes marques, qu'un moyen de promotion, de publicité ou un moyen commercial. À partir de 2005–2006, Internet n'a pas été seulement un moyen de promotion, donc de publicité, ou un moyen commercial qui s'ajoutait aux autres, évidemment, et qui renouvelait considérablement la vente à distance.

Désormais, Internet, pour les grandes marques, est devenu un moyen d'information parfaitement crédible pour ceux qui le suivent et les réseaux sociaux sont surveillés en permanence par ces grandes marques qui espèrent bien contrecarrer tout ce que l'on risque de dire de mal d'elles.

Interpersonal Speaking: Exemplary Conversation

Hélène : Dis donc, je voudrais organiser une fête d'anniversaire pour Sylvie. On est devenues très proches, elle et moi, comme deux sœurs, tu sais.

Vous : Oui, quelle chance d'avoir trouvé une correspondante avec qui tu t'entends si bien ! Mais c'est quand exactement son anniversaire ? Parce qu'en ce moment, tu sais bien, les copains et les copines sont partis en vacances.

Hélène : Ça ne devrait pas être un problème puisque c'est fin août, juste avant la rentrée des classes; tout le monde sera de retour de vacances. Mais je pensais lui faire une grosse surprise et pour cela j'aurais besoin de toi. Tu es toujours riche d'idées originales, toi.

Vous : Super ! Et tu me connais. J'adore ce genre de projet social et j'ai toujours des tonnes d'idées. Ça c'est vrai. Tiens, il y a un nouveau bowling qui vient d'ouvrir : bowling, saucisses, pizza, coca. Ou alors une sortie au zoo, genre pique-nique à la française !

Hélène : Personnellement j'avais pensé qu'une sortie cinéma tranquille entre nous trois serait sympa. Et puis tu pourrais nous inviter chez toi et là tout le monde nous attendrait ! Tu crois que tes parents seraient d'accord ?

Vous : Oui, bien sûr ! Mes parents sont très cool. Alors comme cela, je pourrai décorer la salle de jeux chez moi avant d'aller au cinéma. Il faudra demander aux copains de garder le secret mais d'apporter plein de choses à déguster.

Hélène : Formidable ! Je savais que je pouvais compter sur toi. Une autre chose : tu voudrais t'occuper de la musique et faire le DJ ? Tu t'y connais beaucoup mieux que moi en musique.

Vous : Tu parles ! Bien sûr ! Je le ferai volontiers ! C'est ma spécialité ! Je choisirai le type de musique que Sylvie adore. On a déjà souvent parlé de ça, elle et moi, et je connais ses goûts.

Hélène : Quelle chance j'ai d'avoir des amis aussi formidables que toi ! Je veux que Sylvie se souvienne de cette fête pendant longtemps.

Vous :   Je te comprends parfaitement. Moi aussi je suis devenu(e) très ami(e) avec Sylvie. Elle est super-sympa. De plus comme c'est sa fête d'anniversaire et sa fête de départ en même temps, il faut qu'elle nous quitte avec d'excellents souvenirs !

Presentational Speaking: Exemplary Cultural Comparison

CD 3
Track
13

La fête nationale aux États-Unis a lieu le 4 juillet. C'est le jour où nous commémorons l'indépendance américaine. C'est le jour où on se rappelle la déclaration de 1776 qui a proclamé que les États-Unis étaient indépendants de la Grande Bretagne.

Ce jour-là il y a des parades, des pique-niques, et surtout des barbecues partout dans les grandes villes et dans les petits villages. Aux barbecues, on fait des hotdogs, des hamburgers, des salades de toutes sortes, des fruits, surtout de la pastèque rafraîchissante. On regarde aussi souvent des matchs de baseball à la télé puisque c'est la saison. Naturellement il y a des feux d'artifice un peu partout. Là où c'est permis, on fait même ses propres feux d'artifice.

La fête nationale française a lieu seulement deux semaines plus tard que la fête américaine. Le 14 juillet, les Français fêtent l'abolition de la monarchie et le début de la démocratie annoncés par les évènements de la prise de la Bastille en 1789. Ce jour-là, les Français ont des défilés militaires. On entend jouer la Marseillaise, l'hymne national français. On voit toujours le plus grand défilé militaire sur les Champs Elysées à la télévision.

Comme chez nous, aux États-Unis, les gens font des pique-niques, mais contrairement aux Américains, ils font des sandwichs avec des baguettes.

Comme chez nous, également, il y a des feux d'artifice un peu partout. Mais ce qui est différent, c'est qu'il y a, paraît-il, beaucoup de bals publics surtout sur les places de village.

Alors on peut dire que la fête de l'indépendance aux États-Unis et en France sont semblables avec seulement quelques différences culturelles.

Practice Exam 2

SECTION I, INTERPRETIVE COMMUNICATION: PRINT AND AUDIO TEXTS (COMBINED)

Sélection 1 Source #2—L'effet des Couleurs des Équipes Sportives

CD 3
Track
16

Bruno
Dusaussoy :   Est-ce qu'on observe des phénomènes de mode dans le sport en matière de couleurs ?

Michel
Pastoureau :   Oui, par exemple en football, quand équipes et pays d'Europe ont rencontré des pays et des équipes d'Amérique du Sud, les couleurs de l'Amérique du Sud sont devenues à la mode en Europe. Celles de l'Uruguay, celles du Brésil, qui étaient parfois plus forts que les pays européens. Et donc le jaune, le bleu ciel et le vert, dans un deuxième temps, dans les années 1950 et 1960, ont commencé à se faire plus nombreux sur les terrains de football, alors qu'avant-guerre c'étaient

des couleurs rares. Donc, le fait que le Brésil, par exemple, soit devenu la meilleure équipe du monde a créé cette mode du jaune et du vert. Deux villes françaises ayant eu un club de football professionnel assez tardivement ont pris ces couleurs : Saint-Étienne avec le maillot vert et Nantes, les « Canaris », avec leur maillot jaune. C'était impensable dans les années 30. Mais dans les années 50 et 60, c'était à la mode.

Bruno Dusaussoy : Et donc, c'est une influence indirecte du Brésil.

Michel Pastoureau : Voilà, du Brésil et plus timidement·de l'Argentine et de l'Uruguay, qui jouent en maillot bleu, mais un bleu ciel, donc une nuance particulière.

Bruno Dusaussoy : Et puis qui, disons-le, sont un peu moins forts au football.

Michel Pastoureau : Un petit peu moins forts au football. Encore que quand on regarde les palmarès, l'Uruguay, par exemple, auquel on ne pense pas, a des palmarès magnifiques.

Bruno Dusaussoy : Parlant de mode, est-ce que ce sont les vêtements de sport qui influencent la mode ou l'inverse ?

Michel Pastoureau : Pendant longtemps, c'était deux mondes tout à fait séparés. Et puis au lendemain de la Première Guerre mondiale, dans le monde britannique d'abord et puis ailleurs ensuite, ce qu'on appelle le sportswear est devenu dans l'air du temps. Et on s'est mis à porter dans la bonne société, non pas des tenues de sport en ville, mais des tenues influencées un petit peu par le monde du sport, notamment pour ce qui est des matériaux textiles et des coupes moins près du corps, plus à l'aise, plus débridées aussi. Aujourd'hui, c'est le phénomène inverse, c'est-à-dire que c'est la panoplie sportive qui est entrée dans la rue et dans la vie quotidienne. Et il n'est pas rare de s'afficher en tenue de sport, ici ou là, alors que quand j'étais adolescent, par exemple, ça avait quelque chose d'honteux de se promener dans la rue en survêtement ou en tenue de tennis. Ça ne se faisait pas. C'était du pire mauvais goût. Aujourd'hui c'est devenu plus répandu, même s'il faut faire des distinctions sociales de ces pratiques

Sélection 2 Source #2—La Grotte Chauvet

CD 3 Track 18

Élodie Courtejoie : Nous allons parler de ses différentes représentations que l'on trouve dans la grotte Chauvet. Commençons par celle qui pourrait être la plus surprenante. Il y a une Vénus et puis un sorcier.

Jean Clottes : Ce sont des termes que moi, je n'emploierais pas. Enfin, je vous en laisse la paternité si je puis dire ! Oui, il y a un pendant rocheux dans la salle du fond, qui est juste en face du panneau le plus extraordinaire de la grotte. C'est un panneau qui est très composé, où autour d'une niche, il y a un cheval qui semble sortir de cette niche et puis d'un côté, il y a toute une troupe de rhinocéros, je crois qu'il y a 17 ou 18 rhinocéros représentés, des lions, un renne, etc. De l'autre côté, il y a une véritable scène où nous avons des lions, une douzaine de lions qui chassent des bisons. Donc c'est quelque chose vraiment d'extraordinaire et de très très spectaculaire. C'est fait pour être spectaculaire. Et naturellement, il y a un pendant rocheux qui descend de la voûte, qui est juste en face du panneau des lions. Il a donc une certaine importance topographique et sur ce pendant, on a dessiné un corps féminin, le bas du corps, le haut n'y est pas mais il y a un bas de corps de femme où il y a les deux jambes vues de face, le triangle pubien et la vulve. Et au contact de cette femme, il y a un être assez curieux qui a une tête et une bosse de bison, c'est un bison. S'il n'y avait que ça, on dirait, bon c'est un bison. Mais au lieu d'avoir une patte de bison, c'est un bras humain avec une main humaine. Donc on perçoit ici toute une histoire.

C'est vraisemblablement un mythe comme on en a beaucoup, en particulier dans l'Antiquité classique, mais pas seulement, où des dieux, des héros, etc., peuvent se transformer en animaux, pour avoir des rapports avec des mortelles, avec des femmes. Et là, c'est sans doute le mythe le plus ancien de l'Humanité que l'on trouve puisqu'on le trouve à la grotte Chauvet.

Élodie
Courtejoie : Cette notion de Dieu est finalement très très ancienne. À moins que ce soit nous, notre vision calquée sur des peintures très anciennes.

Jean
Clottes : Alors nous, nous la regardons évidemment avec un point de vue moderne. On ne peut pas faire autrement. On la regarde avec les critères de notre époque. On ne peut pas savoir ce que les gens ont voulu dire exactement. Ce mythe de la femme et de l'homme bison, c'est un peu comme celui du Minotaure qui a été illustré si bien par Picasso. Mais c'est un mythe éternel. Vous le retrouvez dans la Grèce ancienne, vous le retrouvez en Egypte, etc., où des dieux se transforment en animaux ou en hommes ou en hommes-animaux, justement pour arriver à leurs fins.

SECTION I, INTERPRETIVE COMMUNICATION: AUDIO TEXTS

Sélection 1—La Gastronomie

Émilie
Joulia : Le repas gastronomique français vient d'être classé au patrimoine mondial par l'UNESCO, une consécration. Cette nouvelle vous fait-elle plaisir, Monsieur Pitte ?

Jean-Robert
Pitte : Oui, ça me fait plaisir et à tous ceux qui ont travaillé à ce dossier depuis bientôt trois ans. Et puis, je pense aussi à tous les Français qui portent la gastronomie dans leur cœur, pour qui la gastronomie est

vraiment un élément essentiel de leur identité, de leur joie de vivre, du plaisir d'habiter en France et de partager avec beaucoup d'étrangers cet élément majeur de notre culture.

Émilie
Joulia :

Pensez-vous que cette décision change quelque chose à nos coutumes, à notre façon de vivre ?

Jean-Robert
Pitte :

Non, ça ne change jamais rien. Vous savez, c'est comme quand un bâtiment devient monument historique ou qu'un monument ou un site naturel entre au patrimoine mondial de l'UNESCO, ça ne change rien en soi. C'est simplement une reconnaissance et c'est plutôt une exigence, c'est-à-dire une invitation à faire de cet élément, reconnu comme important, de l'identité culturelle et du patrimoine, d'en tirer le meilleur parti possible, de le faire partager le mieux possible, de le mettre en valeur, mais aussi d'empêcher qu'il ne s'affadisse, qu'il ne se détruise.

Et dans le domaine de la gastronomie, il y a tout de même un petit peu péril en la demeure parce que beaucoup de Français, comme malheureusement beaucoup d'habitants de pays riches essentiellement, se laissent un petit peu aller en matière d'alimentation, considèrent que, compte tenu du travail, du stress de la vie d'aujourd'hui, on n'a pas le temps de faire ses achats, de faire la cuisine et qu'il vaut manger des choses toutes faites, faciles à trouver maintenant de nos jours, qui ne sont pas forcément bon marché, mais qui facilitent, en apparence, la vie et, simplement, qui rendent l'acte de s'alimenter un peu ennuyeux parce que très répétitif, avec toujours le même goût, toujours les mêmes choses.

Donc, ce que nous avons voulu dire dans ce dossier aussi, c'est un petit signal aux Français, un petit électrochoc : « Reprenez-vous ! Soignez votre assiette ! Soignez vos achats ! Faites la cuisine ! » Ça ne vous prendra pas beaucoup de temps forcément. Vous avez une journée au cours de laquelle vous avez envie de faire de la cuisine, faites-le pour vos amis, pour votre famille, pour vous-mêmes. Mais si vous n'avez pas beaucoup de temps, vous pouvez faire des plats simples qui ne demandent pas beaucoup de temps, mais qui sont, quand même, très supérieurs, même quand il s'agit d'une omelette, d'une soupe de légumes ou d'une purée de pommes de terre, à tout ce qu'on peut trouver de « tout fait » dans le commerce.

Sélection 2—Comment Faire des Économies à la Pompe

CD 3 Track 20

Bonjour à tous. Aujourd'hui nous allons apprendre (à) comment économiser du carburant en allant à la pompe à l'essence. Pour ce faire, il vous suffit de quelques petites astuces hyper-faciles pour économiser de l'argent. Tout d'abord, il faut faire le plein le matin. Toutes les stations d'essence ont leurs réservoirs enfuis dans le sol. Et la terre étant plus froide le matin, la densité du carburant est plus grande. Par contre, durant la journée, la terre se réchauffe donc, les carburants deviennent moins denses. Alors si vous faites le plein en après-midi ou en soirée votre litre n'équivaut pas un litre exact. Ensuite, n'attendez pas d'être dans la réserve pour faire le plein. Un réservoir vide favorise l'évaporation car, plus le réservoir est vide, plus il reste d'air, donc plus de possibilité de s'évaporer.

Ensuite, il faut remplir le réservoir sans enfoncer la gachette à fond. Le pistolet a trois positions de vitesse—lente, moyenne ou rapide. Il faut toujours être sur le mode le plus lent—vous en aurez plus pour votre argent. Si nous appliquons cette règle lorsqu'on fait le plein, nous minimisons les vapeurs créées pendant le remplissage. En revanche, si vous faites le plein avec la gachette en position rapide, un certain pourcentage du carburant qui entre dans le réservoir de l'auto deviendra des vapeurs—et les vapeurs ainsi formées s'échappent. Par contre, ne remplissez pas votre réservoir en même temps qu'un camion-citerne car l'action de remplir les grands réservoirs provoquent un brassage dans ceux-ci ce qui amène les saletés du camion-citerne dans le réservoir et qui risque de revenir chez vous dans votre carburant.

Petit récapulatif donc—il suffit de ne pas attendre d'être dans la réserve pour faire le plein, de faire le plein le matin, de remplir le réservoir sans enfoncer la gachette à fond et de ne pas remplir votre réservoir en même temps qu'un camion-citerne. En espérant que ça vous aidera à économiser de l'argent et aussi à moins polluer.

Sélection 3—Les Bandes Dessinées

Comme tous les enfants qui allaient à l'école, à une certaine époque, René Goscinny et Albert Uderzo apprirent que : « chaque tribu gauloise était principalement composée d'un chef, d'un barde et d'un druide, et ces derniers possédaient à eux seuls la science infuse ». Cherchant « une nouvelle idée originale de conception bien française et qui pourrait intéresser des jeunes lecteurs français », raconte dans ses mémoires Albert Uderzo, les deux compères songèrent aux Gaulois, non encore utilisés dans la bande dessinée et imaginèrent que lors de l'occupation de ce qui deviendra notre pays par les légions de Jules César, un village, un seul résista.

Astérix était né et nul ne pouvait alors imaginer le formidable succès qui en allait découler. Si le nom de ce petit personnage qui a atteint une célébrité sans pareille est né du rapprochement avec l'astérisque, la petite étoile typographique, son choix a été également fondé sur le fait qu'il commençait par la première lettre de l'alphabet. Goscinny était ainsi « certain que le personnage serait cité parmi les premiers dans les encyclopédies de BD qui commencent à naître ».

Lorsque l'on demandait aux auteurs s'ils pouvaient expliquer le succès d'Astérix, ils étaient bien en peine de répondre. La série sur l'indien Oumpah-Pah, née quasiment en même temps, n'a jamais atteint les mêmes chiffres. Et pourtant, ce dévoreur de pemmican accompagné de son « frère » Hubert de la Pâte Feuilletée est autant sympathique, sinon plus attachant.

L'indien Oumpah-Pah fut le premier personnage commun de Goscinny et Uderzo. « Ma rencontre avec Goscinny en 1951 a été primordiale et décisive pour moi. C'était un génie de l'humour, le mot n'est pas trop fort. Il l'a prouvé tout au long de sa carrière, il le prouve encore aujourd'hui avec tout ce qu'il a laissé derrière lui. Il a régénéré et bouleversé toute la mièvrerie qui sévissait dans la bande dessinée dite humoristique », confie aujourd'hui Albert Uderzo.

L'ébauche Oumpah-Pah, sur six pages, mettait en scène ce personnage vivant dans une réserve indienne, au milieu de la vie moderne des Américains lambda. « On s'amuse vraiment à évoquer la condition de cette tribu qui conserve ses traditions et ses coutumes au milieu du monde moderne », se souvient Uderzo. Nul pourtant ne s'intéressa à ses aventures, ni en France, ni aux États-Unis et les deux nouveaux amis rangèrent les projets dans leurs cartons.

SECTION II: FREE RESPONSE
Presentational Writing: Persuasive Essay
Source #3

Michel
Le Moal : On a le sentiment dans le contexte actuel social et peut-être média-tique que le stress vient d'apparaître comme si c'était quelque chose de nouveau. Non, en réalité, le stress existe depuis toujours. Alors si le stress est depuis toujours et que ce n'est que maintenant qu'on s'en aperçoit, ce qui me paraîtrait un peu inquiétant, un peu bizarre, c'est que peut-être aussi qu'il y a une perception différente des indi-vidus contemporains vis-à-vis de certaines contraintes, contraintes qu'on subissait peut-être encore plus violemment dans les temps plus anciens, mais que les sujets admettaient ou, je dirais, avaient la capa-cité de s'ajuster à ces événements de vie ou de ne pas les considérer comme quelque chose d'extravagant ou hors-nature.

Élodie
Courtejoie : Nous serions plus faibles aujourd'hui ?

Michel
Le Moal : Alors, je l'ai souvent dit et écrit : nous ne sommes pas plus faibles aujourd'hui, mais l'homme contemporain est différent de l'homme d'il y a 20 ans. On est différent de l'homme d'il y a 50 ans. On est différent de l'homme de 1000 ans, par exemple. Il est certain que nos sociétés évoluent et les individus évoluent avec cette société. Ce n'est pas pour rien qu'actuellement, on fait grand état de l'autonomie du sujet—d'un certain individualisme qui serait apparu, je dirais, que c'est l'évolution normale de tout ce que nous ont appris les Lumières, mais je crois qu'on arrive maintenant à un aboutissement où l'individu est dans une certaine solitude. Je dirais qu'il n'a plus les supports qu'il s'était construits au cours des décennies ou des siècles pour l'aider à circonvenir les événements de vie. Je fais allusion, si vous voulez, aux religions, aux supports des communautés. . . . N'oubliez pas quand même que la France était, dans une certaine mesure, c'est difficile à dire brutalement, mais à 85 % rurale dans les années 45. Donc on était dans des communautés, dans des petits groupes, dans des familles, dans des clans, tout cela faisait que les événements de vie, même très graves, étaient tamponnés, circulaient au sein du groupe et il y avait l'aide implicite ou explicite de l'ensemble de la commu-nauté. Actuellement, je crois que ce n'est pas la peine d'insister trop longtemps là-dessus, mais il y a de plus en plus d'individus seuls. Dans ces conditions, les événements de vie sont ressentis plus durement et deuxièmement, c'est vrai que les conditions de vie sociale sont de plus en plus difficiles. Vous aurez du mal à expliquer à votre grand-mère ou à votre arrière-grand-mère qu'il faut tant de temps pour aller d'un point à un autre; qu'il faut se lever 3 heures avant d'atteindre son lieu de travail, que ceci que cela, ce qui était impensable, je dirais, il y a encore quelques décennies. Donc, les conditions de vie sont certaine-ment plus difficiles. Le management de ces conditions de vie est plus

difficile et les sujets sont de plus en plus seuls vraisemblablement pour affronter ces événements de vie. Donc, il y a une évolution sociale, environnementale—sociale dans nos sociétés occidentales surtout et individuelle de l'individu face à ces événements.

Interpersonal Speaking: Exemplary Conversation

Suzanne :   Je suis si contente de travailler avec toi pour ce projet. Il y a deux parties à compléter pour le projet, la partie écrite et la partie orale. Laquelle de ces deux parties préfères-tu ?

Vous :   Moi aussi, je suis très contente de partager ce projet avec toi ! Quant à la division de travail, j'imagine que tu peux faire la partie orale parce que tu as toujours été un des meilleurs orateurs de la classe. Moi, puisque j'aime tellement écrire, je ferai la partie écrite.

Suzanne :   Eh bien, nous n'avons qu'une semaine pour finir cette tâche et il va falloir pas mal de temps. Quels jours et quels moments de la journée préfères-tu travailler ?

Vous :   Quant au temps de travail, je préfère faire la plupart de notre travail le soir parce que l'après-midi, je suis membre de notre équipe de foot et il y a des entraînements. De plus, on peut travailler ce samedi matin s'il le faut, mais seulement jusqu'à midi.

Suzanne :   Bon. Pour ce qui est du lieu où on pourra le mieux travailler là-dessus, que recommandes-tu et pourquoi ?

Vous :   Je pense qu'il vaut mieux travailler chez toi parce que mes petites sœurs adorent écouter de la musique presque tout le temps, ce qui peut être un peu énervant ! De plus, mes parents ont décidé de faire peindre la maison et tout est en désordre !

Suzanne :   Le jour de notre présentation, par quelle partie devrions-nous commencer, la mienne ou la tienne ? Qu'est-ce que tu en penses ?

Vous :   Moi, je pense que le jour de notre présentation, il faut finir avec ta partie parce que moi, je peux montrer des images de notre ville à la classe. Ces images seront accompagnées des phrases que j'aurai écrites. Après, tu peux éblouir la classe avec tes explications magnifiques de la ville.

Suzanne :   Je suis ravie d'avoir l'occasion de travailler avec toi et je pense que nous allons produire un projet qui sera l'un des meilleurs de la classe.

Vous :   Je suis tout à fait d'accord avec toi ! Ensemble, nous allons sans doute avoir la meilleure présentation de la classe. Je compte bien travailler avec toi. Bon, je te verrai demain pour faire démarrer ce projet.

Presentational Speaking: Exemplary Cultural Comparison

Il y a bien sûr partout dans le monde des gens importants qui ont changé l'histoire ou la culture de leur pays. Quand je pense aux États-Unis, Ben Franklin représente pour moi quelqu'un qui a effectué un grand nombre de changements significatifs pour un pays en train de naître. C'était un homme avec des qualités qui nous font penser à la Renaissance car il était à la fois inventeur, politicien et diplomate. Même s'il est né à Boston, Franklin est devenu nettement lié à la ville de Philadelphie où il a publié un des premiers journaux américains. C'est aussi dans cette ville qu'il a exercé une grande influence sur les représentants des treize colonies dans leur lutte contre le règne britannique. Franklin a convaincu les politiciens de rester unis pendant ces temps orageux de l'histoire américaine. Il a aussi joué un rôle diplomatique quand il est allé en France pour représenter son jeune pays en essayant de convaincre les Français d'aider les colons à former un nouveau pays indépendant. Grâce à ses astuces et à son originalité, les Français ont décidé de soutenir les Américains dans la guerre contre les Anglais. De plus, Benjamin Franklin avait l'esprit créatif; il a créé le premier corps de pompiers, un four efficace pour chauffer les domiciles et c'est lui qui a dévoilé les premières vérités au sujet de l'électricité. On peut donc dire que Ben Franklin était un des individus les plus influents de l'histoire des États-Unis.

Quant au monde francophone, je pense que Victor Hugo a joué un rôle important pendant tout un siècle. Pendant une des époques les plus turbulentes de l'histoire française, Victor Hugo a réfléchi aux besoins et aux espoirs de la majorité des Français. A travers des romans, des poèmes et des essais, Victor Hugo était le porte-parole des pauvres pour le public français. C'est pourquoi on lui a donné le sobriquet "la voix du siècle" et aussi pourquoi plus d'un million de gens ont assisté à ses funérailles. Non seulement était-il auteur, mais il jouait aussi le rôle de politicien en soutenant la création d'une vraie démocratie en France.

Donc, ces deux hommes représentent l'esprit et l'âme de leur peuple en jouant plusieurs rôles essentiels pour leur pays.

CD 1 TRACKS

Chapter 3

1 Sélection #1 Source #1 — Introduction
2 Sélection #1 Source #2 — Tourisme spatial
3 Sélection #2 Source #1 — Instructions
4 Sélection #2 Source #2 — Études scientifiques
5 Sélection #3 Source #1 — Instructions
6 Sélection #3 Source #2 — Parcs naturels
7 Sélection #4 Source #1 — Instructions
8 Sélection #4 Source #2 — Jeunesse et Volontariat
9 Sélection #5 Source #1 — Instructions
10 Sélection #5 Source #2 — Fossé technologique
11 Sélection #6 Source #1 — Instructions
12 Sélection #6 Source #2 — Internet
13 Sélection #7 Source #1 — Instructions
14 Sélection #7 Source #2 — Les Langues maternelles
15 Sélection #8 Source #1 — Instructions
16 Sélection #8 Source #2 — Le Mur et les Gîtes
17 Sélection #9 Source #1 — Instructions
18 Sélection #9 Source #2 — Le Pain en France
19 Sélection #10 Source #1 — Instructions
20 Sélection #10 Source #2 — Les Éléphants

Chapter 4

21 Sélection #1 — La Compagnie des Aventuriers
22 Sélection #2 — Air France
23 Sélection #3 — Journée Terre
24 Sélection #4 — Les Herbes médicinales
25 Sélection #5 — Le Pays de Vans
26 Sélection #6 — De Gaulle
27 Sélection #7 — Le Baiser
28 Sélection #8 — Choisir son Conjoint
29 Sélection #9 — Poisson d'Avril
30 Sélection #10 — Titanic

Chapter 6

31 Essay #1 Source #3 — Le Bac
32 Persuasive Essay — Instructions for the essay task
33 Essay #2 Source #3 — La Propriété intellectuelle
34 — Instructions for the essay task
35 Essay #3 Source #3 — Le Végétarisme
36 — Instructions for the essay task
37 Essay #4 Source #3 — L'Immigration

CD 2 TRACKS

Chapter 7

1 — Interpersonal Communication
2 Sélection #1 — Visite en famille—Conversation
3 Sélection #2 — Sorties—Prompts
4 Sélection #3 — Rencontres—Prompts
5 Sélection #4 — Ecole et amitié—Prompts
6 Sélection #5 — Projets d'avenir—Prompts
7 Sélection #6 — Voyages—Prompts
8 Sélection #7 — Ecole et les professeurs—Prompts
9 Sélection #8 — Fêtes avec les copains—Prompts
10 Sélection #9 — Programmes d'échange—Prompts
11 Sélection #10 — Journal de l'école—Prompts
12 Sélection #11 — Projets de vacances—prompts
13 Sélection #12 — Voyage au Sénégal—Prompts
14 Sélection #13 — Réunions—Prompts
15 Sélection #14 — Moral—Prompts
16 Sélection #15 — Technologie—Prompts
17 Sélection #16 — Compétitions—Prompts
18 Sélection #2 — Sorties—Conversation
19 Sélection #3 — Rencontres—Conversation
20 Sélection #4 — Ecole et amitié—Conversation
21 Sélection #5 — Projets d'avenir—Conversation
22 Sélection #6 — Voyages—Conversation
23 Sélection #7 — Ecole et professeurs—Conversation
24 Sélection #8 — Fêtes avec les copains—Conversation
25 Sélection #9 — Echanges—Conversation
26 Sélection #10 — Journal de l'école—Conversation
27 Sélection #11 — Projets de vacances—Conversation
28 Sélection #12 — Voyage—Conversation
29 Sélection #13 — Réunions—Conversation
30 Sélection #14 — Moral—Conversation
31 Sélection #15 — Technologie des jeunes—Conversation
32 Sélection #16 — Compétitions—Conversation

Practice Exam 1

1	Multiple Choice—Combined Reading and Listening
2 Sélection #1 Source #1	Instructions—Print source
3 Sélection #1 Source #2	Négritude
4 Sélection #2 Source #1	Instructions—Print source
5 Sélection #2 Source #2	Identité
6 Sélection #1	Portables
7 Sélection #2	Travail
8 Sélection #3	Énergie Solaire
9	Persuasive Essay— Instructions
10 Source #3	Internet
11	Conversation—Instructions and Prompts

Exemplary Responses

12	Exemplary Conversation
13	Exemplary Cultural Comparison

Practice Exam 2

14	Multiple Choice—Combined Reading & Listening
15 Sélection #1 Source #1	Instructions—Print source
16 Sélection #1 Source #2	Couleurs
17 Sélection #2 Source #1	Instructions—Print source
18 Sélection #2 Source #2	Grotte Chauvet
19 Sélection #1	Gastronomie
20 Sélection #2	Économie
21 Sélection #3	Bandes Dessinées
22	Persuasive Essay— Instructions
23 Source #3	Stress
24	Conversation—Instructions and Prompts

Exemplary Responses

25	Exemplary Conversation
26	Exemplary Cultural Comparison